Editor / Herausgeber:
Prof. Salomon Klaczko-Ryndziun
Eidgenössische Technische Hochschule Zürich,
Schweiz / Switzerland
Co-Editors / Mitherausgeber:
Prof. Ranam Banerji, Temple University, Philadelphia
Prof. Jerome A. Feldman, University of Rochester, Rochester
Prof. Mohamed Abdelrahman Mansour, ETH, Zürich
Prof. Ernst Billeter, Universität Fribourg, Fribourg
Prof. Christof Burckhardt, EPF, Lausanne
Prof. Ivar Ugi, Technische Universität München

Interdisciplinary Systems Research
Analysis — Modelling — Simulation

The system science has been developed from several scientific fields: control and communication theory, model theory and computer science. Nowadays it fulfills the requirements which Norbert Wiener formulated originally for cybernetics; and were not feasible at his time, because of insufficient development of computer science in the past.

Research and practical application of system science involve works of specialists of system science as well as of those from various fields of application. Up to now, the efficiency of this co-operation has been proved in many theoretical and practical works.

The series 'Interdisciplinary Systems Research' is intended to be a source of information for university students and scientists involved in theoretical and applied systems research. The reader shall be informed about the most advanced state of the art in research, application, lecturing and metatheoretical criticism in this area. It is also intended to enlarge this area by including diverse mathematical modeling procedures developed in many decades for the description and optimization of systems.

In contrast to the former tradition, which restricted the theoretical control and computer science to mathematicians, physicists and engineers, the present series emphasizes the interdisciplinarity which system science has reached until now, and which tends to expand. City and regional planners, psychologists, physiologists, economists, ecologists, food scientists, sociologists, political scientists, lawyers, pedagogues, philologists, managers, diplomats, military scientists and other specialists are increasingly confronted or even charged with problems of system science.

The ISR series will contain research reports — including PhD-theses — lecture notes, readers for lectures and proceedings of scientific symposia. The use of less expensive printing methods is provided to assure that the authors' results may be offered for discussion in the shortest time to a broad, interested community. In order to assure the reproducibility of the published results the coding lists of the used programs should be included in reports about computer simulation.

The international character of this series is intended to be accomplished by including reports in German, English and French, both from universities and research centers in the whole world. To assure this goal, the editors' board will be composed of representatives of the different countries and areas of interest.

Interdisziplinäre Systemforschung
Analyse — Formalisierung — Simulation

Die Systemwissenschaft hat sich aus der Verbindung mehrerer Wissenschaftszweige entwickelt: der Regelungs- und Steuerungstheorie, der Kommunikationswissenschaft, der Modelltheorie und der Informatik. Sie erfüllt heute das Programm, das Norbert Wiener mit seiner Definition von Kybernetik ursprünglich vorgelegt hat und dessen Durchführung zu seiner Zeit durch die noch ungenügend entwickelte Computerwissenschaft stark eingeschränkt war.

Die Forschung und die praktische Anwendung der Systemwissenschaft bezieht heute sowohl die Fachleute der Systemwissenschaft als auch die Spezialisten der Anwendungsgebiete ein. In vielen Bereichen hat sich diese Zusammenarbeit mittlerweile bewährt.

Die Reihe «Interdisziplinäre Systemforschung» setzt sich zum Ziel, dem Studenten, dem Theoretiker und dem Praktiker über den neuesten Stand aus Lehre und Forschung, aus der Anwendung und der metatheoretischen Kritik dieser Wissenschaft zu berichten.

Dieser Rahmen soll noch insofern erweitert werden, als die Reihe in ihren Publikationen die mathematischen Modellierungsverfahren mit einbezieht, die in verschiedensten Wissenschaften in vielen Jahrzehnten zur Beschreibung und Optimierung von Systemen erarbeitet wurden.

Entgegen der früheren Tradition, in der die theoretische Regelungs- und Computerwissenschaft auf den Kreis der Mathematiker, Physiker und Ingenieure beschränkt war, liegt die Betonung dieser Reihe auf der Interdisziplinarität, die die Systemwissenschaft mittlerweile erreicht hat und weiter anstrebt. Stadt- und Regionalplaner, Psychologen, Physiologen, Betriebswirte, Volkswirtschafter, Ökologen, Ernährungswissenschafter, Soziologen, Politologen, Juristen, Pädagogen, Manager, Diplomaten, Militärwissenschafter und andere Fachleute sehen sich zunehmend mit Aufgaben der Systemforschung konfrontiert oder sogar beauftragt.

Die ISR-Reihe wird Forschungsberichte — einschliesslich Dissertationen —, Vorlesungsskripten, Readers zu Vorlesungen und Tagungsberichte enthalten. Die Verwendung wenig aufwendiger Herstellungsverfahren soll dazu dienen, die Ergebnisse der Autoren in kürzester Frist einer möglichst breiten, interessierten Öffentlichkeit zur Diskussion zu stellen. Um auch die Reproduzierbarkeit der Ergebnisse zu gewährleisten, werden in Berichten über Arbeiten mit dem Computer wenn immer möglich auch die Befehlslisten im Anhang mitgedruckt.

Der internationale Charakter der Reihe soll durch die Aufnahme von Arbeiten in deutsch, englisch und französisch aus Hochschulen und Forschungszentren aus aller Welt verwirklicht werden. Dafür soll eine entsprechende Zusammensetzung des Herausgebergremiums sorgen.

ISR 6

Interdisciplinary Systems Research
Interdisziplinäre Systemforschung

D. Ruloff: Konfliktlösung durch Vermittlung: Computersimulation zwischenstaatlicher Krisen
ISR-Reihe Nr. 6
Archivexemplar

☐ Dr. A. Birkhäuser
☒ C. Einsele
☐ J. Pfeiffer

Darf unter keinen Umständen von dieser Stelle weggenommen werden

Satz: Titelei: Birkhäuser AG, Basel

Druck: (Offset): Birkhäuser AG, Basel

Papier: weiss holzfrei Werkdruck SK3 90gr

Einband: (Broschur) Birkhäuser AG, Basel

Leinwand: Kinline Shantung 240 grm2
(Peyer & Co.)

Schutzumschlag: --

Klischees:

Zeichner: --

Auflage: 1000 Expl.

Erscheinungsdatum: 20.5.75

Preis: Fr./DM 32.-- (HK: 8.85)

Einlagerung: Birkhäuser Verlag, Basel

Vertrag: 1.7.74

Dieter Ruloff

Konfliktlösung durch Vermittlung: Computersimulation zwischenstaatlicher Krisen

Mit einem Vorwort von Prof. Dr. Daniel Frei

1975   Springer Basel AG

Diese Arbeit wurde im Wintersemester 1974/75 als Dissertation im Fach Politische Wissenschaft von der Philosophischen Fakultät I der Universität Zürich angenommen. Sie entstand im Rahmen des Projekts «Vermittlung und Gute Dienste», das im Auftrag des Schweizerischen Nationalfonds zur Förderung der wissenschaftlichen Forschung an der Forschungsstelle für Politische Wissenschaft der Universität Zürich durchgeführt und von Prof. Dr. Daniel Frei geleitet wurde.

Nachdruck verboten
Alle Rechte, insbesondere das der Übersetzung in fremde Sprachen und der Reproduktion auf photostatischem Wege oder durch Mikrofilm, vorbehalten
© Springer Basel AG 1975
Ursprünglich erschienen bei Birkhäuser Verlag Basel 1975.

ISBN 978-3-7643-0777-6   ISBN 978-3-0348-5175-6 (eBook)
DOI 10.1007/978-3-0348-5175-6

VORWORT

Es gibt heute mindestens drei wichtige Gründe, sich mit dem Problem des Internationalen Konflikts und seiner Beilegung mit dem Verfahren der Vermittlung zu befassen: Erstens hat die Situation, die man mit dem Begriff der "Problematik des Atomzeitalters" zu umschreiben pflegt, zur Folge, dass das Verständnis des Kriegs als "ultima ratio regum" oder einer "Fortsetzung der Politik mit anderen Mitteln" einem wesentlich behutsameren, durch flexibles "bargaining" geprägten Stil des Konfliktsaustrags Platz gemacht hat. Zweitens scheinen heute selbst die wenigen bescheidenen Ansätze zu institutionalisierten, auf universal gültigen Normen beruhenden Konfliktsregelungsverfahren zusehends an Legitimität zu verlieren. Umso wichtiger werden, drittens, Verfahren, die, wie das Verfahren der Vermittlung, dem nach wie vor sehr starken Willen zur Behauptung der Souveränität der Staaten Rechnung tragen. Allerdings trägt das, was an wissenschaftlicher Literatur zum Problem der Vermittlung bisher vorliegt, wenig dazu bei, die wichtige Frage nach den Erfolgsbedingungen dieses Verfahrens zu klären und empirisch gesichertes wie praxisrelevantes Wissen zur Verfügung zu stellen - zu gross ist die Heterogenität und häufig sogar blanke Widersprüchlichkeit und manchmal oft auch Banalität dessen, was in den dem Verfahren der Vermittlung gewidmeten Untersuchungen zu lesen steht.

Mit dem von der Forschungsstelle für Politische Wissenschaft an der Universität Zürich bearbeiteten und vom Schweizerische: Nationalfonds zur Förderung der wissenschaftlichen Forschung mitfinanzierten Projekt "Erfolgsbedingungen für Vermittlungsaktionen in internationalen Konflikten" wurde versucht, auf diesem Gebiet einen Beitrag zu leisten; die vorliegende Studi von Dr. phil. Dieter Ruloff entstand im Rahmen dieses Projektes. Während eine andere, diesem Projekt zugehörige Arbeit au einer statistisch-vergleichenden Analyse historischer Fälle beruht, hat Ruloff die Methode der Simulation eingesetzt. Die Vorteile dieses Vorgehens sind offenkundig: Es gestattet eine bisher unbekannte Meisterung komplexester Zusammenhänge in einem dynamischen Geschehen. Mit seinen Modellen des internationalen Konflikts hat Ruloff auch in methodischer Hinsicht einen wesentlichen Schritt vorwärts getan; noch nie sind bish von einigen Rüstungsmodellen abgesehen, politische Prozesse i so vielfältiger Gestalt im Simulationsmodell abgebildet worde

Die Ergebnisse dieser Arbeit sprechen für sich selbst, und si zeigen klar, dass der Aufwand sich gelohnt hat. Was Ruloff über den Einsatz der verschiedenen Vermittlungsstrategien in den einzelnen Phasen eines Konflikts festgestellt hat, wird jeder in politischer Verantwortung oder wissenschaftlicher Forschung Tätige, dem die internationale Entspannung ein Anliegen ist, mit Gewinn zur Kenntnis nehmen.

Daniel Frei

Inhalt

1. <u>Einleitung</u>..S. 1

    1.1. Fragestellung............................S. 1

    1.2. Konzeptuelle Probleme....................S. 4

    1.3. Methodische Probleme.....................S. 7

    1.4. Technische Probleme......................S. 9

2. <u>Das dynamische Konfliktmodell: Ausgangspositionen</u>...S. 11

    2.1. Richardsons dynamisches Modell des
         Rüstungswettlaufs und andere An-
         sätze des Richardson-Paradigmas..........S. 11

    2.2. Grundstruktur des neuen Modells..........S. 21

3. <u>Modell des außenpolitischen Verhaltens zweier
Staaten</u>..S. 24

    3.1. Ausgangspositionen.......................S. 24

    3.2. Konzeptuelle Ausarbeitung des Modells....S. 29
           3.2.1. Die Konzepte von "Spannung"
                 und "Distanz"..................S. 30
           3.2.2. Das Konzept des Problemdrucks:
                 Deprivation und Rangungleich-
                 gewicht........................S. 37

    3.3. Einige Beispiele.........................S. 43

4. <u>Das politische Subsystem: innere Sicherheit und
Stabilität</u>...S. 49

    4.1. Grundkonzept.............................S. 49

    4.2. Das dynamische Modell des politische
         Subsystems...............................S. 51

    4.3. Test des Modells: Einige Scenarios.......S. 58

5. Modell des ökonomischen Subsystems...................S. 65

    5.1. Ausgangspositionen......................S. 65

    5.2. Einzelbeziehungen des ökonomischen
        Subsystems...............................S. 66

    5.3. Einige Beispiele.........................S. 69

6. Validierung..S. 77

    6.1. Möglichkeiten und Grenzen der Validierung
        komplexer dynamischer Computer-Modelle...S. 77

    6.2. Der Nahost-Krieg von 1967: Simulierter
        Ablauf und Vergleich mit dem historischen
        Fall.....................................S. 84

7. Vermittlung als Konfliktlösung: Das Gesamtverhalten
des dyadischen Konflitmodells und die Möglichkeiten
der exogenen Steuerung seiner Dynamik................S. 92

    7.1. Vermittlungskonzept und Modelldynamik....S. 92

    7.2. Charakteristika des kurzfristigen Ab-
        laufs und die exogene Steuerung seiner
        Dynamik..................................S. 95
        7.2.1. Der "idealtypische" Konflikt-
             ablauf........................S. 95
        7.2.2. Beschleunigende und bremsende
             Faktoren......................S. 97
        7.2.3. Wirkung der Abschreckung......S. 101
        7.2.4. Nebenwirkungen der Ab-
             schreckungsstrategie..........S. 104
        7.2.5. Ungleichheit der Rüstungs-
             potentiale....................S. 108
        7.2.6. Präventivmaßnahmen und
             Überraschungsaktionen.........S. 116
        7.2.7. "Positive" Vermittlung........S. 120

    7.3. Die langfristige Dynamik des Modells.....S. 128
        7.3.1. Die langfristige Dynamik des
             ökonomischen Subsystems.......S. 131
        7.3.2. Die langfristige Dynamik des
             politischen Systems...........S. 137

7.4. Vermittlung und Konfliktlösungs-
     Strategien im Überblick..................S. 141
     7.4.1. Vermittlung vor dem
            Konflikt......................S. 142
     7.4.2. Vermittlung in der
            Eskalationsphase..............S. 143
     7.4.3. Vermittlung in der
            De-Eskalationsphase...........S. 145
     7.4.4. Vermittlung nach dem
            Konflikt......................S. 145

7.5. Vermittlung als Konflikt-Management......S. 147

8. Anhang, Anmerkungen, Literatur......................S. 151

   8.1. Anhang 1 - Operationalisierung...........S. 152
        8.1.1. Operationalisierung der
               Konfliktintensität............S. 152
        8.1.2. Operationalisierung der
               militärischen Macht...........S. 164

   8.2. Anhang 2 - Auflistung des Computer -
        Modells..................................S. 169

   8.3. Anmerkungen..............................S. 190

   8.4. Literatur................................S. 207

1. Einleitung

1.1. Fragestellung

Diese Arbeit befaßt sich mit der Suche nach Strategien zur <u>Lösung zwischenstaatlicher Konflikte</u>, besonders der gewaltsamen Konflikte. Vor allem soll die Möglichkeit der Konfliktlösung durch Vermittlung einer Dritten Partei untersucht werden. Hiermit wäre die materielle Seite der Fragestellung skizziert.*

Wir sind der Überzeugung, daß die Analyse solcher Fragestellungen nicht ohne den Einsatz moderner Methoden auskommt. Das Problem der Politischen Wissenschaft und besonders das einer Theorie der zwischenstaatlichen Beziehungen ist, pauschal gesagt, die ungeheure Komplexität des Phänomens (1). Es ergeben sich hieraus zwingende methodische Konsequenzen, die gleich anschließend diskutiert werden sollen. Vorweg soll lediglich bemerkt werden, daß eine, wenn nicht die einzige Möglichkeit einer methodischen <u>Beherrschung dieser Komplexität</u> die Entwicklung komplexer formaler Modelle und deren Analyse durch Simulation ist. Hiermit ist jedoch ein anderes methodisches Vorgehen bei der Erforschung von Detailphänomenen, etwa die exakte <u>statistische Analyse von Einzelbeziehungen</u>, keinesfalls ausgeschlossen; sie ist geradezu eine <u>Voraussetzung</u> umfassender <u>Modellbildung</u>.

Die Frage nach den Möglichkeiten konfliktlösender Strategien und den Ansatzpunkten einer Vermittlung durch Dritte kann nur auf der Basis eines umfassenden Wissens über den zwischenstaatlichen Konflikt beantwortet werden. Es interessieren hierbei nicht nur die <u>Gründe eines Konflikts</u>, sondern auch die Art und Weise des <u>Konfliktaustrags</u>. In dieser Arbeit wird deshalb der Versuch unternommen, ein komplexes Modell des zwischenstaatlichen Konflikts zu entwickeln, an dem <u>im Experiment</u> das Problem der Konfliktlösung untersucht werden kann. Es entstehen hierbei jedoch große Probleme von <u>Konzept</u>, <u>Methode</u> und <u>Technik</u>, die anschließend diskutiert werden sollen. Aus diesem Grund kann die Arbeit nur den Charakter einer Pilotstudie haben; um den eingeschlagenen Weg fortzusetzen, bedarf es größerer Mittel, die bei weitem die Möglichkeiten individueller Forschung übersteigen. Daß dieser Weg höchst erfolgversprechend ist, dies zumindest hat die vorliegende Arbeit gezeigt. Eine Reihe von Problemen konnten gelöst werden, bei anderen Schwierigkeiten konnte jedoch auch nur ein <u>möglicher Lösungsweg</u> aufgezeigt werden. In den folgenden vier Punkten können die Ergebnisse der Arbeit summarisch überschaut werden:

1.) Ein <u>komplexes formales Modell</u> des dyadischen zwischenstaatlichen Konflikts wurde entwickelt. Dieses Modell formuliert nicht nur die direkten zwischenstaatlichen Beziehungen, sondern konzeptualisiert die <u>Auswirkungen</u> <u>des</u> <u>Konflikts</u> auf das ökonomische und politische System eines jeden beteiligten Staates. Damit erfaßt das Modell nicht nur den aktuellen Ablauf des Konflikts, sondern auch seine strukturellen Ursachen und Gründe. Dieses Modell dürfte eines der komplexesten überhaupt sein, das bisher im Bereich der Politischen Wissenschaft entwickelt worden ist.

2.) Es wird ferner gezeigt, daß die durch das Modell berechneten Konfliktabläufe der Realität ziemlich genau entsprechen. Der simulierte Verlauf des Nahost-Konflikts von 1967 und die Daten des historischen Falles stimmen in befriedigender Weise überein. Hiermit wäre dem <u>Validierungspostulat</u> weitgehend entsprochen, das eine <u>Übereinstimmung</u> <u>von</u> <u>Vorhersage</u> <u>und</u> <u>Befund</u> fordert. Die Validierung komplexer dynamischer Computer-Modelle hat immer große Schwierigkeiten bereitet und ist bisher nur in seltenen Fällen gelungen. Die hier bei der Validierung gemachten Erfahrungen lassen hoffen, daß im Rahmen des Möglichen bei noch größerem technischen Einsatz weitere Erfolge zu erzielen wären.

3.) Es wurden zum Problem der Konfliktlösung durch Vermittlung eine große Zahl von praktischen Ergebnissen gewonnen, die direkt verwertbar sind. Es handelt sich hierbei um keine Ratschläge allgemeiner Art, sondern um <u>Handlungsanweisungen</u> für ein <u>kurz- und langfristiges</u> <u>Konflikt-Management.</u> Wichtigstes Ergebnis ist hierbei die Entwicklung von Kriterien, nach denen der mögliche Ablauf von Konflikten beurteilt werden kann.

4.) Gewissermaßen als Nebenprodukt erhält man Einblicke in die wichtigen <u>Zusammenhänge</u> <u>zwischen</u> <u>politischem</u> <u>und</u> <u>ökonomischem</u> <u>System</u> <u>und</u> <u>dem</u> <u>außenpolitischen</u> <u>Entscheidungsprozeß</u>: der Zusammenhang zwischen Wettrüstung und gewaltsamem zwischenstaatlichen Konfliktaustrag; die Verbindung zwischen internem und externem Konfliktverhalten von Staaten. In beiden Fällen ist man bisher auf <u>Vermutungen</u> angewiesen gewesen. Statistische Aggregatanalyse hat diese äußerst komplexen Zusammenhänge nicht zu durchdringen vermocht. Das hier entwickelte Modell vermag neue Einblicke in diese Probleme zu geben.

Eine ganze Reihe anderer Probleme kann nur summarisch behandelt werden. Teilweise muß sich diese Arbeit darauf beschränken, mögliche Lösungswege anzudeuten, die in der Arbeit selbst nicht beschritten werden können. Die Gründe hierfür liegen auf der Hand: begrenzte Mittel und Arbeitskraft, vor allem ein begrenzter Umfang der Arbeit. Eine auch nur einigermaßen befriedigende Behandlung <u>aller</u> <u>Probleme</u> würde den Rahmen dieser Arbeit bei weitem überschreiten. Die Arbeit kann eine ganze Reihe von Fragen beantworten; es ist jedoch selbstverständlich, daß sie selbst umso mehr weitere Probleme aufwirft, die sowohl das Konzept, als auch Methode und Technik berühren. Wenn vorweg nur die wichtigsten Probleme dieser Art zu nennen wären, so sind dies:

1.) Im Bereich der <u>konzeptuellen</u> <u>Problematik</u>: Die Vielfalt der vorhandenen Ansätze (2). Das Modell benutzt größtenteils <u>empirisch bewährte und validierte Konzepte</u> der Politischen Wissenschaft, die zu einem komplexen Gesamtansatz integriert werden. Wenn diese Konezpte auch <u>überraschend gut ineinander greifen</u>, so gibt es doch <u>beträchtliche Lücken</u>, die nur durch <u>plausible Annahmen</u> geschlossen werden können. Es gilt hier, durch Detailstudien weiter zu arbeiten.

2.) <u>Methodische Probleme</u>: An erster Stelle steht hier die Validierung. Die Gesamtproblematik konnte in diesem Rahmen nur andiskutiert werden. Weitere, vor allem wissenschaftstheoretische Überlegungen zum Problem der <u>Validierung komplexer Modelle</u> müssen die Frage prüfen, welche Validierungspostulate überhaupt prinzipiell erfüllt werden können. Ein weiteres zentrales Problem bei der Validierung komplexer Modelle ist die Datenbeschaffung, die nicht nur große Schwierigkeiten im Bereich der Operationalisierung mit sich bringt, sondern allein schon durch die <u>Menge der benötigten Daten</u>, die meist erst erhoben werden müssen, problematisch ist. Wissenschaftsökonomische Überlegungen sind angesichts dieser aufwendigen und kostspieligen Verfahren unumgänglich.

3.) <u>Technische Probleme</u>. Die Methode des "math-modelling" und der Simulation hat ihre <u>weniger erfreuliche technische Kehrseite</u>. Sie ist zur Zeit noch äußerst zeitaufwendig und kostspielig; technische Pannen sind an der Tagesordnung. Das hier benutzte Simulationssystem, der Compiler des DYNAMO II (3), zeichnet sich durch einfache Programmierung aus und entlastet den Benutzer weitgehend von formalen Problemen wie der Ausgabe der Ergebnisse. DYNAMO II hat allerdings bisher noch gravierende Nachteile, die eine flexiblere Handhabung des Modells behindern (4).

Es versteht sich ferner, daß in dieser Arbeit nur ein kleiner Ausschnitt der vorgenommen Analyse des entwickelten Modells präsentiert werden kann. Es soll vor allem durch Beispiele der Charakter der Gesamtdynamik des Modells veranschaulicht werden.

Eine weitergehende Analyse ist für später vorgesehen. Im weiteren Verlauf dieses Kapitels werden konzeptuelle, methodische und technische Implikationen der Fragestellung und des gewählten Ansatzes diskutiert. Die anschließenden vier Kapitel entwickeln das Modell, das dann im übernächsten 7. Kapitel analysiert wird. Das 6. Kapitel beschäftigt sich mit der Validierung und vergleicht die Modelldynamik mit den "echten" Daten einer zwischenstaatlichen Krise. Der Anhang enthält eine Auflistung des Computermodells sowie einige Einzelheiten zur Operationalisierung wichtiger Variablen.

1.2. Konzeptuelle Probleme

Schon der erste Versuch einer inhaltlichen Präzisierung dessen, was in der Fragestellung unter einer "konfliktlösenden Strategie" und unter "Vermittlung" verstanden werden soll, demonstriert die Hauptschwierigkeit der Arbeit. Das Phänomen des zwischenstaatlichen Konflikts ist derart vielschichtig und komplex, daß selbst eine verbale Beschreibung konkreter historischer Abläufe in der Regel zu keinem eindeutigen Ergebnis führt. Dies zeigen die zahllosen Kontroversen zwischen den Fachvertretern historischer Disziplinen. Die Frage, wie ein Konflikt zu lösen sei, ist nun jedoch noch weit schwieriger zu beantworten. Sie setzt im Prinzip ein Wissen über Zusammenhänge voraus, deren systematische Erforschung gerade erst begonnen hat. Wer nach den Möglichkeiten der Konfliktlösung sucht - was immer darunter zu verstehen ist -, muß vorher sehr gut über den Konflikt selbst, über seine Ursachen und vor allem seinen Ablauf informiert sein.

Man kann demnach zwischen zwei Aspekten eines Konflikts unterscheiden: dem Konfliktablauf und den Ursachen des Konflikts. In dieser Arbeit interessiert vor allem die Phase, in der ein Konflikt offen und gewaltsam ausgetragen wird und zu Krisen und Krieg zwischen den Akteuren führt. Wir sind uns dabei der Tatsache vollständig bewußt, daß der Grund offener Gewalt auf internationaler Ebene letztlich in der Struktur der Beziehungen zwischen den Staaten und in subnationalen Faktoren zu suchen ist. Die Beziehungen zwischen den Staaten sind gekennzeichnet durch

1.) eine Kombination von Kooperation, Indifferenz und Konflikt in wechselnder Intensität und wechselndem Mischungsverhältnis (5) und scheinen vor allem auf ein Grundmerkmal der unterliegenden Struktur zurückzuführen zu sein, nämlich der

2.) Ungleichheit in fast allen Aspekten der Lebensbedingungen der Staaten und ihrer Bürger (6). Darunter ist nicht nur das hinlänglich bekannte ökonomische Gefälle zwischen den

Akteuren der internationalen Szene zu verstehen, sondern
auch die Unterschiede des politischen Systems und der
politischen Ideologie. Gewichtige Interessengegensätze
resultieren auch aus geographischen und demographischen
Unterschieden. Es ist offensichtlich, daß diese Struktur sich

3.) gegenüber <u>Veränderungsversuchen</u> <u>als</u> <u>äußerst</u> <u>resistent</u>
erweist. Man denke etwa an die Resistenz totalitärer
Systeme und ihrer Ideologien, die meist alle Versuche
äußerer Einwirkung und innerer Entwicklung vereitelt.
Auch im zwischenstaatlichen Bereich haben sich Strukturen entwickelt, die außerordentlich widerstandsfähig
sind. Es ist ferner ganz natürlich, daß sich ständig
neuer Zündstoff für Konflikte entwickelt. Angesichts
der inneren und äußeren Unterschiede zwischen den Akteuren
produziert der Gang der Dinge ständig neue Interessengegensätze, die dann prinzipiell immer in einen größeren
Konflikt umschlagen können.

Wir haben deshalb versucht, ein Modell zu entwickeln, das
nicht nur den Konfliktablauf zu erfassen sucht, sondern auch
die Struktur der Beziehungen zwischen den Akteuren. Zudem
wurde der Versuch unternommen, die interne Umwelt der Akteure,
den Zustand des politischen und ökonomischen Subsystems,
ebenfalls abzubilden. Das Modell enthält Submodelle des politischen und ökonomischen Sektors und vermag damit nicht
nur die internen Ursachen eines Konflikts zu erfassen, sondern auch die Auswirkungen des Konflikts auf die interne
Umwelt der Akteure. Denn zwischen dem Austrag des Konflikts
vor allem in gewaltsamer Form und den zugrundeliegenden
Ursachen besteht eine Wechselwirkung. Meist verfestigen sich
als Folge gewaltsamen Konfliktaustrags die Ursachen des Konflikts, die damit umso resistenter gegenüber Versuchen sind,
diese zu beseitigen.

<u>Konfliktlösung</u> im Sinne einer Beseitigung der Ursachen und
Verhinderung gewaltsamen Konfliktaustrags muß deshalb auf
<u>beiden</u> <u>Ebenen</u> <u>ansetzen</u>. Die Frage nach dem <u>Ziel</u> <u>einer</u> <u>Konfliktlösung</u> und den dazu <u>einzusetzenden</u> <u>Mitteln</u> ist nicht
so schwierig, wie es auf den ersten Blick scheint (7). Für
diese Arbeit gilt als Hypothese, daß zumindest die "bewaffnete Austragung von Konflikten die Lösung solcher Konflikte
kaum weiterbringt" (8). Eingriffe in die einem Konflikt zugrundeliegenden Strukturen mit dem Ziel, die Ursachen zu beseitigen, sind nicht nur <u>mangels</u> <u>notwendiger</u> <u>Mittel</u> <u>kaum</u>
<u>durchzuführen</u>; es <u>fehlen</u> auch die <u>Instrumentvariablen</u>.
Diese Arbeit zeigt sehr deutlich, daß für derartige Ein-

Abb. 1.1.: Konfliktaustrag und Konflikt-
struktur - Möglichkeiten eines
Eingriffs

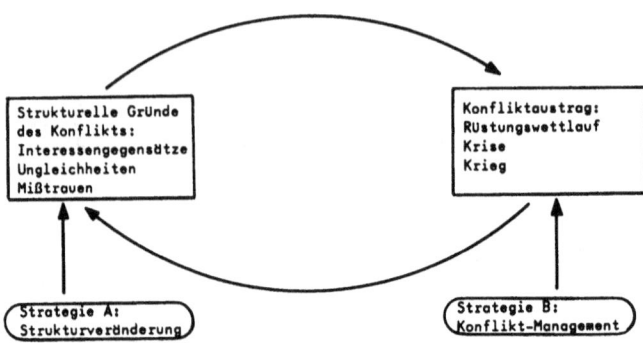

griffe die notwendigen Ansatzpunkte fehlen und als Effekt oft die Situation verschlechtert wird. So erweisen sich Boykottmaßnahmen nur in Ausnahmefällen als sinnvolles Mittel, gewaltsamem Konfliktaustrag vorzubeugen; an der Struktur ändern sie so gut wie nichts. Durch <u>Vermittlung</u> hingegen kann zwar kaum auf die Konfliktursachen eingewirkt werden, doch bestehen Möglichkeiten, den <u>Konfliktaustrag zu beeinflussen</u>. Das <u>Spektrum der Mittel</u> einer Vermittlungsaktion, wie es etwa einer Person oder einem Kleinstaat zur Verfügung steht, ist viel zu gering, als daß eine Diskussion über das <u>Maß anzuwendender Gegengewalt</u> (9) <u>überhaupt eine reale Basis</u> hätte. <u>Eine Beurteilung der Angemessenheit dieser Mittel</u> ist sehr viel leichter, als es die theoretische Gewaltdiskussion vermuten läßt.

Diese Arbeit befaßt sich deshalb vor allem mit dem Problem eines <u>erfolgreichen Konflikt-Managements durch Vermittlung</u>. Wenn man gewaltsame Pazifizierungsversuche als unrealistisch und von schwer vorherzusehender Wirkung einmal außer acht läßt, so bietet sich hier tatsächlich eine Möglichkeit, den <u>Kreislauf von Konfliktaustrag und sich selbst verstärkenden Konfliktursachen zu durchbrechen</u>, wie er in Abb. 1.1. skizziert ist. Wenn in Rüstungswettläufen ständig größere Zerstörungspotentiale angesammelt werden und damit Konfliktursachen geschaffen werden, so hat es sich als recht schwierig herausgestellt, diese Dynamik zu bremsen und die Ursachen des Konflikts zu beseitigen. Das hat die Geschichte des Nahost-Konflikts deutlich gezeigt. Wäre es jedoch möglich gewesen, die Serie von Kriegen und Krisen zu verhindern, so hätte der Rüstungswettlauf viel von seiner Dynamik eingebüßt. Hiermit hätten die Ausgangsbedingungen für eine Konfliktlösung verbessert werden können.

Das was von K. R. Popper als die "Methode des Planens im großen Stil, die utopische Sozialtechnik des Umbaus der Gesellschaftsordnung"(10) bezeichnet wird, ist in der Tat höchst unproduktiv und unrealistisch, sie kann sogar unter bestimmten Umständen höchst gefährlich werden. Besonders am Beispiel des zwischenstaatlichen Konflikts zeigt sich deutlich, daß die einzig pragmatische Strategie die einer "Sozialtechnik des Einzelproblems" ist. Es ist unmöglich, das ganze internationale System auf einen Schlag zu verändern, auch wenn man die Ursachen der "organisierten Friedlosigkeit" erkannt zu haben glaubt. Man bemüht sich besser darum, im Falle des schlimmsten Übels für rasche Abhilfe zu sorgen. Für den zwischenstaatlichen Konflikt bedeutet dies, ein Eskalieren in den gewaltsamen Bereich zu verhindern oder für eine rasche De-Eskalation zu sorgen (11).

1.3. Methodische Probleme

Wir stützen uns in dieser Arbeit auf methodische Ansätze der Systemtheorie und der Systemanalyse. Diese umfassen heute den Bereich, der Anfangs der fünfziger Jahre von Norbert Wiener mit dem Begriff "Kybernetik" bezeichnet worden war. Die Systemtheorie befaßt sich mit dem Verhalten von Systemen aller Art. Hierbei bilden die sogenannten Einheiten organisierter Komplexität eine Sonderklasse von Systemen, zu denen auch biologische und soziale Systeme zu zählen sind. Systemtheorie umfaßt verschiedene Zweige, die sich mit verschiedenen Aspekten des Verhaltens von Systemen auseinandersetzen. Informationstheoretische Ansätze befassen sich mit der Verarbeitung und Übertragung von Inforamtion. Information dient vor allem in den lebenden Systemen zur Steuerung, mit der sich regelungstheoretische Ansätze befassen. Eng damit verbunden sind entscheidungstheoretische und spieltheoretische Ansätze, die sich mit der Informationsverarbeitung und der Steuerung von Information auseinandersetzen. Am wichtigsten ist jedoch zweifellos der algorithmische Aspekt der Systemtheorie oder die Systemanalyse. Hier werden Methoden und Techniken entwickelt, Systemverhalten zu analysieren. Ziel ist es dabei, eine gemeinsame Sprache bei der Beschreibung des Verhaltens von Systemen schlechthin zu entwickeln, die es dann erlaubt, auf der semantischen Ebene einen Vergleich von Systemen aller Art zu ermöglichen. Hierbei können Forschungsvorhaben aus den verschiedensten Bereichen der Wissenschaft aufeinander stimulierend wirken. Es ist kein Zufall, daß ein im Bereich der meteorologischen Forschung tätiger L. F. Richardson an Modellen zwischenstaatlichen Konfliktverhaltens gearbeitet hat. Natürlich bestehen zwischen der Dynamik von Tiefdruckgebieten und Rüstungswettläufen keine direkten Zusammenhänge oder auffallende Ähnlichkeiten. Die methodischen Probleme sind jedoch hier wie dort dieselben: eine unübersehbare Fülle von Mikro-Ereignissen akkumuliert sich zu Prozessen, die eine schwer zu bremsende Dynamik entfalten. Auf der semantischen Ebene hat man es mit demselben Problem zu tun; diese Prozesse können durch Systeme von Differential- oder Differenzengleichungen abgebildet werden, die in ihrer Komplexität nicht mehr analytisch zu lösen sind. Die Systemanalyse hilft hier mit der <u>Maschinensimulation</u> weiter.

Systemtheoretische Ansätze in den Sozialwissenschaften sind bisher kaum über eine <u>Rezeption</u> des <u>Jargons</u> hinausgekommen (12). Immerhin hat die Systemtheorie in der Politikwissenschaft dazu beigetragen, einige überkommene Konzepte abzulösen. Der Begriff der Rückkopplung hatte großen heuristischen Wert. Man bemüht sich jetzt allenthalben, von der Analyse eindirektionaler Kausalitäten fortzukommen und sucht im Verhalten sozialer Systeme nach Rückkopplungsbeziehungen. Die Komplexität solcher Rückkopplungsbeziehungen ist jedoch erstaunlich hoch. Das Verhalten solcher Systeme ist deshalb kaum richtig vorherzubestimmen und zu durchschauen; man hat es deshalb bisweilen als "gegenintuitiv" (13) bezeichnet. Vor allem im Bereich der Theorie internationaler Beziehungen ist dieses <u>Komplexitätsproblem</u> bisher ungelöst. Eine Fülle von Ansätzen und Detailkenntnissen steht hier außerordentlich geringem Wissen über das Gesamtverhalten des Systems gegenüber (14).

Die Hauptstrategie dieser Arbeit besteht deshalb darin, Theorien und Ansätze des zwischenstaatlichen Konflikts, soweit sie sich ergänzen, <u>in einem Ansatz zu integrieren</u>. Wir konnten hierbei die Erfahrung machen, daß ein Großteil dieser Theorien und Ansätze <u>sehr gut ineinander greift</u>. Die Komplexität des resultierenden Modells ist natürlich erheblich. Das entwickelte Computer-Modell enthält in der Version, die im Anhang zu finden ist, über 1000 "Statements". Der Umfang ließe sich bei Benutzung einer effizienteren Simulationssprache um etwa ein Drittel reduzieren. Immerhin liegt das Modell damit deutlich über der Grenze, unter der ohne das Hilfsmittel der Maschinensimulation auszukommen ist.

Die Durchdringung komplexer Zusammenhänge, wie sie in allen Bereichen der Sozialwissenschaften zu finden sind, erfordert eine Methode, die dieser Komplexität Rechnung trägt. Um im Jargon zu bleiben: Wissenschaftliche Arbeit, auch eine Form der "Reduktion von Komplexität", darf nicht zur Vernichtung von Komplexität werden; sie ist nur anhand von Strukturen zu leisten, die die Komplexität der Realität adäquat abzubilden vermögen. Auch für den Wissenschaftsprozeß hat das Gesetz von der "requisite variety" seine Geltung (15).

1.4. Technische Probleme

Aus der Notwendigkeit komplexer Ansätze und der resultierenden komplexen Modelle ergibt sich zwangsläufig ein technisches Problem: die Beherrschung der Komplexität. Man kommt hierbei nicht um den Einsatz der Datenverarbeitung herum. Dies bedeutet jedoch, daß die benutzten Modelle formalisiert sein müssen; denn nur so ist es möglich, sie in eine Sprache zu übertragen, die "vom Computer verstanden" wird.

Die Probleme bei der <u>Formalisierung</u> besonders sozialwissenschaftlicher Konzepte sind erheblich, aber nicht unüberwindbar. Man kommt zudem im Moment noch nicht um die Benutzung <u>quantitativer</u> Konzepte herum. Dies hat jedoch auch eine heilsame und disziplinierende Wirkung, zwingt es doch zur rigorosen Klarlegung aller Beziehungen zwischen den benutzen Variablen und macht deren Operationalisierung unumgänglich.

Die Analyse komplexer Computermodelle geschieht nun durch Simulation: Es werden anstelle von Versuchen am realen Untersuchungsobjekt, die nicht möglich sind, <u>Modellversuche</u> durchgeführt. Dieses Vorgehen unterstellt eine strukturelle Ähnlichkeit von Modell und der abzubildenen "Realität". Zentrales Problem ist damit die Überprüfung der Gültigkeit dieser Annahme. In der Frage der Validität des Modells trifft man jedoch auf technische und prinzipielle Probleme. Ihnen ist in der Arbeit das vorletzte Kapitel gewidmet. Die Simulation und Modellmethode scheitert jedoch an diesen Problemen nicht. Im Rahmen des prinzipiell Möglichen sind sie durchaus zu bewältigen. Die Simulation sollte deshalb nicht nur an ihren Validierungsschwierigkeiten gemessen werden. Diese treten hier nur besonders krass hervor, da die Simulation weit ambitiösere Probleme anfaßt als konventionelle Analyse. Die neuesten Erfolge der Simulation in der Technik und besonders in der Akustik lassen eine Gesamtbewertung der Methode außerordentlich optimistisch erscheinen.

Es muß noch darauf hingewiesen werden, daß Simulation natürlich nicht andere Forschung an Detailproblemen ersetzt. Die exakte Erforschung von Einzelbeziehungen etwa durch statistische Methoden ist außerordentlich wichtig. Ihre Ergebnisse sind die Bausteine großer Simulationsmodelle. Es ist notwendig, sukzessive alle Elemente dieser Modelle auf eine gesicherte empirische Basis zu stellen. Beides, konventionelle Analyse und Simulation, müssen gleichzeitig vorangetrieben werden, damit erstere sich auf die wichtigen Fragen konzentrieren kann, die in der Simulation auftreten; und damit die Simulation selbst die zahlreichen Lücken, die nur durch plausible Annahmen zu schließen sind, durch gesichertes Wissen ausfüllen kann. Im Rahmen des Nationalfonds-Projektes, in dem diese Arbeit entstanden ist, wurde diese Pluralität der Methoden mit Erfolg praktiziert (16).

2. Das dynamische Konfliktmodell: Ausgangspositionen

2.1. Richardsons dynamisches Modell des Rüstungswettlaufs und andere Ansätze des "Richardson-Paradigmas"

Das einfache Modell eines Rüstungswettlaufs zwischen zwei oder mehreren Staaten, wie es von Richardson (1) entwickelt worden ist, eignet sich hervorragend als Basis eines komplexeren Modells des Konflikts im internationalen System. Das Modell von Richardson berücksichtigt nicht nur den dynamischen Charakter sozialer Systeme, es ist auch formalisiert und seine Variablen sind operationalisiert worden - allerdings oft in verschiedener Weise. Dies ist jedoch kein Nachteil; in der Vielfalt der Operationalisierungen und der damit verbundenen verschiedenen Interpretationen des Modells erweist sich dessen paradigmatischer Charakter. Der zentrale Gedanke des Richardson-Prozesses (2) läßt sich wie folgt skizzieren: In der Folge des Konfliktaustrags in sozialen Systemen kommt es zu Eskalationsprozessen, deren Dynamik eigenen Gesetzmäßigkeiten folgt und von den anfänglichen Konfliktursachen relativ unbeeinflußt bleibt, wenn die Entwicklung einmal in Gang gesetzt ist. Der Rüstungswettlauf ist wohl der bekannteste Prozeß dieser Art, in dem positive Rückkopplung für eine Eigendynamik des Prozesses sorgt, weil ständig die Ausgangsbedingungen für eine Beschleunigung der Rüstungsanstrengungen durch den Prozeß selbst reproduziert werden.

Grundlegend war Richardsons Entdeckung, daß sich das Wachstum der Rüstungshaushalte der europäischen Großmächte vor dem Ersten Weltkrieg in einem Modell abbilden läßt, das aus lediglich zwei linearen Differentialgleichungen besteht (3):

$$dx/dt = ky - ax + g$$

$$dy/dt = lx - by + h$$

Diese Gleichungen beschreiben die Verteidigungsanstrengungen zweier Staaten, die jeweils auf die Aktionen des anderen reagieren. Hierbei ist "x" die Rüstung des ersten Landes, und "y" ist die Rüstung des zweiten Landes. "k" und "l" sind Parameter, durch die man die Heftigkeit der Reaktion mißt. "a" und "b" sind Parameter, die eine hemmende Wirkung auf die Dynamik des Prozesses haben. Die Parameter "g" und "h" bezeichnen die Art der Beziehungen zwischen den beiden Ländern, also etwa politische Spannungen.

Falls die Stabilitätsbedingungen dieses Gleichungssystems nicht erfüllt sind, kommt es zu einem exponentialen Wachstum der Rüstungspotentiale, wie es Richardson bei den von ihm unter-

suchten Fällen finden konnte (4). Die Daten seiner Studie über
den Rüstungswettlauf vor dem Ersten Weltkrieg zeigen nicht nur,
daß die Rüstungspolitik aller beteiligten Staaten extrem reaktiv und aufeinander abgestimmt war, sondern auch, daß eine
Beschleunigung der Dynamik, wie sie die Gleichungen des einfachen Modells vorschreiben, tatsächlich stattgefunden hat.

Wenn man die Verteidigungsbudgets der zwei beteiligten Staatengruppen, wie sie in Abb. 2.1. angegeben sind, in einem Diagramm
gegeneinander aufträgt, zeigt sich, daß sie fast genau auf
einer Linie liegen; dies bedeutet, daß beide Militärbündnisse
sehr genau auf ihre gegenseitigen Rüstungsanstrengungen, die
sich in den Budgets widerspiegeln, reagiert haben (vergl. Abb. 2.2.).

Abb. 2.1.: Rüstungsausgaben der Staaten von
Entente und Allianz 1907 - 1914

Rüstungsgaben 1907-1914 (in Millionen £ Sterling)*

	1907	1908	1909	1910	1911	1912	1913	1914
Frankreich	41.6	42.7	43.6	46.6	50.9	52.7	54.8	62.0
Russland	51.2	55.0	61.4	65.0	68.0	74.1	86.7	99.2
Grossbrit. + Irl.	59.9	58.5	60.0	64.2	68.5	71.0	73.6	78.0
Entente	151.8	156.2	165.0	175.8	187.4	197.8	215.1	239.2
Deutschland	50.4	54.8	59.2	60.2	61.5	62.9	71.1	88.7
Österr.-Ung.	17.0	18.0	18.9	19.6	24.8	27.2	30.4	35.2
Italien	16.5	16.6	18.1	18.9	21.8	23.8	25.7	27.0
Allianz	83.9	89.4	96.2	98.7	108.1	113.9	127.2	150.9

*Quelle: L.F. Richardson, Arms and Insecurity (Pittsburgh 1960), Kapitel 2

Wenn man ferner die Veränderungsraten dieses reaktiven Prozesses ebenfalls graphisch darstellt, so zeigt sich ein deutlich exponentiales Wachstum dieser Raten (vergl. Abb. 2.3.) (5).
Im Folgenden interessanter und wichtiger ist die Frage nach
der Operationalisierung der Parameter der Richardson-Gleichung.
Denn offensichtlich hängt der Wert des einfachen Modells entscheidend davon ab, über welche Indikatoren diese Parameter
erfaßt werden und wie genau ihr Wert bestimmt werden kann.

Der Validierungserfolg Richardsons mit seiner Analyse des
Rüstungswettlaufs 1907 - 1914 konnte in dieser Weise nicht
wiederholt werden. Der Grund hierfür ist eindeutig. Die Randbedingungen des Rüstungswettlaufs sind in neuerer Zeit tendenziell komplexer geworden; man wird sie kaum mehr als über
einen längeren Zeitraum hin konstant approximieren können, wie
es das einfache Modell von Richardson noch verlangt. Diese
Parameter repräsentieren hochkomplexe Phänomene, Aggregate,

Abb. 2.2.: Graphische Darstellung des Wettrüstens vor dem Ersten Weltkrieg

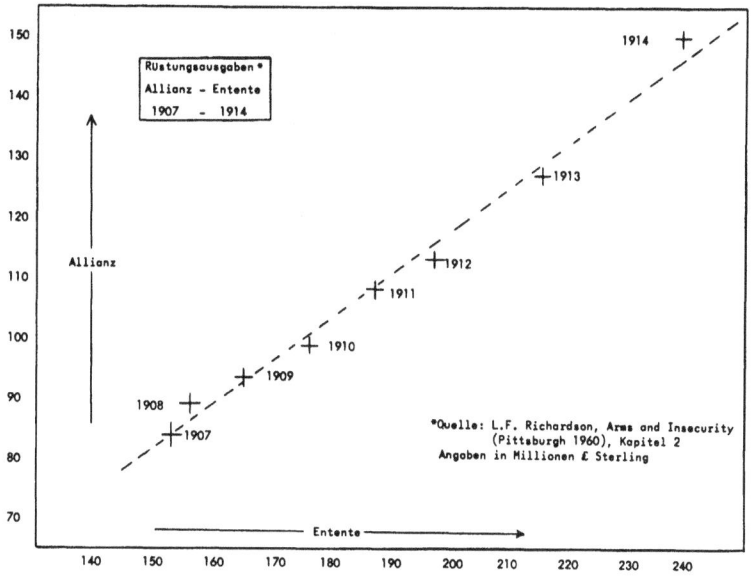

Abb. 2.3.: Graphische Darstellung der Rüstungsbeschleunigung des Wettrüstens von Allianz und Entente

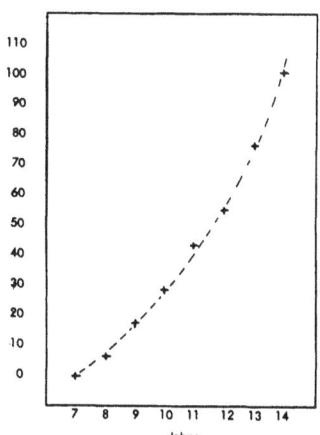

die nicht mehr über einen einzelnen Indikator erfaßt werden
können. Es läßt sich vor allem in den Rüstungswettläufen der
neueren Zeit eine Reaktivität nachweisen, die in den quali-
tativen Bereich überschlägt, also nicht nur auf einem Vergleich der numerischen Stärke basiert, sondern zunehmend auch
die Effizienz und den technologischen Stand der Waffen berücksichtigt. Es ist anzunehmen, daß ein Rüstungswettlauf
gerade hierdurch entscheidend vorangetrieben wird. Diese
Phänomene schlagen sich jedoch kaum direkt in den Rüstungs-
budgets nieder, sodaß Entwicklungen wie die in Abb. 2.4.
beschriebene nur sehr schwer quantitativ zu erfassen sind.

Abb. 2.4.: Qualitative Komponente des Rüstungswettlaufs Israel - Ägypten

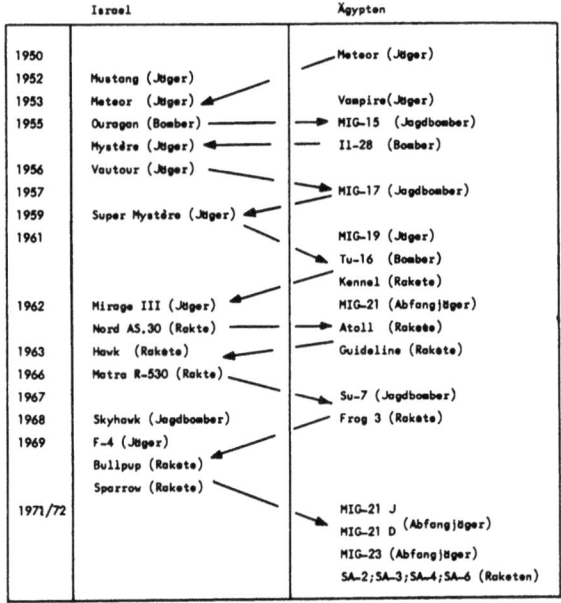

Quellen: The Military Balance (IISS, London, laufende Jahrgänge);
The Arms Trade With The Third World (SIPRI, Stockholm 1971)

In der Forschung, die sich im weiteren Sinne mit dem Richardson-Paradigma befaßt, ist das ursprüngliche Modell das Rüstungswettlaufs allgemeiner interpretiert worden. Man hat das Modell auch auf andere Phänomene reaktiven Verhaltens von Konfliktakteuren übertragen. Die zentrale Frage hat sich im Anschluß daran auf die weitere Interpretation der Parameter gerichtet. Wichtiger als die verschiedenen Versuche einer Operationalisierung sind hierbei Bemühungen, die <u>Randbedingungen</u> reaktiven <u>Feindverhaltens</u> - also Eskalation und Rüstungswettlauf - mit <u>komplexeren Konzepten</u> zu erfassen.

Abb. 2.5.: Erweiterung des Richardson-Modells auf den allgemeinen Fall reaktiven Konfliktverhaltens

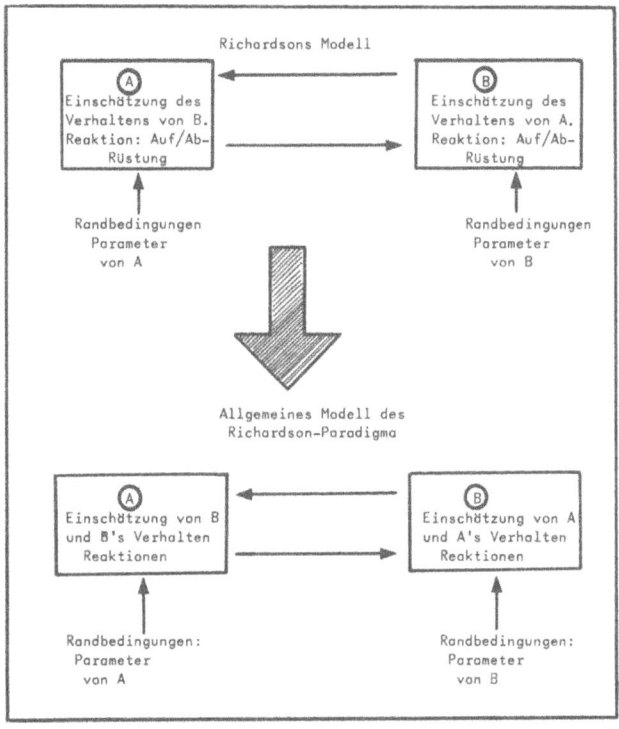

Wir folgen in der Klassifizierung dieser Bemühungen Alker (6)
und differenzieren zwischen folgenden allgemeinen Richtungen:

1.) _Psycho-Logik_. Aus der psychischen Situation der Akteure
ist es erklärbar, daß sich Konfliktverhalten und im spe-
ziellen Fall ein Rüstungswettlauf entwickelt. Zentrale
Konzepte dieses Paradigmas sind _Angst_, _Bedrohung_, _Feind-
bilder_. Der Ablauf dieser Eskalationsprozesse wird als
relativ isoliertes Phänomen betrachtet, das die Triebkräfte
seiner Dynamik vor allem aus psychischen Faktoren bezieht,
deren Grundlage durch den Prozeß der Eskalation ständig
neu reproduziert und verstärkt wird. Das psycho-logische
Paradigma führt dieses Verhalten der Akteure auf sozial-
psychologische und psychologische Mechanismen zurück; es
wird unter anderem auf die wechselseitige Entwicklung von
Feindbildern, die Selektion und Verzerrung von Information,
pathologisches Lernen und autistisches Verhalten hingewiesen. Meist wird der zentrale Rückkopplungsprozeß von
1 in Abb. 2.6. eher als Nebenprodukt einer Entwicklung

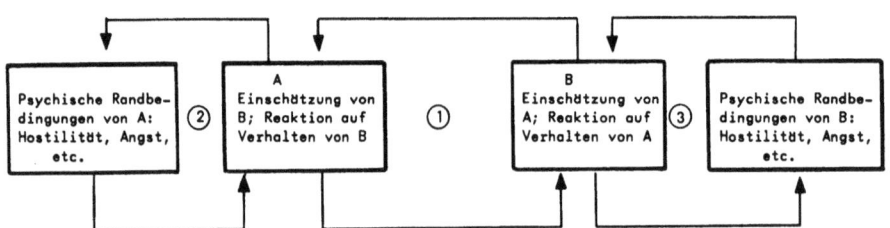

Abb. 2.6.: Zentraler Gedanke des psycho-logischen
Paradigmas

betrachtet, die in den Rückkopplungsschleifen 2 und 3 in
Abb. 2.6. abläuft. Hierbei sieht ein Akteur den anderen
und seine Aktionen gefiltert durch die Brille der eigenen
psychischen Randbedingungen. Diese Randbedingungen werden
durch die aktuelle Einschätzung des Gegenübers meist verstärkt, sodaß die neue, weiter _verzerrte Perspektive_ wieder
Grundlage einer neuerlichen Einschätzung des Gegners ist.
Das Spektrum der wissenschaftlichen Methoden dieses Ansatzes
reicht von historischen Darstellungen und empirischen Untersuchungen über mathematisch-analytische und kybernetische
Studien bis zu den verschiedenen Simulationsmethoden (7).

2.) _Rationales Handeln_. Dieses Paradigma betrachtet die Akteure
eines Konflikts als rational handelnde "decision-makers".
Sie betrachten ihre Aufgabe als Optimierung der jeweiligen

Ziel unter Randbedingungen. Auf der Suche nach optimalen
Strategien werden jedoch meist unrealistische Randbedingungen unterstellt. Es gelingt nicht, das Handeln des
Gegners im Sinne einer <u>meta-rationalen Strategie</u> in das
eigene Kalkül mit einzubeziehen. Die Rationalität ist
meist kurzsichtig, kollektive Rationalität kann sich nicht
entwickeln. Eine Grundorientierung, die das Risiko zu
minimieren sucht und den Gegner aus Sicherheitsgründen
immer im Lichte des schlimmst möglichen Falles erscheinen
läßt, führt dann im Konfliktfall zwangsläufig in die
Eskalation, die als einzige Strategie "rational" erscheint.
Der Entscheidungsprozeß ist in diesem Paradigma in den
ursprünglichen Rückkopplungskreis des Ausgangsmodells von
Richardson als kontrollierendes Element eingebaut. Unter
den Randbedingungen dieser spezifischen Rationalität
und des Sicherheitsdenkens, die in den Entscheidungsprozeß eingehen, wirkt sich dieser jedoch verstärkend und
weniger kontrollierend aus. Die Rückkopplungsschleife von
4 in Abb. 2.7. ist also im Grunde die ursprüngliche
Schleife des Ausgangsmodells, in der eine weitere Variable
auftritt. Die Arbeiten dieses Paradigmas verwenden Konkurrenzmodelle der Mikroökonomie, spieltheoretische und andere entscheidungstheoretische Konzepte (8).

Abb. 2.7.: Das Paradigma des rationalen
Handelns

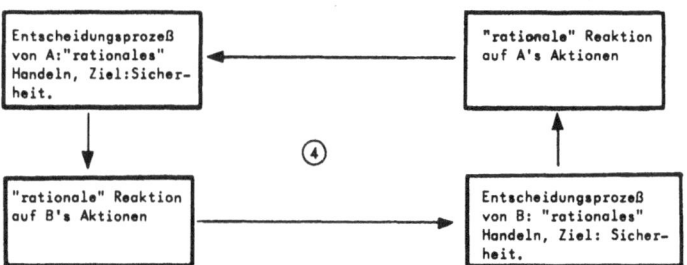

3.) <u>Sozialer Determinismus</u>. Reaktives Konfliktverhalten der
Akteure hat seine Ausgangsbedingungen in den sozialen,
politischen und ökonomischen Strukturen der Umwelt der
Akteure. Dieser Situation sind die Akteure derart verhaftet, daß von einer "freien Entscheidung" der Akteure nicht
mehr gesprochen werden kann. Vielmehr wirkt die Umwelt als
Systemzwang, der den Entscheidungsspielraum auf ein Minimum begrenzt. Exemplarisch ist die Rechtfertigung dieses
Ansatzes durch Anatol Rapoport (9): Die Geschichte richte

sich "nicht nach den Launen von Despoten und den Phantasien von Pedanten." Die "decision makers" des außenpolitischen Prozesses sind der Situation vollständig verhaftet und selbst in ihrem Handeln weniger Akteure als vielmehr ausführende Instanzen, über die sich soziale, politische und ökonomische Prozesse, auf die kaum Einfluß ausgeübt werden kann, in aktuelle Ereignisse umformen. Es bestehen jedoch indirekte Beziehungen zwischen diesen aktuellen Ereignissen und den politischen, sozialen und ökonomischen Prozessen, über die eine Rückkopplung stattfindet. Das Resultat dieses "feed-back" ist meist eine Verstärkung der Ausgangsbedingungen. Während der eigentliche Konflikt reaktiv über die Schleife 5 in Abb. 2.8. verläuft, besteht

Abb. 2.8.: Paradigma des sozialen Determinismus

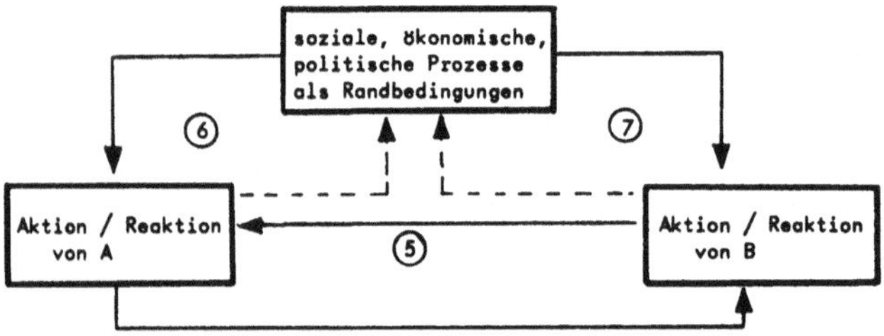

für eine Unterbrechung dieser Dynamik solange keine Chance, wie die <u>Randbedingungen</u> unverändert bleiben oder sich sogar noch verhärten. Die Forschung im Rahmen dieses Paradigmas hat sich vor allem mit der Konzeptualisierung dieser Randbedingungen befaßt. Vorherrschend sind neben empirischen Arbeiten dynamische Modelle, mechanistische Analogien und Simulationsstudien der verschiedensten Art (10).

Es ist nicht verwunderlich, daß diese doch recht einfachen Modelle zwar meist ihre Plausibilität anhand historischer Beispiele zu belegen vermögen; man wird ihnen allen auch kaum ihren großen heuristischen Nutzen absprechen können. Allerdings sind nur die wenigsten Modelle direkt empirisch validiert worden. Man wird z.B. kaum erwarten können, mit dem einfachen Modell von Richardson alle Rüstungswettläufe abbilden zu können. Daran haben auch die kleinen Modifikationen nichts geändert, die verschiedene Forscher am ursprünglichen Modell vorgenommen haben. Besonders Unstetigkeiten der Eskalationskurven können mit dem einfachen Modell nur soweit erklärt werden, wie sich plausibel machen läßt, daß allem Anschein nach wichtige Parameter ihren Wert geändert haben. Offensichtlich können die Parameter des Modells nur in wenigen Fällen über längere Zeit hin als konstant betrachtet werden. Der "verhältnismäßig geistlose und blinde Mechanismus" (11) von Rüstungswettläufen und anderen Eskalationsprozessen ist anscheinend nur bei wenigen Fällen außerordentlich großer Polarität ungebrochen zu beobachten (12). Diese Fälle sind zwar keinesfalls belanglos, doch der Begründungszusammenhang von internationalen Konflikten wird in jüngster Zeit tendenziell komplexer (13).

Es gibt nun Versuche, diese Komplexität konzeptuell in den Griff zu bekommen. Interessant ist hierbei vor allem das Modell eines Konflikt-Ablauf-Profils, wie es von Barringer (14) entwickelt worden ist. Das Grundmodell in Abb. 2.9. kann in den verschiedensten Ausprägungen vorliegen wie die Beispiele in Abb. 2.10. zeigen.

Abb. 2.9.: Schema eines Konfliktablaufs von Barringer

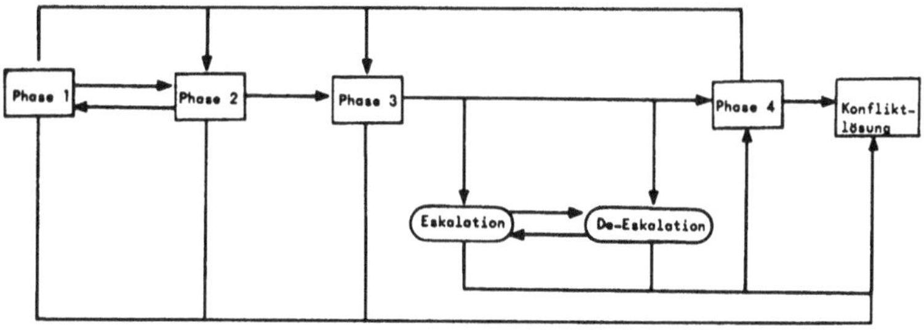

Erklärung der verschiedenen Stufen des Modells:

Phase 1   Probleme in den Beziehungen zweier Länder treten auf und lassen eine militärische Auseinandersetzung möglich erscheinen.

Phase 2   Der Konflikt wird offen ausgetragen, jedoch noch unterhalb der militärischen Schwelle; verbale Beschuldigungen und Rüstungswettlauf.

Phase 3   Feindseligkeiten brechen aus.

Eskalation	Es kommt zur Eskalation des Konflikts, also zur sukzessiven Steigerung der Konfliktintensität.
De-Eskalation	Es kommt zur Abnahme der Konfliktintensität.
Phase 4	Ende der Feindseligkeiten. Im Anschluß daran kann der Konflikt in jedem Stadium neu ausbrechen oder in den letzten Zustand übergehen.
Konfliktlösung	Ende des Konflikts und Beseitigung seiner Gründe.

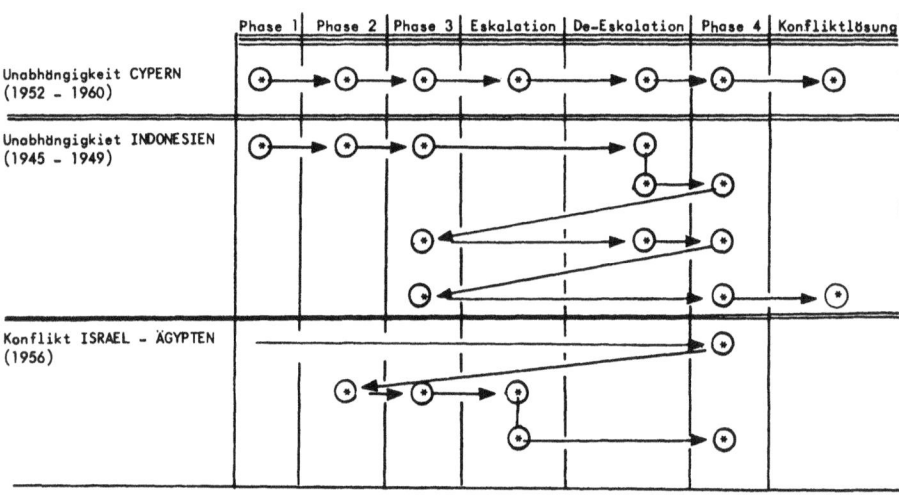

Abb. 2.10.: Einige Beispiele für Konflikt-Ablauf-Profile nach Barringer

Zweifellos gelingt es dem Modell von Barringer, einen Teil der außerordentlich großen Vielfalt zwischenstaatlicher Konflikte abzubilden. Während der Cypern-Konflikt als einfache Eskalation mit anschließender De-Eskalation und Konfliktlösung begriffen werden kann - wobei die neusten Ereignisse von 1974 noch nicht berücksichtigt sind - zeigen die Diagramme des Indonesien-Konflikts und des Nahost-Krieges einen weit komplexeren Verlauf. Barringer vertritt die Hypothese, daß die spezifische Ausprägung eines Profils, in der sich der konkrete Konfliktablauf manifestiert, von einer Fülle von Randbedingungen abhängt. Der Versuch, Korrelationen der jeweiligen Profilausprägung mit den Daten der zugehörigen Randbedingungen zu ermitteln, ist nicht überzeugend

gelungen. Barringer begreift den Konfliktablauf als isoliertes
Phänomen, das zwar von einer Vielzahl sozialer, ökonomischer
und politischer Randbedingungen geprägt ist, selbst aber auf
diese Faktoren keinen Einfluß hat. Als typischer Vertreter
eines Paradigmas des sozialen Determinismus wird eine Rückkopplungsbeziehung zwischen konkretem Konfliktablauf und den
zugrundeliegenden Strukturen nicht in Betracht gezogen. Es
gibt jedoch genügend Einzelbeispiele, die gerade dies belegen: man denke etwa an die Auswirkungen hoher Rüstungsausgaben auf die Ökonomie und die Wohlfahrt eines Landes; die davon
wiederum ausgehenden Einflüsse auf das politische System reichen sehr wohl bis in den außenpolitischen Entscheidungsprozeß
hinein. Verbesserte Modelle müssen versuchen, auch diese
Verbindungen mit in die Überlegungen einzubeziehen.

2.2. Grundstruktur des neuen Modells

Es wurden verschiedene Versuche unternommen, das einfache Modell
des Richardson-Prozesses zu erweitern. Interessant ist dabei
vor allem die Ausdehnung des Modells auf mehr als nur zwei Kon-
fliktsparteien (15), die Analyse und Interpretation der Stabilitätsbedingungen des Modells (16) und einige Ansätze, die auf
eine Erweiterung abzielen und die Parameter des Modells durch
dynamische Komponenten ersetzen möchten (17). Diese Versuche
führen jedoch nicht viel über die Arbeit von Barringer hinaus.
Erfolgversprechender dürfte ein Ansatz sein, wie er von Daniel
Frei vorgeschlagen worden ist (18): durch die Integration verschiedener Paradigmata ist dem Problem der Komplexität am
ehesten beizukommen. Konkret verfolgen wir hier die Absicht,
die verschiedenen Ansätze des Richardson-Paradigmas in einem
übergreifenden Ansatz zu integrieren, da sie sich nicht wider-
sprechen, sondern eher ergänzen.

Zwischenstaatlicher Konflikt ist nur zum Teil über das Phänomen des Rüstungswettlaufs zu erfassen; der Rüstungswettlauf
ist vielmehr eine wenn auch wichtige "Randerscheinung", deren
Auswirkungen auf den tatsächlichen Konflikt kaum bekannt sind.
Ein Modell des zwischenstaatlichen Konflikts muß vor allem versuchen, das Phänomen von Eskalation und De-Eskalation in den
Griff zu bekommen. Es muß dann versucht werden, den Zusammenhang zwischen dem Rüstungswettlauf und dem tatsächlichen Konfliktaustrag herzustellen.

Man wird die Randbedingungen dieser beiden reaktiven Prozesse
von Eskalation und Rüstungswettlauf nicht nur im Bereich des
Paradigmas der Psycho-Logik finden können. Phänomene wie Angst
Feindbilder, Bedrohungsvorstellungen sind wichtig und müssen
berücksichtigt werden. Diese Konzepte erklären ganz sicher einen

Teil der Varianz. Es ist anzunehmen, daß die anderen Ansätze bei der Erklärung des Restes wichtig werden. Zentralen Stellenwert hat hier vor allem die Struktur der Beziehungen der Staaten untereinander. Ohne konfliktive Grundstruktur, die einen Konflikt auslösen und in Gang halten kann, wird sich der Mechanismus, den die Ansätze der Psycho-Logik beschreiben, kaum entfalten können. Es wird ebenso auf den Zustand des ökonomischen und politischen Subsystems eines jeden der beteiligten Staaten ankommen. Die Arbeiten des sozial-deterministischen Paradigmas haben sich mit diesen Zusammenhängen befaßt; man wird prüfen müssen, in wieweit sie sich integrieren lassen. Alle diese Faktoren bilden die Ausgangsbedingungen für den Ablauf von Konflikt und Rüstungswettlauf und halten diese Prozesse in Gang. Dies ist in einer großen Zahl von Einzelstudien gezeigt worden. Die Frage, wie sich diese Faktoren in einzelne Aktionen umsetzen, wurde im Rahmen des Paradigmas des rationalen Handelns untersucht. Es bietet sich an, auch dieses Konzept in ein umfassendes Modell zu integrieren und damit die letzte Lücke des Erklärungszusammenhanges zu schließen. Das ganze Modell gewinnt hierdurch an Substanz. Es gelingt auf diese Weise, die Folgen des subjektiv rationalen Handelns, das von den Akteuren selbst als "realistisch" gepriesen wird, also eskalierender Konfliktaustrag, aus den zugrundeliegenden Strukturen des Konflikts herzuleiten.

Das neue Modell, das in Abb. 2.11. skizziert ist, versucht eine Integration der drei Konzepte des Richardson-Paradigmas zu leisten. Zentralen Stellenwert hat der Entscheidungsprozeß. Hier wird resultierend aus der jeweiligen Situationsdefinition die Reaktion auf das Verhalten des Konfliktpartners entwickelt, wie die Beziehung "a" in Abb. 2.11. zeigt. Diese Rückkopplungsschleife ist identisch mit der Schleife 4 in Abb. 2.7.; allerdings wird dieser Prozeß nicht als geschlossenes System begriffen, wie er von den Vertretern des Paradigmas des rationalen Handelns verstanden wird. Die spezifische "Rationalität", wie sie dieses Paradigma beschreibt, entwickelt sich vielmehr unter dem Eindruck einer Situationsdefinition, in die nicht nur das Verhalten des potentiellen Gegners eingeht, sondern ebenso eine ganze Reihe von anderen Randbedingungen. Diese Randbedingungen formuliert vor allem das sozial-deterministische Paradigma. Allerdings wurde von den Vertretern dieser Richtung ein sehr viel engerer Zusammenhang vor allem sozialer Prozesse mit dem Konfliktablauf postuliert. Die sozialen, politischen und ökonomischen Faktoren, die die Umwelt des Entscheidungsträgers ausmachen, gehen so über die Situationsdefinition in den Entscheidungsprozeß ein und prägen damit die Entwicklung des Konflikts. Die Rückkopplungsschleife von b in Abb. 2.11. erfasst damit die Zusammenhänge, die in Abb. 2.8. durch die Schleifen 6 und 7 dargestellt werden. Die politischen Faktoren

Abb. 2.11.: Grundzüge des neuen Modells

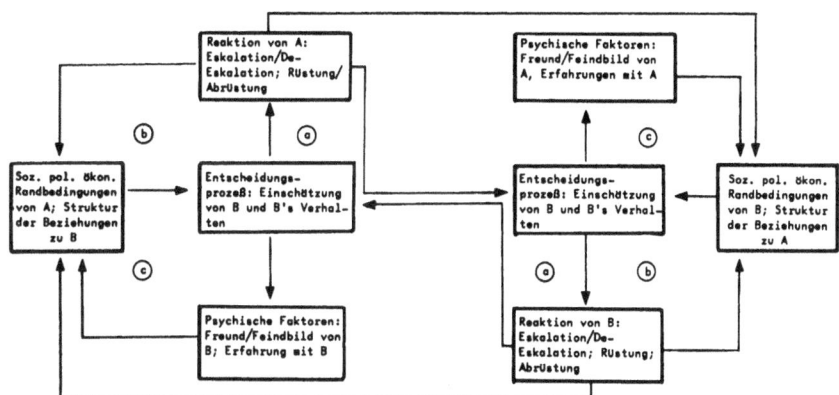

umfassen nicht nur die innenpolitische Umwelt sondern auch
die außenpolitische Umwelt der Akteure, also vor allem die
Struktur der Beziehungen zu dem potentiellen Konfliktpartner.
Diese können in ihrer Perzeption durch psychische Mechanismen
recht nachhaltig beeinflußt werden, wie die Arbeiten des
psycho-logischen Paradigmas zeigen. Die Schleife "c" in Abb.2.11.
beinhaltet damit auch die Rückkopplungsbeziehungen von Schleife
2 in Abb. 2.6.

Die Randbedingungen des zentralen reaktiven Prozesses sind
nun nicht mehr Parameter. Alle Faktoren sind in Rückkopplungsbeziehungen einbezogen. Das Modell ist also wieder geschlossen,
jedoch sehr viel komplexer als das Ausgangsmodell von Richardson.
Es besteht damit die begründete Hoffnung, einen Großteil der
Varianz des zwischenstaatlichen Konflikts erklären zu können.
Für die weiteren Überlegungen wird man sich bewußt machen müssen,
daß die in den Kästchen des neuen Modells auftretenden Faktoren
selbst wiederum komplexe Aggregate sind. In den weiteren drei
Kapiteln der Arbeit wird versucht, diese durch operationalisierbare und formalisierbare Konzepte zu erfassen.

3. Modell des außenpolitischen Verhaltens zweier Staaten

3.1. Ausgangspositionen

In diesem Teil des Modells soll das außenpolitische Verhalten
von Staaten erfaßt werden. Wir formulieren hierbei die Beziehungen dyadisch, wie schon im vorhergehenden Kapitel vorgeschlagen. Die dyadische Beziehung kann dabei als der einfachste Fall eines internationalen Systems gelten.

Summarisch kann das außenpolitische Verhalten von Staaten und
insbesondere das Konfliktverhalten wie folgt charakterisiert
werden: Es ist <u>reaktiv</u> mit <u>Eigenstimuli</u> unter <u>kontrollierenden
Randbedingungen</u>, die mit beschleunigenden oder bremsenden Einwirkungen für die <u>Dynamik</u> des <u>Prozesses</u> sorgen. Dies sind die
Grundzüge des neuen Modells, das im vorhergehenden Kapitel durch
<u>Integration</u> der <u>verschiedenen</u> <u>Paradigmata</u> des Richardson-Prozesses entwickelt worden ist.

Die Reaktivität ist der Motor des Rüstungswettlaufs und jedes Eskalationsprozesses. Das Konzept der Reaktivität findet
sich in allen Ansätzen des Richardson-Paradigmas. Während es
im <u>psycho-logischen</u> <u>Paradigma</u> als zwangsläufiges Beiprodukt
von Prozessen innerhalb der Akteure erscheint, werden im <u>sozialdeterministischen</u> <u>Paradigma</u> und im <u>Paradigma</u> des <u>rationalen
Handelns</u> die Mechanismen genauer konzeptualisiert, die einen
reibungslosen Ablauf dieser Reaktivität gewährleisten. Im ersten
Fall wird gezeigt, wie bestimmte Konstellationen sozialer,
politischer und ökonomischer Faktoren der Umwelt als Randbedingungen der Reaktivität auftreten und dieser immer wieder
neue Anstöße geben. Die Arbeiten im Rahmen des Paradigmas des
rationalen Handelns zeigen, daß - im nicht seltenen - ungünstigen Fall subjektiv-rationales Verhalten die Eskalation nicht
nur unbeeinflußt läßt, sondern diese geradezu in ihrem reibungslosen Ablauf unterstützt. Arbeiten mit spieltheoretischen Konzepten haben gezeigt, daß in der Konfrontationssituation die
Akteure ihre eigene Lage analog der eines "Prisoner's Dilemma"
sehen: Hierbei treibt die Erwartung des "worst case" und die
Minimax-Logik die beiden Akteure in die Offensive, aus der es
kaum einen Ausweg gibt.

Die <u>Reaktivität</u> <u>als</u> <u>Grundkonzept</u> hat ihre Nützlichkeit hinlänglich in empirischen Arbeiten bewiesen (1). Diese Rückkopplungsbeziehung zwischen zwei an einem Konflikt beteiligten Akteuren
läuft schematisch wie folgt ab: Die Aktion eines Akteurs ruft
die Reaktion eines anderen Akteurs hervor; diese wird vom ersten Akteur wiederum als Aktion aufgefaßt, auf die eine eigene
Reaktion fällig ist. Beispiele hierfür lassen sich in fast unbeschränktem Ausmaß finden. Im Rüstungswettlauf ist die sukzes-

sive Steigerung der Rüstungspotentiale ein Produkt wechselseitiger Reaktion auf die quantitative und qualitative Verbesserung der jeweiligen gegnerischen Armeen. Ein ähnlicher Prozeß wechselseitiger Reaktion findet sich meist im eigentlichen Konfliktaustrag als Eskalation im Spektrum von Drohung und Gewalt: Als Antwort auf eine gewaltsame Aktion des Gegners wird ein Akteur zu ähnlichen oder stärkeren Maßnahmen greifen. Diese werden wiederum Ausgangsposition zu weiteren Maßnahmen des ersten Akteurs sein.

Eskalationsprozesse und Rüstungswettläufe beginnen jedoch nur unter bestimmten Umständen; man weiß auch, daß sie ständig neue stimulierende Einflüsse brauchen, um sich voll zu entfalten. Es ist ferner hinlänglich bekannt, daß Eskalationsprozesse und Rüstungswettläufe <u>nicht</u> <u>unbeschränkt</u> <u>weitergehen</u>, sondern daß sie einer großen Zahl von bremsenden Faktoren unterliegen, die eine <u>weitere</u> <u>Beschleunigung</u> <u>verhindern</u> oder sogar eine <u>Trendumkehr</u> auslösen können. Die Forschung hat sich mit diesem Problem bisher nur am Rande befaßt und sich vielmehr auf den eingentlichen Ablauf eines Konflikts beschränkt. Durch die Integration mehrerer Konzepte gelingt es jedoch auch, die Bedingungen von <u>Anfang</u> und <u>Ende</u> reaktiven Feindverhaltens zu erfassen.

In den Begründungszusammenhang konfliktiven Verhaltens gehört neben der Reaktivität ebenfalls die <u>Struktur</u> <u>der</u> <u>Beziehungen</u> beider Akteure zueinander. Dies ist eine der zentralen Thesen des sozial-deterministischen Paradigmas. Eine Einschätzung des anderen Akteurs als gefährlich und rücksichtslos kann dazu führen, daß der erste Akteur vorsorglich seine Rüstung verstärkt. Aus der konfliktiven Grundstruktur der Beziehungen der beiden Akteure zueinander können ebenfalls <u>Spannungen</u> resultieren, die unter bestimmten Umständen in Feindverhalten umschlagen können. Die Struktur der Beziehungen der Akteure zueinander ist gekennzeichnet durch Interessengegensätze oder -übereinstimmungen politischer, ökonomischer und ideologischer Art. Hinzu gehört ebenfalls Mißtrauen, das aus schlechter Erfahrung oder aus der Erwartung solcher in naher Zukunft resultieren kann. Ebenfalls aus schlechter Erfahrung oder aus der Erwartung solcher kann Angst entstehen, die entscheidend den Ablauf eines Eskalationsprozesses beeinflussen kann.

Während die Rüstungsdynamik vor allem durch die Randbedingungen des ökonomischen Systems geprägt ist, benötigt ein Eskalationsprozeß ständig <u>Stimuli</u>, die seinen Ablauf in Gang halten. Diese Stimuli entwickeln sich als <u>Problemdruck</u>, dem die Entscheidungsträger ausgesetzt sind. Dieser Problemdruck kann aus internen ökonomischen und politischen Problemen, oder auch direkt aus der Struktur der Beziehungen zwischen den Akteuren stammen.

Problemdruck kann vor allem aus einem steigenden Sicherheitsproblem für einen Akteur entstehen. Im Falle eines solchen Problemdrucks kann ein Staat und seine Entscheidungsträger versuchen, die Probleme durch eine "Flucht nach vorne" zu lösen. Zufallsereignisse können ebenfalls dazu führen, daß sich Spannungen in Eskalationen entladen. Neben den geplanten Aktionen sind die Beziehungen zwischen Staaten nämlich von einer Fülle von Zufallsereignissen geprägt, die in ihren Ursachen dem Zugriff der Akteure entzogen sind. Derartige Zufallsereignisse reichen, wie historische Beispiele zeigen, vom Sabotageakt bis zum Thronfolgermord, vom Spionageskandal bis zum militärischen "fail safe"-Versagen.

Es gibt ferner eine ganze Reihe von <u>kontrollierenden Randbedingungen</u>, die auf die Dynamik von Rüstung und Eskalation einen beschleunigenden oder bremsenden Einfluß haben. Es wurde vorher schon darauf hingewiesen, daß hier als Randbedingung der Rüstungsdynamik vor allem die ökonomischen Ressourcen wichtig sind. Wie die Forschung zeigt, gibt es einen engen Zusammenhang zwischen dem Bruttosozialprodukt und den Rüstungsausgaben (2). Im Falle eines bewaffneten Konfliktaustrags wird eine weitere wichtige Randbedingung der Rüstungsbewegung natürlich die Höhe der Verluste sein. Im Verlauf des Konfliktaustrags kann sich Angst entwickeln, nämlich dann, wenn es zu hohen Verlusten kommt oder wenn hohe Verluste befürchtet werden müssen. Mit steigendem Niveau des Konfliktaustrags wird ebenfalls militärische Unterlegenheit zu Angst führen. Angst hat auf die Dynamik von Eskalation und De-Eskalation einen bremsenden Effekt. Die Angst vor dem potentiellen Gegner wird darum eine wichtige Größe bei der Beurteilung der Struktur der Beziehungen zwischen zwei Akteuren sein.

Diese Konkretisierungen erlauben es nun, die Beziehungen des Modells genauer zu bestimmen und das abstrakte Modell von 2.11., das aus der Integration der verschiedenen Ansätze des Richardson-Paradigmas gewonnen wurde, in ein brauchbares Konzept zu überführen. Hierbei werden die Einheiten des Modells von 2.11. so zerlegt, daß sie später durch operationalisierbare und formalisierbare Konzepte erfaßt werden können. Das aufgefächerte Modell von 3.1. besteht aus verschiedenen Faktoren, die dem jeweiligen Entscheidungsprozeß eines Akteurs umgeordnet sind und auf diesen einwirken oder selbst von ihm beeinflußt werden.

Der Entscheidungsprozeß führt unter bestimmten Umständen, die anschließend analysiert werden sollen, zu verschiedenen Reaktionen: Auf- oder Abrüstung, feindliches oder freundliches Verhalten. Dies resultiert aus einer Diskrepanz der Rüstungspotentiale und des Verhaltens der beiden Akteure. Es handelt sich

Abb. 3.1.: Das erweiterte Modell

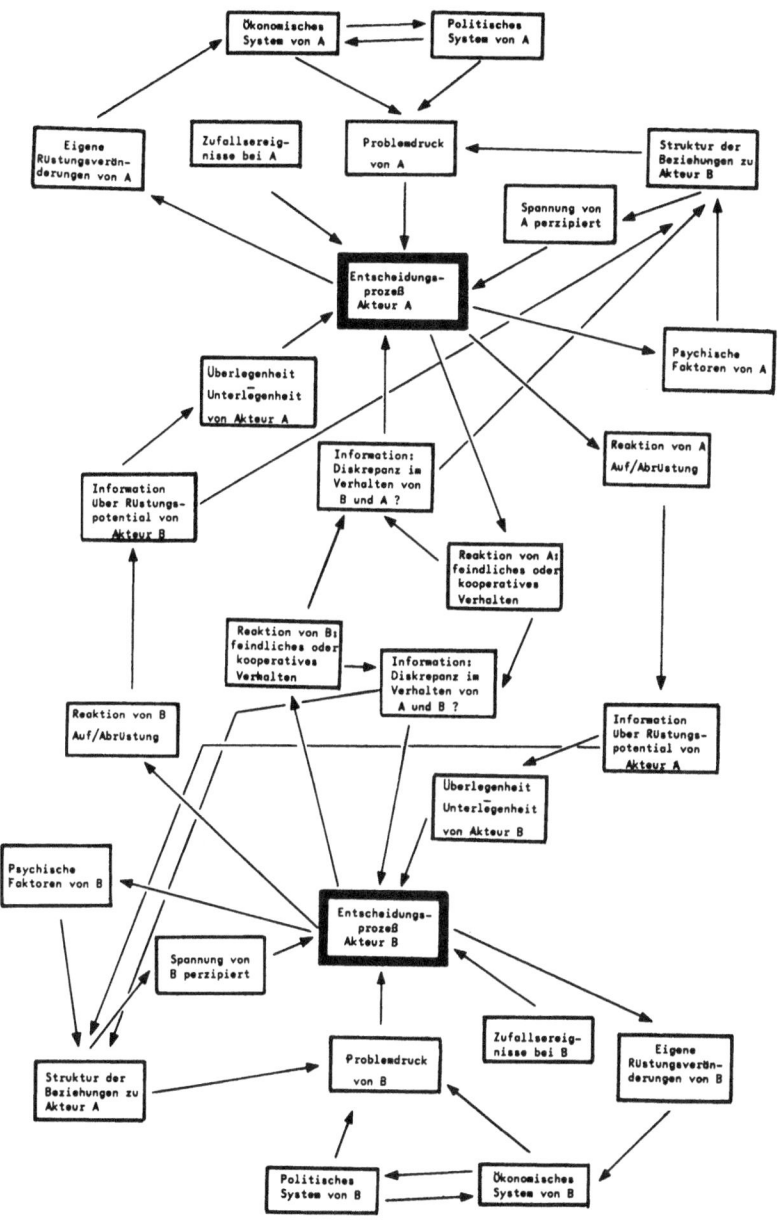

also um eine direkte Reaktivität, die so natürlich nur unter
bestimmten "günstigen" Randbedingungen abläuft. Notwendig sind
dazu Spannungen, die dann, wenn der notwendige Problemdruck
vorhanden ist, ebenfalls in Aktivitäten umschlagen können. Derartige Aktivitäten können ebenfalls von Zufallsereignissen ausgelöst werden.

Das Modell gibt ebenfalls an, aus welchem Begründungszusammenhang sich diese Faktoren ableiten. Hierbei sind lediglich die
Zufallsereignisse exogen. Spannungen entstehen aus der Struktur
der Beziehungen zum anderen Akteur. Der notwendige Problemdruck kann ebenfalls aus diesen Beziehungen stammen, dann z.B.,
wenn ein Akteur aufgrund großer Unterlegenheit militärischer
Art ein Sicherheitsrisiko empfindet. Weitere Quelle für Problemdruck ist das ökonomische und politische Subsystem. Entwicklungen im politischen System können dazu führen, daß die
Lage der Entscheidungsträger innenpolitisch instabil wird; dies
wird einen Druck auf die Entscheidungsträger ausüben, der sich
im außenpolitischen Entscheidungsprozeß niederschlagen kann.
Ähnliche Zusammenhänge gelten für das ökonomische Subsystem.
Zwischen politischem und ökonomischem Subsystem bestehen natürlich Verbindungen. Diese beiden Subsysteme sind derart komplex,
daß wir uns entschlossen haben, sie als Sub-Modelle gesondert
zu behandeln und als eigenständige dynamische Systeme zu formulieren.

Auf die Struktur der Beziehungen zu dem anderen Akteur haben
psychische Faktoren wie z.B. Feindbilder oder Angst einen Einfluß. Diese können die Perzeption der Beziehung zum anderen
Akteur entscheidend prägen und hierdurch die Entwicklung von
Spannungen fördern. Diese psychischen Faktoren entstehen im
Entscheidungsprozeß, der ja die aktuelle Situation bewertet.
Es versteht sich, daß die Rüstungsentwicklung einen Einfluß
auf das ökonomische System hat; Verteidigungsausgaben werden
im Falle eines Rüstungswettlaufs als große Posten des Budgets
auftreten und die Ökonomie belasten.

Es ist nun möglich, diese Beziehungen durch politologische
Konzepte zu erfassen und auf diese Weise ein formales Modell
zu gewinnen, das die verschiedenen Ansätze des Richardson-Paradigmas integriert. Die Randbedingungen dieser Ansätze
werden wiederum als separate Sub-Modelle formuliert, so daß
schließlich ein hochgradig geschlossenes und homogenes Gesamtmodell entsteht.

3.2. Konzeptuelle Ausarbeitung des Modells

Die konzeptuelle Erfassung der Zusammenhänge, die in Abb. 3.1. entwickelt worden sind, ist mit Hilfe einiger komplizierterer Ansätze möglich. Diese Ansätze stammen aus dem Umkreis des Richardson-Paradigmas und greifen erstaunlich gut ineinander. Die Operationalisierung der verwendeten Variablen ist zum Teil durchgeführt, ansonsten aber prinzipiell möglich. Die Formalisierung dieser Konzepte bereitet ebenfalls keine größeren Schwierigkeiten.

Die wichtigsten "abhängigen" Variablen des außenpolitischen Prozesses sind die Intensität des Konfliktaustrags und die Größe des Rüstungspotentials. Diese beiden "abhängigen" Variablen, die hier als Ergebnis des außenpolitischen Entscheidungsprozesses eines Akteurs zu betrachten sind, spielen beim anderen Akteur hauptsächlich eine Rolle als "unabhängige" exogene Einflüsse, die in den Entscheidungsprozeß eingehen und auf die allenfalls reagiert wird. Diese beiden Variablen bilden also die Verbindung zwischen zwei Akteuren, wie Abb. 3.1. zeigt.

Die Intensität des Konfliktaustrags erfassen wir innerhalb eines Interaktions-Konzepts (3). Interaktionen umfassen das ganze Spektrum zwischenstaatlicher Austauschbeziehungen und können kooperativen oder konfliktiven Charakter haben. Entsprechend unterscheiden wir hier zwischen positiver "kooperativer" Interaktion und negativer "konfliktiver" Interaktion. Zwischenstaatliche Beziehungen sind meist eine Mischung zwischen positiver und negativer Interaktion. Die Variable "feindliches oder freundliches Verhalten" in Abb. 3.1. umfaßt also diese Mischung von negativer und positiver Interaktion. Das Ausmaß und die Art der Interaktion des gegnerischen Akteurs bildet also als Aggregat das Verhalten dieses Akteurs, das dann in den Entscheidungsprozeß des anderen Akteurs als Information eingeht. Wie Abb. 3.1. zeigt, wird zunächst geprüft, ob und in wieweit das Verhalten beider Akteure übereinstimmt. Das Ergebnis bildet dann die Grundlage einer möglichen Reaktion.

Sehr ähnlich erweist sich der Zusammenhang zwischen dem Rüstungspotential beider Akteure. Auch hier kann eine Diskrepanz zu Reaktionen führen, also zu Auf- oder Abrüstung. Das Rüstungspotential gibt dabei die militärische Stärke eines Staates an. Die Operationalisierung ist schwierig, aber prinzipiell möglich (4). Die Information über die Höhe des Rüstungspotentials und über Art und Ausmaß der Interaktion des Gegners bildet die externe Situationsdefinition eines Akteurs. Drei weitere Inputs des Entscheidungsprozesses sind anschließend zu betrachten. Während Zufallsereignisse als permanenter Fluß exogener Störfaktoren angesehen werden, erfordert die Konzeptualisierung der Aggregate "Spannung" und "Problemdruck" eine aufwendige Analyse.

3.2.1. Die Konzepte von "Spannung" und "Distanz"

Die konzeptuelle Erfassung des Phänomens der Spannung setzt eine Abklärung des Bereichs voraus, der die Struktur der Beziehungen zum potentiellen Gegner oder Partner formuliert. Spannung resultiert aus der Struktur der Beziehungen zum Gegenüber; Spannung ist ein Strukturcharakteristikum. Wir fassen hierbei den Begriff der "Spannung" im ursprünglichen "mechanischen" Sinn auf: Spannung ist dabei die <u>Belastung eines Systems</u>, die aus einer <u>Diskrepanz</u> zwischen <u>aktuellem Systemzustand</u>, also der Struktur des Systems, und der <u>tatsächlichen Dynamik</u> des Systems, seiner Funktion, besteht. In der Forschung ist im Zusammenhang mit einer Definition von "Spannung" immer auf mechanistische Analogien zurückgegriffen worden; dies soll hier auch geschehen, obwohl derartige Beispiele nicht mehr sein können als eine Demonstration des Grundgedankens. Man mache sich den Zusammenhang am Beispiel der Spannung auf Werkstücken, Gebäuden, Brücken (5) klar. In allen Fällen ist das System strukturell auf eine bestimmte Dynamik hin angelegt, die aber für den Augenblick verhindert wird: die Brücke bricht nicht, da die Belastung momentan nicht die kritische Schwelle überschreitet. Diesen Zustand eines Systems, in dem strukturell angelegte Dynamik für den Moment verhindert wird, bezeichnet man als "Spannung".

Im Fall des zwischenstaatlichen Konflikts findet man ebenfalls eine derartige "Spannung". Wenn die Struktur der Beziehungen ein gewisses Verhalten verlangen, dies aber aus nicht weiter zu diskutierenden Gründen noch nicht eingetreten ist, spricht man von Spannung. Wenn zwischen zwei Staaten etwa große Probleme aufgetreten sind, diese aber noch nicht ihren Niederschlag in konfliktiver Interaktion gefunden haben, spricht man von "Spannungen". Besonders dann, wenn die Beziehungen zwischen zwei Staaten militärische Aktionen erwarten lassen, die allerdings noch nicht eingetreten sind, spricht man davon, daß sich "<u>Spannungen entwickelt</u>" haben. Spannung ist ein Systemzustand, in dem eine Diskrepanz zwischen dem Verhalten, das der Struktur der Beziehungen entspricht, und dem aktuellen tatsächlichen Verhalten besteht. Man wird versuchen müssen, Art und Ausmaß der Interaktion zwischen Staaten mit der Art der Beziehungsstruktur zu vergleichen.

Es folgt daraus, daß nicht nur eine Diskrepanz zwischen feindlicher Beziehung und feindlichem Verhalten entstehen kann, sondern auch eine Diskrepanz zwischen kooperativem Verhalten und kooperativer Struktur. Wir bezeichnen ersteres als <u>negative</u>

Spannung und letzteres als positive Spannung.

Die nachstehenden Vierfelder-Tafeln von Abb. 3.2. und Abb. 3.3. und die Achtfelder-Tafel von Abb. 3.4. zeigen die möglichen Arten von Spannung und die daraus möglicherweise resultierende Dynamik kooperativen und konfliktiven Verhaltens.

Abb. 3.2.: Negative Spannung und deren Ausgleich

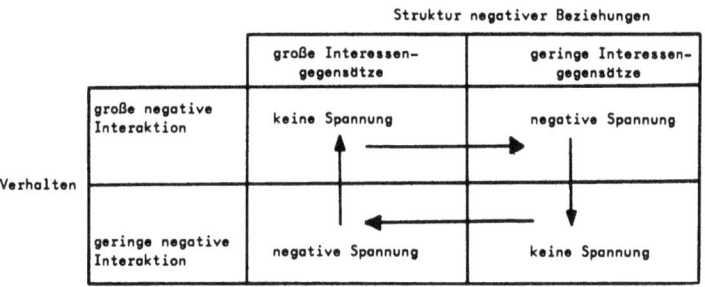

Abb. 3.2. verlgeicht die negativen Beziehungen, die hier einmal auf die Interessenstruktur reduziert sind, mit negativem Verhalten. Das System tendiert immer auf einen Abbau der Spannung hin, sei es wie in der zweiten Spalte in Form einer De-Eskalation oder wie in der ersten Spalte in Form einer Eskalation.

Abb. 3.3.: Positive Spannung und deren Ausgleich

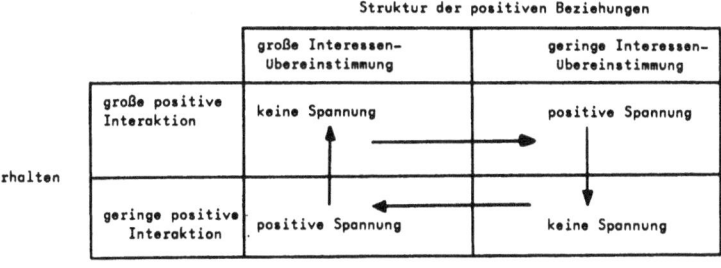

In Abb. 3.3. erhält man ähnliche Entwicklungen für den Bereich kooperativen Verhaltens und positiver Beziehungsstruktur, also einer Interessenübereinstimmung. Es kann hierbei jeweils nach der Interessenstruktur zu einem Aufbau kooperativer Beziehungen oder zu einem Abbau dieser Beziehungen kommen. Beide Modelle enthalten noch die Möglichkeit strukturellen Wandels: Im Falle eines andauernden Konflikts, d.h. großer negativer Interaktion und großer Interessengegensätze, können diese Gegensätze verschwinden oder abgebaut werden. Umgekehrt können im Falle geringer negativer Interaktion und geringer Interessengegensätze diese verstärkt werden. Ähnliches gilt für die positiven Interaktionen und die Struktur der Interessenübereinstimmung.

Abb. 3.4.: Negative und positive Interaktion, negative und positive Beziehungsstruktur und deren Wandel

	Struktur der Beziehungen			
	große Interessengegensätze geringe Interessen-Übereinstimmungen	große Interessengegensätze große Interessen-Übereinstimmungen	geringe Interessengegensätze große Interessen-Übereinstimmungen	geringe Interessengegensätze geringe Interessen-Übereinstimmungen
große negative Interaktion geringe positive Interaktion	1.1. keine Spannung → Spannung	1.2. Spannung	1.3. große Spannung	1.4. Spannung
große negative Interaktion große positive Interaktion	2.1. Spannung ←	2.2. keine Spannung → Spannung	2.3. Spannung	2.4. große Spannung
geringe negative Interaktion große positive Interaktion	3.1. große Spannung	3.2. Spannung ←	3.3. keine Spannung → Spannung	3.4. Spannung
geringe negative Interaktion geringe positive Interaktion	4.1. Spannung	4.2. große Spannung	4.3. Spannung	4.4. keine Spannung

Interessengegensätze und -übereinstimmung treten nun bekanntlich nicht isoliert auf bzw. schließen einander nicht aus. Ebenso ist es möglich, daß positive und negative Interaktion zusammen auftreten; zwischenstaatliche Beziehungen sind meist eine Mischung kooperativen und konfliktiven Agierens und Reagierens. In Abb. 3.4. sind die Konzepte von Abb. 3.2. und Abb. 3.3. integriert. Hierbei sind die Möglichkeiten des Wandels von Verhalten und Struktur noch weit größer. Wenn man davon ausgeht, daß im Falle von Interaktionsbeziehungen zwischen Partnern eine <u>Strukturveränderung</u> prinzipiell <u>nicht ausgeschlossen</u> werden kann, dann ist allein das Feld 4.4. in Abb. 3.4. ein <u>stabiler Zustand</u>. Extrem instabil sind natürlich Zustände mit großer Spannung, ebenso Zustände mit mittlerer Spannung. In allen diesen Fällen von Spannung erfolgt meist ein Wechsel des Verhaltens, das damit der strukturellen Situation entspricht. Im Falle abgebauter Spannung und negativer oder positiver Interaktion kann es zu strukturellem Wandel kommen, der dann anschließend zu neuer Spannung führt und einen neuerlichen Wandel des Verhaltens erwarten läßt. Dies wird besonders im Falle einer Situation wie der von 2.2. in Abb. 3.4. geschehen, in der vermutlich recht rasch eine strukturelle Änderung erfolgen wird.

Dieses einfache Schema zeigt also die mögliche Dynamik eines
Konfliktsystems auf und vermag den Zusammenhang zwischen Kon-
flikt- und Kooperationsstruktur und resultierendem Verhalten
näher zu verdeutlichen. Die Struktur der Beziehung zwischen
den Akteuren eines zwischenstaatlichen Konflikts besteht nun
jedoch nicht nur aus der Interessenlage.Eine erste Relativie-
rung, die im Sinne des Paradigmas der Psycho-Logik hier ansetzt,
wird den Einfluß psychischer Faktoren auf die Struktur der
Beziehungen und auf den Prozeß der Perzeption dieser Beziehungen durch die Akteure zu formulieren versuchen. Man wird nicht
mehr von Interessengegensätzen und -übereinstimmungen, sondern
von der subjektiven Perzeption dieser Strukturen ausgehen müssen.

Es ist also ein komplexeres Konzept zu Erfassung der Beziehungsstruktur zwischen den Akteuren notwendig. Dieses Konzept muß
nicht nur die quasi "objektiven Komponenten enthalten, sondern
auch die psychischen Komponenten, die eine Verzerrung der Per-
spektive verursachen können. Im Konzept der _spezifischen Distanz_
findet man ein solches komplexes Instrument. Über diesen Ansatz
ist es möglich, die _Komplexität der Beziehungsstruktur_ in einer
einzigen Dimension zu aggregieren: der _Gesamtdistanz_, die als
Summe einzelner Distanzen ermittelt werden kann.

Distanzen sind die Differenzen zwischen gleichen Attributen
zweier Akteure. Das Distanzkonzept ist empirisch erprobt und
kann als relativ gut validiert gelten (6). Das ursprüngliche
statische Konzept der Distanz wurde hier in ein _dynamisches
Konzept_ umformuliert, um vor allem auch den Fall des Struktur-
wandels analysieren zu können.

Wie das Ausgangsmodell von Abb. 3.1. zeigt, ist die Struktur
der Beziehungen zwischen den Akteuren, die in dem Distanzkonzept erfaßt werden soll, von verschiedenen anderen Faktoren abhängig. Folgende vier Distanzen sollen hier weiter verfolgt
werden:

1.) _Die politische Distanz_. Diese erfaßt die von den Akteuren
perzipierten Interessengegensätze oder -übereinstimmungen im
politischen, wirtschaftlichen und sozialen Bereich. Hierunter
fallen neben aktuellen Problemen und strukturellen Gegensätzen
auch ideologische Differenzen. Die politische Distanz tritt
in unserem Konzept doppelt auf: als _positive politische Distanz_,
die das Maß an Übereinstimmung erfaßt,das im oben skizzierten
Bereich vorliegt; und als _negative politische Distanz_, die das
Ausmaß der Gegensätzlichkeiten erfaßt. Auf diese Weise wird der
Tatsache Rechnung getragen, daß Interessengegensätze und Inter-
essenübereinstimmungen immer in einem Mischungsverhältnis vorliegen, daß also die Interessenstruktur meist widersprüchlich
ist.

2.) <u>Die psychische Distanz</u>. Die psychische Distanz gibt die
Summe der Erfahrungen mit dem anderen Akteur an. Sie erfaßt
das Ausmaß an vorherrschenden Freund- und Feindbildern bzw.
eine Indifferenz. Wir haben auch hier zwischen positiver und
negativer psychischer Distanz differenziert, da auch diese
Phänomene nicht rein auftreten, sondern meist in einem komplizierten Mischungsverhältnis.

3.) <u>Die Sicherheitsdistanz</u>. Diese Distanz ist die subjektive
Einschätzung des Militärpotentials eines potentiellen Partners oder Gegners, wie es sowohl unter dem Eindruck des augenblicklichen Verhaltens als auch im Lichte der Gesamteinschätzung des anderen Akteurs erscheint. Auch hier gibt es eine positive und eine negative Sicherheitsdistanz. Die <u>positive
Sicherheitsdistanz</u> erfaßt das Ausmaß, in dem ein Akteur das
Militärpotential des Partners als seiner eigenen Sicherheit
zuträglich empfindet. Die <u>negative Sicherheitsdistanz</u> erfaßt
den entgegengesetzten Effekt, nämlich in wieweit das Militärpotential des Gegners der eigenen Sicherheit als abträglich
aufgefaßt wird.

4.) <u>Die Interaktionsdistanz</u>. Diese Distanz erfaßt den augenblicklichen Stand des Verhaltens eines potentiellen Partners
oder Gegners. Die <u>positive Interaktionsdistanz</u> mißt hierbei
das Ausmaß freundschaftlicher Kommunikation und kooperativen
Austauschs, die <u>negative Interaktionsdistanz</u> erfaßt das Ausmaß
feindlicher Kommunikation und anderer feindlicher Aktivitäten.

Dieses Konzept (7) einer auf vier Elemente reduzierten Distanz wird
zwar die Struktur der Beziehungen zwischen den Akteuren nicht
bis in die letzte Genauigkeit erfassen können; es ist jedoch
dadurch, daß es dynamisch formuliert wird, in der Lage, ein
weit wichtigeres Phänomen, nämlich den Strukturwandel, zu erklären. Alle Distanzen können sich ändern; dies ist sogar
in der Regel der Fall. Wir haben nun das dynamische zeitdiskrete
Modell von Abb. 3.4., in dem die Dimension "Interessengegensätze
und -übereinstimmungen" anhand des Distanzkonzepts aufgefächert
wird, in ein dynamisches zeitkontinuierliches Modell umformuliert.

In Abb. 3.5. sind die Zusammenhänge zwischen den einzelnen Distanzen und der Gesamtdistanz formuliert. Alle Distanzen zusammen ergeben jeweils die <u>positive</u> oder <u>negative Gesamtdistanz</u>.
Diese Gesamtdistanz geht in den Entscheidungsprozeß des Akteurs A
ein und hat dann, wenn sich eine Diskrepanz zwischen Distanz und
Verhalten von Akteur A als Spannung entwickelt, eine Änderung des
Verhaltens von Akteur A zur Folge. Akteur B wird dann hierauf
entsprechend reagieren. Dieser letzte Zusammenhang ist hier nicht
weiter ausformuliert. Aus der Einschätzung des Rüstungspotentials
von Akteur B und seiner augenblicklichen Interaktion ermittelt

Abb. 3.5.: Das neu formulierte dynamische Distanzkonzept am Beispiel der Distanzen von Staat A

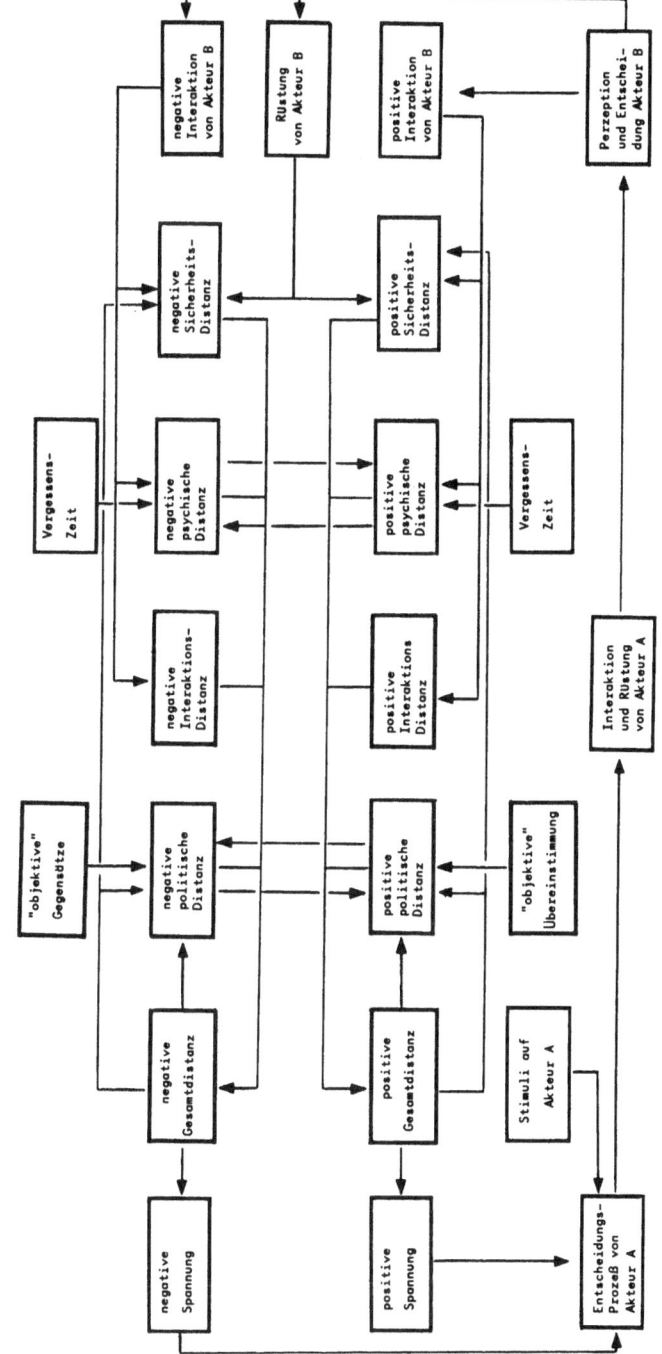

Akteur A die Sicherheitsdistanz, wobei die Gesamtdistanz von
Akteur A zu Akteur B ebenfalls in die Bewertung eingeht.
Die Einschätzung der Sicherheit eines Akteurs ergibt sich
also sowohl aus dem Rüstungspotential des Gegners bzw. Partners, als auch aus den ihm unterstellen Zielen und seinem
augenblicklichen Verhalten (8).

Die psychische Distanz "speichert" das Verhalten des gegnerischen Akteurs, an das sich ein Akteur damit "erinnern" kann.
Wir nehmen an, daß sich mit der Zeit diese Erinnerung abschwächt (9). Positive psychische Distanz, also gesammelte
gute Erfahrung, wird dabei helfen, negative psychische Distanz
abzubauen und umgekehrt.

Die interaktive Distanz registriert das augenblickliche Verhalten des gegnerischen Akteurs. Die politische Distanz mißt
das Aus ß politischer Übereinstimmungen und Differenzen. Die
Gesamtdistanz beeinflußt die politische Distanz. Eine veränderte Gesamtstruktur der Beziehungen zwischen den Akteuren beginnt
auf diese Weise selbst wieder als politisches Problem zu wirken.
Negative politische Distanz kann einen abschwächenden Effekt
auf die positive politische Distanz haben und umgekehrt. Das
dynamische Distanzkonzept erfaßt damit Phänomene, wie sie
die Simulation von De Sola Pool/Kessler (10) demonstriert hat:
daß sich politische Probleme nicht nur exogen entwickeln können,
sondern daß psychische und andere Mechanismen der Akteure selbst
in Richtung auf eine Verstärkung der politischen Probleme wirken
können. Das dynamische Distanzkonzept erfaßt ebenfalls das Phänomen des Autismus und der selbsterfüllenden Prophezeiungen (11):
Aus großer negativer psychischer Distanz resultierend kann es
zu einem Anstieg der Gesamtdistanz kommen, die in Zusammenhang mit großer Spannung und entsprechenden Stimuli zu Aktionen
führt; diese lösen Reaktionen aus, die damit die Einschätzungen
im Rahmen der Gesamtdistanz des ersten Akteurs verifizieren.
Damit sind also innerhalb des Distanzkonzepts zentrale Gedanken
des psycho-logischen Paradigmas realisiert. Zusammen mit dem
Konzept der Spannung, wie es hier entworfen worden ist, bildet
das Distanzkonzept eine Erklärung für die <u>strukturellen Voraussetzungen feindlichen und kooperativen Verhaltens</u>. Damit sich
strukturell angelegte Spannungen in Aktivität umsetzen, braucht es
Stimuli. Neben Zufallsereignissen ist die Hauptquelle für derartige Stimuli in Faktoren zu suchen, die dazu geeignet sind,
die Entscheidungsträger zu Handlungen zu veranlassen oder gar
zu zwingen. Wir haben diese Faktoren unter der Bezeichnung des
"Problemdrucks" zusammengefaßt. Problemdruck kann zweierlei Funktion haben. Entweder er löst eine Kettenreaktion lediglich aus,
die dann reaktiv ohne weiteres Zutun abläuft; oder ein andauernder
Problemdruck hält einen Prozeß in Gang und verleiht ihm ständig
neue Impulse.

3.2.2. Das Konzept des "Problemdrucks": Deprivation und Rangungleichgewicht

Zur Erklärung von aggressivem Verhalten auf der staatlichen Ebene, d.h. also von Krieg, Drohungen usw., ist ein Ansatz, der sich auf der Ebene des Individuums und der Gruppe bewährt hat, auch auf den Bereich des zwischenstaatlichen Konflikts übertragen worden. Es handelt sich hierbei um die Kausalkette

Deprivation ⟶ Frustration ⟶ Aggression (12).

Die Bedingungen, unter denen sich tatsächlich Frustrationen in Aggressivität umsetzen können, sind vorher mit dem Konzept von Spannung und Distanz erfaßt worden: Die <u>Distanz</u> gibt das <u>Ziel möglicher Aggressivität</u> an; die <u>Spannung</u> enthält in Analogie zur Mechanik die <u>notwendige Energie</u>; der Anstoß, den das System benötigt, damit diese <u>Energie freigesetzt</u> wird, kann aus Frustrationen stammen, die wiederum aus <u>Deprivationen</u> resultieren können.

Deprivation entsteht dann, wenn sich Erwartungen hinsichtlich einer Verbesserung des Status nicht erfüllen oder wenn es sogar zu einer Verschlechterung des Status kommt. Deprivation kann jedoch auch aus der <u>Struktur des Status</u> resultieren.

Zentrale Annahme dieses Konzepts ist die Möglichkeit, durch eine <u>Reihe von Rangdimensionen</u> den Status eines Akteurs zu bestimmen. Rangdimensionen sind Variablen, deren Optimierung von den Akteuren angestrebt wird; niedrige Werte auf diesen Variablen werden von den Akteuren nach Möglichkeit vermieden. Über diese Variablen besteht zwischen den Akteuren Konsensus, daß <u>maximale Werte</u>, also ein <u>hoher Rang</u>, angestrebt werden soll, daß hingegen ein niedriger Rang, d.h. geringe Werte, zu <u>vermeiden</u> sind. Zusammen ergeben alle Rangdimensionen ein <u>Rangprofil</u>, das hier einmal als <u>Status</u> bezeichnet werden soll, der damit operationalisiert ist.

Als derartige Rangdimensionen bieten sich für einen nationalstaatlichen Akteur eine Reihe von Variablen an. Wir haben vier Bereiche herausgegriffen, von denen wir annehmen, daß sie für den zwischenstaatlichen Konflikt von besonderer Relevanz sind.

1.) <u>Innenpolitischer Bereich</u>: <u>Stabilität des Regimes</u>. Im innenpolitischen Submodell, das im nächsten Kapitel formuliert ist, wird die Variable "Stabilität des Regimes" ermittelt. Diese Variable bestimmt die Wahrscheinlichkeit, mit der ein Regime für die nächste Zeit im Amt bleibt. Die Gründe für eine Abnahme der Stabilität eines Regimes können hier nicht weiter dis-

kutiert werden; sie hängen zusammen mit der Struktur eines
politischen Systems sowie möglichem Machtverlust und werden
im anschließenden Kapitel genauer bestimmt. Man kann jedoch
annehmen, daß ein Regime möglichst hohe Stabilität anstrebt,
also möglichst lange im Amt bleiben will. Ein Absinken der
Stabilität, also ein drohender Verlust des Amtes, führt
zu Deprivation und kann sich über den entstehenden Problemdruck in außenpolitischem Aktivismus entladen, wenn die geeigneten Vorraussetzungen dazu bestehen.

2.) <u>Wirtschaftlicher Bereich</u>: <u>Wirtschaftliche Macht</u>. Diese
kann als Sozialprodukt pro Kopf der Bevölkerung gemessen
werden und wird im ökonomischen Submodell des übernächsten
Kapitels formuliert.

3.) <u>Militärischer Bereich</u>: <u>Militärische Macht</u>. Wir erfassen diese als Rüstungspotential pro Kopf der Bevölkerung. Eine Operationalisierung der Variablen "Rüstungspotential" wird im entsprechenden Anhang angeboten.

4.) <u>Außenpolitischer Bereich</u>: <u>Sicherheit</u>. Die Sicherheit wird
als Differenz der positiven und negativen Sicherheitsdistanz
eines Akteurs ermittelt.

Es versteht sich, daß die Bereiche 2 und 3 etwa gleich große
Konfliktparteien vorraussetzen; ansonsten ist ein Vergleich
nicht sinnvoll. Für abweichende Fälle kann jedoch eine Rangskala ermittelt werden, die aus den absoluten Werten für das
Sozialprodukt und das Rüstungspotential berechnet wird.

Zur Berechnung der <u>kurzfristigen Deprivation</u> werden die Veränderungsraten dieser vier Rangdimensionen aufsummiert. Dabei
können natürlich negative Werte entstehen, wenn sich eine Partei auf den meisten Rangdimensionen verbessert hat. Diese
"negative" Deprivation kann eine vorhandene strukturelle Deprivation abbauen oder sogar vollständig ausgleichen.

Die <u>strukturelle</u> oder <u>langfristige Deprivation</u> entsteht aus
einer unausgeglichenen Struktur des Rangprofils. Wir folgen
hierbei Galtung (13), indem wir auf die Ermittlung einer Diskrepanz zwischen Status und Statusaspiration als Quelle von
Deprivation aus forschungstechnischen Gründen verzichten. Vielmehr wird hierbei die Tatsache ausgenutzt, daß die Struktur
eines Rangprofils selbst schon Information über die angestreb-
te Statusverbesserung beinhaltet. Wir vertreten hierbei die
sehr plausible Hypothese, daß ein Akteur auf einer Rangdimension nur den Maximalwert anstrebt, den er auf einer anderen Rangdimension bereits erreicht hat. Die <u>strukturelle</u>

Abb. 3.6.: Die neu formulierte Kausalkette
Status - Deprivation - Frustration - Aggression

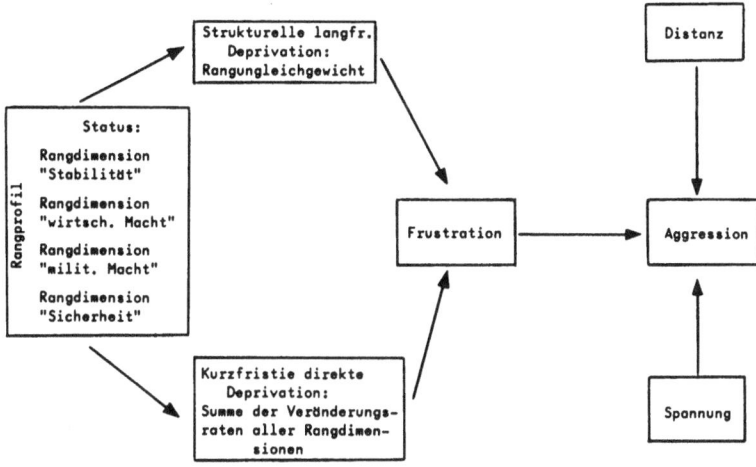

Deprivation läßt sich als Summe der Differenzen zwischen jeder einzelnen Rangdimension und jeder anderen Rangdimension berechnen. Den neu formulierten Gesamtzusammenhang zeigt nun Abb. 3.6.; der Status, der als Rangprofil erfaßt werden kann, wirkt sich im Falle einer unausgeglichenen Struktur dieses Rangprofils als strukturelle Deprivation aus. Diese kann als Rangungleichgewicht berechnet werden. Die kurzfristige Deprivation berechnet sich als Summe der Veränderungsraten der Rangdimensionen. Deprivation führt zu Frustration, die sich bei geeigneten Randbedingungen in Aggressivitäten entlädt.

In Abb. 3.7. ist noch einmal am Beispiel von vier Staaten mit verschiedenem Rangprofil die Berechnung der strukturellen Deprivation vorgeführt, die man über das Rangungleichgewicht ermittelt. Hierbei ist Staat 1 ein absoluter "Topdog", d.h. er nimmt auf allen Rängen Spitzenpositionen ein. Dementsprechend ist bei ihm keine strukturelle Deprivation zu beobachten; dies heißt natürlich nicht, daß kleine Schwankungen der Rangdimensionen keine kurzfristige Deprivation auslösen könnten. Meist sind Topdogs gegenüber diesen Schwankungen höchst empfindlich. Staat 2 nimmt auf allen Rängen eine mittlere Position ein. Auch bei ihm ist die strukturelle Deprivation gering. Staat 3 ist ein "Underdog", d.h. er hat auf allen Rangdimensionen nur niedrige Positionen zu verzeichnen. Seine strukturelle Deprivation ist ebenfalls null. Staat 4 und Staat 5 sind Fälle mit unausgeglichenem Rangprofil. Die daraus resultierende strukturelle Deprivation ist entsprechend größer.

Abb. 3.7.: Beispiele verschiedenen Rangungleichgewichts

	Staat 1	Staat 2	Staat 3	Staat 4	Staat 5
1.) Stabilität des Regimes	10	5	0	10	5
2.) Ökonomische Macht	10	5	0	5	10
3.) Militärische Macht	10	5	0	5	5
4.) Sicherheit	10	5	0	5	5
Rangungleichgewicht: strukturelle Deprivation	0	0	0	15	20

Wie Abb. 3.6. zeigt, ergeben kurzfristige und langfristige Deprivation aufsummiert die Gesamtdeprivation, die in Frustration und bei geeigneten Randbedingungen, also hoher Spannung und großer negativer Distanz zum Gegner, in aggressive Aktivitäten überschlagen kann. Es besteht natürlich die Möglichkeit, die Rangdimensionen zu gewichten und auf diese Weise nationale Besonderheiten zu berücksichtigen. Denn in den meisten Fällen dürfte der Konsensus zwischen den Staaten, der eine Variable zur Rangdimension macht, selten eindeutig zustande kommen. Für den Fall, daß die Gesamtdeprivation einen Schwellenwert überschreitet, der vor allem durch sinkende Sicherheit auch selbst absinken kann, wird sich Deprivation direkt in Aktivität umsetzen. Man erhält bei zusätzlichen "günstigen" Randbedingungen, also vor allem bei einer relativen Parität der Rüstungspotentiale, die typische Situation des Präventiv- und Prä-Emptivschlages.

3.2.3. Gesamtzusammenhänge der verschiedenen Konzepte

In Abb. 3.8. sind die Zusammenhänge zwischen den verschiedenen Variablen aufgeführt. Im oberen Teil des Flußdiagramms ist der Komplex der Rangdimensionen abgebildet. Die Rangdimensionen ergeben zusammen die langfristige strukturelle Deprivation; die Veränderungsraten der Rangdimensionen ergeben aufsummiert die kurzfristige Deprivation. Alle Rangdimensionen sind auf die Werte von 0 - 10 normiert und nähern sich asymptotisch ihrem Maximal- oder Minimalwert an, je nach Vorzeichen der Veränderungsraten. Die Veränderungsraten der Rangdimensionen Sicherheit und militärische Macht bestimmen sich aus dem Zusammenhang des Modells, wie Abb. 3.8. zeigt; die restlichen Veränderungsraten werden im ökonomischen und politischen Subsystem bestimmt. Dieser Teil des Modells wird in den anschließenden zwei Kapiteln beschrieben. Kurzfge und strukturelle Deprivation ergeben die Rate der <u>Gesamtdeprivation</u>. Die Gesamtdeprivation ist ebenfalls wie die Rangdimensionen auf den Wertebereich von 0 - 10 normiert.

Die Gesamtdeprivation führt zu <u>Problemdruck</u>, der zusammen mit <u>Zufallsereignissen</u> die nötigen <u>Stimuli</u> bildet, die bei der Berechnung der Interaktionsraten zentralen Stellenwert haben. Der Zusammenhang zwischen Problemdruck, Stimuli und Zufallsereignissen ist jedoch komplexer als im Flußdiagramm dargestellt. Durch den Problemdruck werden die Zufallsereignisse gewichtet; der Problemdruck selbst wirkt nur dann direkt als Stimulus, wenn er eine <u>Schwelle</u> überschreitet, die durch die Höhe der Rangdimension <u>Sicherheit</u> angegeben ist.

Aus den Stimuli berechnet sich zusammen mit der Höhe der <u>Spannung</u> jeweils die Veränderungsrate der <u>negativen</u> und <u>positiven</u> <u>Interaktion</u>. Die Interaktionen sind jeweils wiederum auf die Werte von 0 - 10 normiert. Zusammen mit der <u>Gesamtdistanz</u>, die im unteren Teil des Flußdiagramms ermittelt wird, berechnet sich aus der Höhe der Interaktion die jeweilige "positive" oder "negative" Spannung: Dies ist die Diskrepanz zwischen der potentiellen Interaktion, die durch die Höhe der Distanz angegeben wird, und der tatsächlichen aktuellen Interaktion.

Der Bereich der <u>Distanzen</u>, die zusammen die Struktur der Beziehungen eines Staates zu seinem Partner formulieren, wurde bereits in Abb. 3.5. auf Seite 33 - 35 ausführlich beschrieben. In der Mitte des Flußdiagramms auf der linken Seite befindet sich der Bereich des <u>Rüstungspotentials</u>. Dieses verändert sich durch die Rate der <u>Auf-</u> bzw. <u>Abrüstung</u> und durch die <u>Verlustrate</u>. Verluste entstehen dann, wenn der Gegner sein eigenes Rüstungspotential in einem Konflikt einsetzt. Sie berechnen sich also aus der negativen Interaktion des Gegners und der Höhe seines Rüstungspotentials und vermindern das Rüstungspotential eines Staates. Die eigene Rüstungsveränderung erfolgt in Hinblick auf die Sicherheitslage und die Finanzlage eines Staates. Das Ausmaß der Auf- oder Abrüstungs ermittelt sich damit aus der Höhe der <u>positiven</u> und <u>negativen</u> <u>Sicherheitsdistanz</u> und aus Faktoren des ökonomischen Subsystems. Ein Vergleich der eigenen Verluste und der Verluste des Gegners ergeben zusammen eine <u>Erfolgseinschätzung</u>, die sowohl in die Berechnung der Rangdimension Sicherheit eingeht, als auch bei der Bestimmung der <u>Angst</u> eines Akteurs gebraucht wird. Angst entsteht ferner aus den <u>erwarteten</u> und den tat-

Abb. 3.8.: Gesamtzusammenhänge des Modells der zwischenstaatlichen Interaktion und des außenpolitischen Entscheidungsprozesses (14)

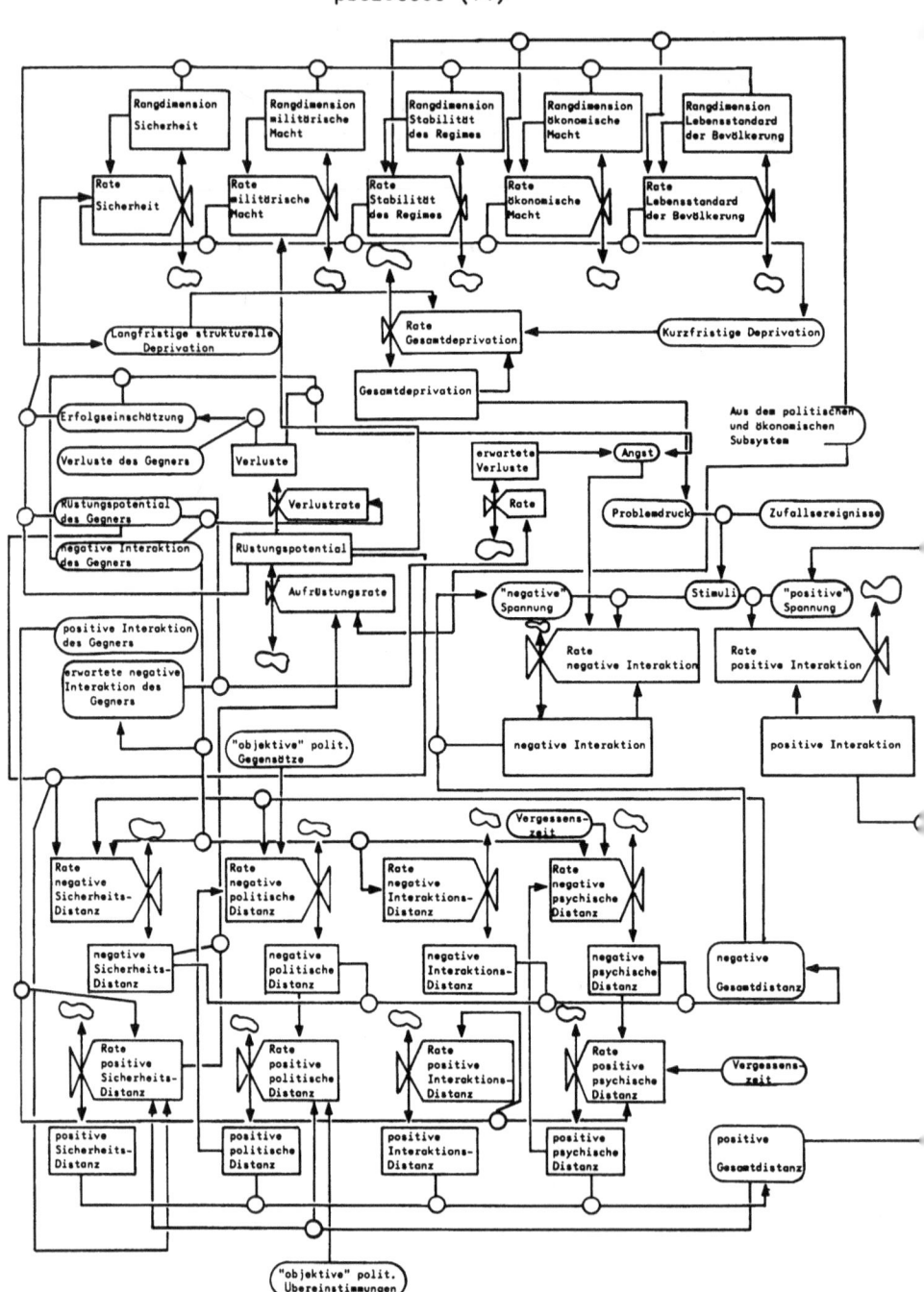

sächlichen Verlusten. Sowohl die erwarteten als auch die tatsächlichen Verluste werden "abgeschrieben": Es wird also angenommen, daß sie nach einiger Zeit für den außenpolitischen Entscheidungsprozeß nicht mehr relevant sind, da sie "vergessen" werden. Auf diese Weise kann Angst, die aus den Niederlagen vergangener Konflikte entstanden ist, abgebaut werden. Eine hohe Erfolgseinschätzung bei gleichzeitiger negativer Interaktion des Gegners wird zur Entstehung von "negativer" Angst führen. Damit wirkt Angst auf die Rate der negativen Interaktion ein, indem entweder negative Interaktion abgebaut wird, oder bei "negativer" Angst negative Interaktion als Vergeltungsaktion entsteht.

Das Flußdiagramm bildet nur die wichtigsten Zusammenhänge ab. Spiegelbildlich dazu ist nun noch der Bereich des anderen Akteurs zu entwickeln; damit würden die Parameter "Verluste, Rüstungspotential, negative und positive Interaktion des Gegners" aus dem anderen Teil des Modells entwickelt werden können und man erhält das dyadische Gesamtmodell.

3.3. Einige Beispiele

Das Gesamtmodell enthält zusätzlich zu dem Teil, der in Abb. 3.8. skizziert worden ist, spiegelbildlich noch den entsprechenden Teil für den zweiten Staat und jeweils ein politisches und ökonomisches Subsystems. Dieses Modell ist als System von Differenzengleichungen formuliert worden und liegt in der Simulationssprache DYNAMO II vor. Im Anhang findet sich eine Auflistung dieses Modells, das etwas über eintausend "statements" enthält.

Man kann nun durch numerische Verfahren die Charakteristika dieses Gleichungssystems untersuchen. Dabei werden allen Zustandsvariablen und Parametern Werte zugeteilt, die für den Zeitpunkt 0 gelten. Für jeden weiteren Zeitpunkt einer Zeitreihe kann der Computer die zugehörigen Werte aller Variablen berechnen. Auf diese Weise lassen sich durch ein Simulationsmodell auf numerischem Wege "historische" Abläufe generieren, an denen das Modell untersucht werden kann. Durch Variation der Anfangswerte der Variablen und Parameter läßt sich in Versuchen durchtesten, welche Modelldynamik aus den verschiedensten Situationen resultiert. Man kann ebenfalls während der Berechnungen Parameter ändern und auf diese Weise exogene Eingriffe in das Modell auf ihre Wirkung hin untersuchen.

Im Anschluß sollen einige solcher "Scenarios" zu Demonstrationszwecken durchgerechnet werden. Die Ausgabe der Ergebnisse einer solchen Berechnung erfolgt in der Form von graphischen Darstellungen, die auf dem Schnelldrucker des Computers hergestellt werden. Horizontal von links nach rechts verläuft die Zeitachse, auf der die Zeit in Tagen abgetragen ist. Die Variablen werden in ihrem Verlauf durch ein Symbol gekennzeichnet. Am oberen Rand des Diagramms sind die Symbole der Variablen gekennzeichnet, die sich augenblicklich überschneiden. Hierbei bedeutet z.B. "PQ,IK", daß momentan die Werte der Variablen P und Q identisch sind, ebenfalls die Werte der Variablen I und K.

Ausgangslage für die folgenden Scenarios ist eine Konfliktdyade; es gibt also zwei Staaten, zwischen denen große Distanz besteht. Wir haben angenommen, daß Staat 1 seinem potentiellen Gegner, Staat 2, um zehntausend, im ersten Beispiel um zwanzigtausend Mann unterlegen ist. Abb. 3.9. zeigt den Verlauf des ersten Scenarios. Es kommt hierbei zunächst zu einer Eskalation, die von Staat 1 (I) angeführt wird. Die Interaktion beider Staaten steigt rasch an. Diese Bewegung resultiert indirekt aus der Diskrepanz der Rüstungspotentiale und der großen negativen Distanz zwischen den Staaten. Man kann gleichzeitig am linken unteren Ende des Diagramms verfolgen, wie die kooperativen Beziehungen beider Akteure zueinander abgebaut werden (P und Q). Die Werte für die positive Interaktion sinken bis zum 60. Tag auf den Minimalwert 0 ab. Anscheinend kann also ein Kontakt zwischen den Akteuren, der anfangs noch besteht, die Eskalation nicht verhindern. Im Laufe der ersten 30 Tage gelingt es Staat 1, sein Rüstungspotential zu verstärken und gleichzeitig Staat 2 Verluste zuzufügen. Daraus resultiert ein rasches Absinken von zunächst N und danach auch von M. Im Anschluß daran kommt es zu zyklischen Offensiven und Gegenoffensiven der Parteien, die sich in entsprechenden Verlusten der Gegenpartei niederschlagen. Das Niveau des Konfliktaustrags nimmt dabei tendenziell ab. Es kommt jedoch nicht zu einer rascheren De-Eskalation, da es beiden Staaten laufend gelingt, die Verluste auszugleichen. Dies geschieht durch externe Hilfen.

Die Ausgangslage des nächsten Beispiels von Abb. 3.10. ist sehr ähnlich. Allerdings kommt es hier nur zu einem Rüstungswettlauf und einer Eskalation, die nicht in den militärischen Bereich vordringt. In diesem Fall wirken verschiedenen Faktoren zusammen, die verhindern, daß der Konflikt außer Kontrolle gerät. Es wurde angenommen, daß sich die militärische Unterlegenheit von Staat 1 stärker in Angst niederschlägt als im vorherigen Beispiel. Staat 1 kann hingegen in kurzer Zeit seinen militärischen Rückstand aufholen. Der Konflikt eskaliert zwar in der folgenden Zeit, er bleibt jedoch im nicht-militärischen Bereich, d.h. unter der Schwelle von +5 für die Variable "negative Interaktion". Dies verhindert vor allem die Erwartung hoher Verluste für den Fall einer weiteren Eskalation.

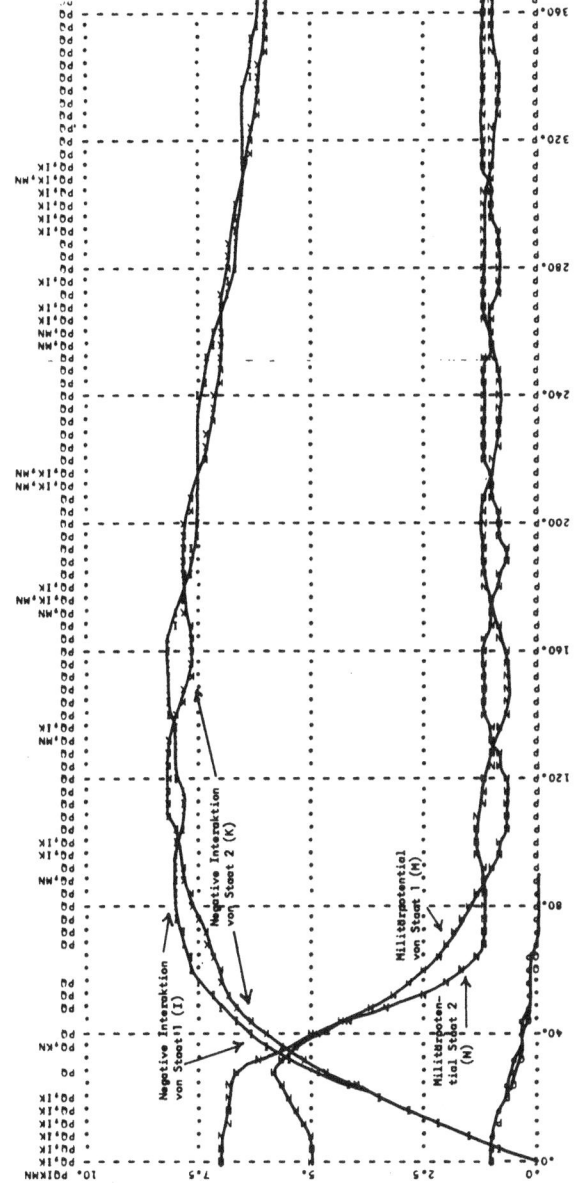

Abb. 3.9.: Eskalation und lang andauernder militärischer Konflikt nach dem Aktion-Reaktions-Schema

Abb. 3.10.: Kontrollierte Eskalation, De-Eskalation und Rüstungswettlauf

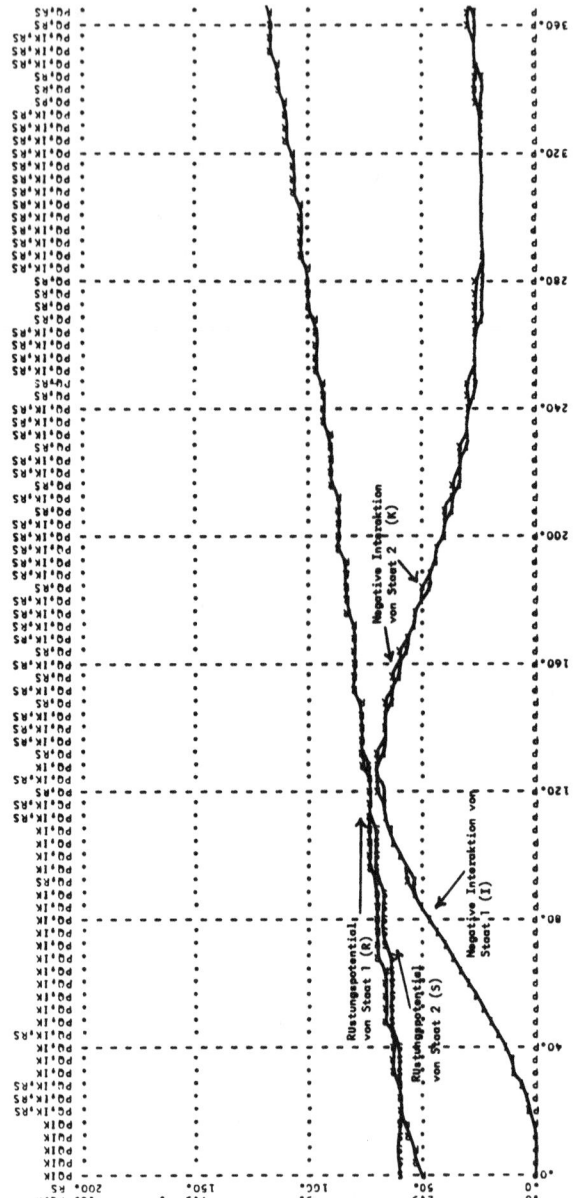

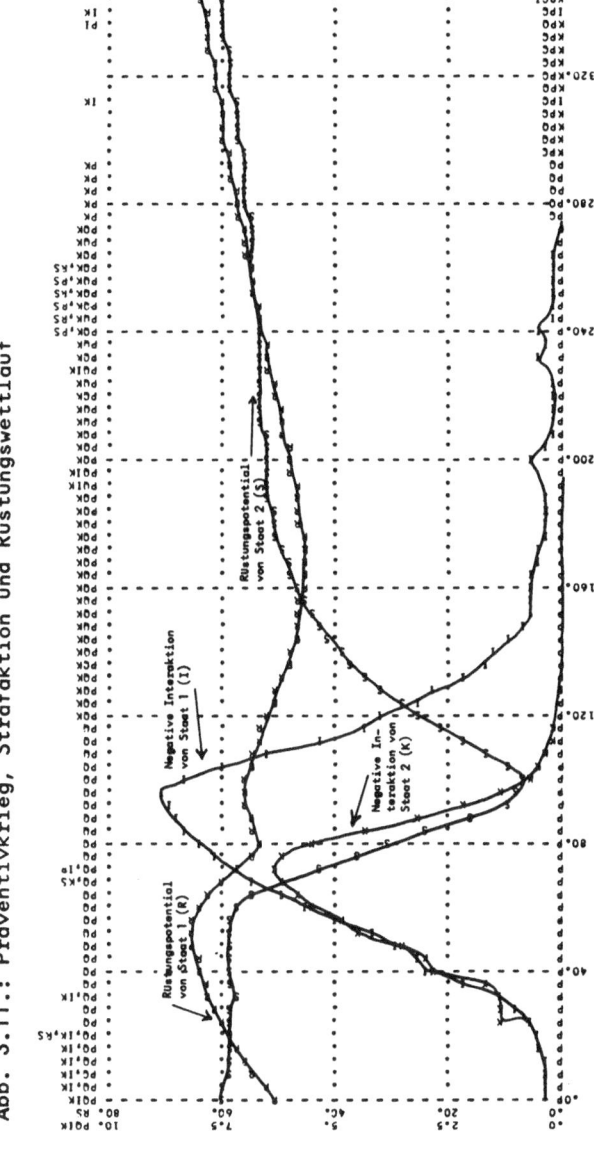

Abb. 3.11.: Präventivkrieg, Strafaktion und Rüstungswettlauf

Nach dem 120. Tag kommt es zu einer Trendumkehr und der Konflikt de-eskaliert. Damit wird ein Sicherheitsrisiko für beide Parteien vermieden und es kommt zu keinem Anwachsen des Problemdrucks, der einen Präventivschlag einer der beiden Parteien ausgelöst hätte.

In Abb. 3.11. tritt jedoch eben dies ein. Große Distanz und geringes Niveau der negativen Interaktion führt bei beiden Staaten zu Spannung. Diese entladen sich in einer steilen Eskalation, bei der Staat 1, der anfänglich unterlegen ist, die Führung übernimmt. Hierbei hat sowohl das Sicherheitsproblem als auch innenpolitischer Druck, der aus den wirtschaftlichen Folgen der Aufrüstung stammt, zur Entladung der angestauten Spannungen geführt. Nachdem Staat 1 jedoch selbst die militärische Überlegenheit erreicht hat, ist der Konflikt schon soweit fortgeschritten, daß es keine Umkehr mehr gibt: Aus der militärischen Überlegenheit und der hohen negativen Interaktion von Staat 2 resultiert "negative" Angst, die für eine Eskalation des Konflikts in den militärischen Bereich sorgt. Staat 2 folgt reaktiv dieser Entwicklung und muß zunächst hohe Verluste hinnehmen. Es gelingt ihm jedoch, diese Verluste mit der Zeit wieder auszugleichen, wie der Verlauf der Variablen S zeigt. Allerdings ist Staat 2 zur De-Eskalation gezwungen. Staat 1 führt jedoch zunächst seine Strafaktion weiter (I), de-eskaliert dann jedoch ebenfalls mit einer Zeitverzögerung von etwas über einen Monat. In der Folge kommt es zu einzelnen Drohaktionen von Staat 1, so zum Zeitpunkt des 200., des 230. und des 240. Tages.

4. Das politische Subsystem: innere Sicherheit und Stabilität

4.1. Grundkonzept

Dieser Teil des Modells, in dem das politische Subsystem - soweit der außenpolitische Entscheidungsprozeß davon direkt oder indirekt betroffen ist - und die damit zusammenhängenden wichtigen Faktoren abgebildet werden, basiert vor allem auf zwei Grundkonzepten. Es handelt sich dabei um die Theorie von der relativen Stabilität eines Regimes, wie sie von Bruno S. Frey und Lawrence Lau entwickelt worden ist; ferner greifen wir auf die Theorie der internen Unruhen zurück, wie sie von Ted Gurr formuliert wurde (1). Wie wir vorher zeigten, hat die Variable "Stabilität des Regimes" als Rangdimension einen wichtigen Platz innerhalb des Gesamtmodells. Instabilität des Regimes, also die sinkende Wahrscheinlichkeit, daß ein Regime an der Macht bleibt, ist eine Quelle des Problemdrucks, die unter bestimmten Umständen außenpolitisch außerordentlich relevant werden kann.

Wir greifen hierbei die Hypothese von Frey/Lau auf, in der diese Stabilität eines Regimes direkt vom "politischen Kapitalstock" abhängig gemacht wird. In Analogie zum Kapitalstock des ökonomischen Systems muß auch der politische Kapitalstock abgeschrieben werden: Stabilität nutzt sich ab und muß ständig erneuert werden. Die Popularität des Regimes, die es sich durch verschiedene Maßnahmen beschaffen kann, ist als "Investition" notwendig, um die Abnutzung des politischen Kapitalstocks auszugleichen. Unpopuläre Maßnahmen als "negative Investitionen" vermindern den politischen Kapitalstock.

Dieses Konzept muß um einige Elemente erweitert werden, um es der Realität etwas mehr anzupassen. Während bei Frey/Lau als derartige politische Investitionen nur Eingriffe des Regimes in das ökonomische System betrachtet werden - also Maßnahmen hinsichtlich Konsumniveau der Bevölkerung, Preisstabilität und Arbeitslosigkeit - müssen ebenfalls Eingriffe in das politische System berücksichtigt werden. Vor allem aber muß die politische Seite des Konzepts von Frey/Lau erweitert werden. Es wird dort von einem politischen System ausgegangen, in dem regelmäßig Wahlen stattfinden, in denen sich zwei Parteien um das Amt bewerben. Entsprechend der Höhe des politischen Kapitalstocks beider Parteien verlaufen die Wahlen. Tatsächlich existiert ein derartiges politisches System nur in einer Minderheit von Staaten. Auch wenn man prinzipiell davon ausgeht, daß es Wahlen gibt, so wird man doch berücksichtigen müssen, daß eine ganze Reihe von Faktoren und intervenierenden Variablen die von Frey und Lau beschriebenen Zusammenhänge tendenziell beeinflussen.

Das Modell von Gurr erfaßt diese zusätzlichen Faktoren. Die Unzufriedenheit in der Bevölkerung wird hier anhand des Konzepts der relativen Deprivation ermittelt. Deprivation kann sich unter Umständen direkt in interne Unruhe und Bürgerkrieg umsetzen; zumindest jedoch wird die Stabilität des Regimes tangiert, indem der politische Kapitalstock durch diese Ereignisse in Mitleidenschaft gezogen wird. In diesem Konzept der relativen Deprivation werden nicht nur Indikatoren des ökonomischen Systems erfaßt, sondern auch zentrale Indikatoren des politischen Systems. Diese können zusammen einen Index für die Lebensqualität der Bevölkerung abgeben: die materielle Versorgung der Bevölkerung; die innere Sicherheit; das Beschäftigungsniveau; die Preisstabilität; die Repressionsfreiheit des politischen Systems; das Ausmaß der politischen Infrastruktur. Das resultierende neue dynamische Modell, das hier formuliert werden soll, ist um einiges komplexer als das Konzept von Gurr und vermag dann auch Phänomene zu erklären, die von Gurr zwar empirisch beobachtet,wurden aber in seinem statischen Modell nicht abgebildet werden konnten (2).

In der Arbeit von Gurr wird die aus der Individualpsychologie bekannte Kausalkette, nach der Deprivation zunächst zu Frustration und in der Folge zu Aggressivitäten führt (3), auf den sozialpsychologischen Bereich angewendet. Einige intervenierende Variablen kontrollieren diesen Prozeß. Danach führt die relative Deprivation breiter Bevölkerungskreise (4) zu Instabilität und Unruhen verschiedener Art (5). Das koerzive Potential des Regimes (6) kann diese Unruhen verhindern, wenn es zu deren Unterdrückung eingesetzt wird. In diesem Zusammenhang sind folgende Variablen ebenfalls wichtig: die Institutionalisierung des politischen Systems (7); soziale und politische Faktoren, die interne Unruhen strukturell begünstigen und die hier einmal als strukturelle Disposition (8) bezeichnet werden sollen; die Legitimität des Regimes (9). Mit diesen fünf unabhängigen Variablen konnte Gurr zusammen zwei Drittel der Varianz seines Validierungsmaterials erklären: interne Unruhen in 114 Staaten und anderen politischen Gebilden im Zeitraum von 1961 - 1965 (10).

In dem hier formulierten Modell wird nun versucht, als Rückkopplung die Beziehung zwischen den abhängigen und den unabhängigen Variablen zu untersuchen. Wir greifen hierbei auf das Konzept der Stabilität des Regimes zurück, wie es von Frey und Lau und ebenso im Simulations-Scenario der Inter-Nation-Simulation verwendet worden ist (11). Falls es durch steigende Deprivation und interne Unruhen zu einer Abnahme des politischen Kapitalstocks und damit der Stabilität des Regimes kommt, so wird dies zweifellos Reaktionen des Regimes im ökonomischen und politischen System nach sich ziehen,

die darauf hin gerichtet sind, die Quelle dieser Instabilität
zu beseitigen. Das können Maßnahmen zur Beseitigung der Deprivation der Bevölkerung sein, indem man gegen die Mißstände angeht, die Deprivation auslösen. Das können jedoch ebenso Maßnahmen zur Beseitigung der internen Unruhen sein. Während
im anschließenden Kapitel die Reaktionen des Regimes im ökonomischen Bereich untersucht werden soll, muß hier das Modell
von Gurr erweitert werden, indem deartige Reaktionen im Bereich des politischen Systems mit einbezogen werden.

Abb. 4.1.: Das Modell von Gurr. Interne Unruhen
und ihre Ursachen und Bedingungen

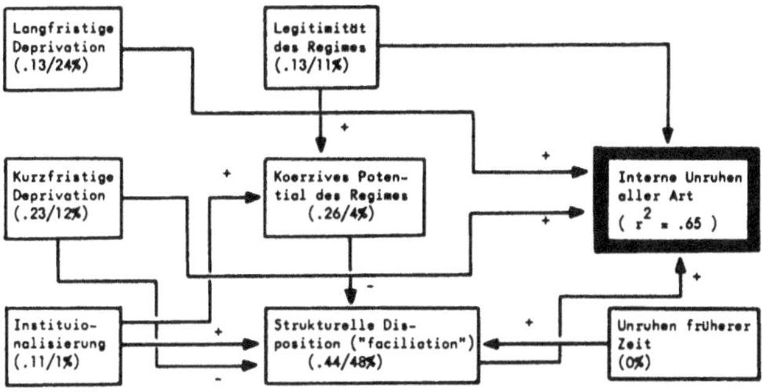

[Diagramm: Langfristige Deprivation (.13/24%), Legitimität des Regimes (.13/11%), Kurzfristige Deprivation (.23/12%), Koerzives Potential des Regimes (.26/4%), Institutionalisierung (.11/1%), Strukturelle Disposition ("faciliation") (.44/48%), Unruhen früherer Zeit (0%), Interne Unruhen aller Art ($r^2 = .65$)]

Bem.: In den () angegeben jeweils der einfache r^2
und die erklärende Varianz in %.

4.2. Das dynamische Modell des politischen Subsystems

Die weitere Aufgabe besteht also darin, die von Gurr gefundenen
Beziehungen, also das statische Modell von Abb. 4.1., in ein
dynamisches Modell zu überführen. Das Konzept der Regierungsstabilität wird in das Modell ebenfalls aufgenommen, da es in
der dynamischen Variante des Modells die Lücke zwischen den
Auswirkungen der Deprivation und den indirekten Rückwirkungen
auf die unabhängigen Variablen von Gurr schließt. Wie Abb. 4.2.
zeigt, führt steigende Deprivation der Bevölkerung, soweit die
intervenierenden Faktoren dies zulassen, <u>direkt</u> und <u>indirekt</u>
zu einer Abnahme der Stabilität des Regimes. Die Reaktion darauf
wird sowohl gegen die Deprivation selbst gerichtet sein, als auch
Einfluß auf die intervenierenden Variablen zu nehmen versuchen.
Es bestehen ebenfalls Verbindungen zwischen den intervenierenden
Variablen und der Deprivation: der Einsatz des koerziven Potentials wird zweifellos kurzfristig interne Unruhen verhindern
können, jedoch ebenfalls für ein Anwachsen der Deprivation sorgen.

Zentrale Bedeutung hat in diesem Modell natürlich das Konzept der Deprivation. Es ist nun allerdings sehr schwierig, die exakten Bedingungen zu ermitteln, die Deprivation auslösen. Wir gehen dieses Problem genauso an, wie es im vorhergehenden Kapitel auf den Seiten 37 - 41 beschrieben wurde. Deprivation entsteht

Abb. 4.2.: Grundstruktur des neuen Modells des politischen Systems

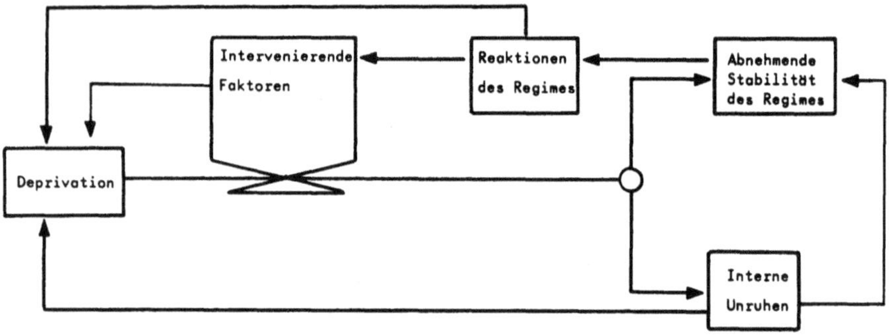

dann, wenn aktuelle erreichte Positionen mit angestrebten Positionen verglichen werden und große Diskrepanzen zu Ungunsten der erreichten Position festgestellt werden. Dieser Prozeß ist natürlich von Wertvorstellungen abhängig und hochgradig perzeptionellen Einflüssen ausgesetzt. Zur exakten Ermittlung der relativen Deprivation eines Individuums, einer Schicht oder der Gesamtbevölkerung müßten die Statusaspirationen dieser Akteure ermittelt werden, die dann mit dem aktuellen Status zu vergleichen wären. Für eine größere soziale Entität wie die Gesamtbevölkerung ist dies kaum zu leisten

Der Ausweg aus diesem Dilemma ist recht einfach und wurde bereits ausführlich im vorhergehenden Kapitel beschrieben. Wir unterscheiden zunächst zwischen der kurzfristigen Deprivation, die den kurzfristigen Statusverlust oder die kurzfristige Statusverbesserung messen soll, und der langfristigen strukturellen Deprivation, die das Ausmaß an Deprivation messen soll, das aus der spezifischen Struktur des Gesamtstatus resultiert.

Wie im vorhergehenden Kapitel folgen wir bei der Ermittlung der langfristigen Deprivation dem Konzept des internen Rangungleichgewichts, wie es von Galtung (12) entwickelt worden ist.

Wie im vorhergehenden Kapitel müssen auch hier Rangdimensionen definiert werden, die in ihrer Gesamtheit den Status des Akteurs bilden und aus deren Struktur über das Rangungleichgewicht die strukturelle Deprivation ermittelt werden kann. Man kann annehmen, daß folgende Variablen für eine Bevölkerung als Rangdimensionen fungieren können:

1.) <u>Beschäftigung</u>; angestrebt ist die Vollbeschäftigung. Arbeitslosigkeit wäre demnach zu vermeiden und wird als unerwünscht betrachtet.

2.) <u>Preisstabilität</u>; stabile Preise sind erwünscht, Inflation wird als Übel betrachtet und soll vermieden werden.

3.) <u>Konsumniveau</u>; hohes Konsumniveau wird angestrebt. Das Konsumniveau wird hier provisorisch als per capita-Konsum gemessen. Der Rang einer Bevölkerung kann im Vergleich mit anderen Staaten und deren per capita-Konsum ermittelt werden.

4.) <u>Politische Infrastruktur</u>; diese wird über die Institutionalisierung erfaßt. Hohe Institutionalisierung, d.h. funktionierende Justiz, effiziente Verwaltung, politische Parteien, sonstige politische, soziale und wirtschaftliche Korporationen wie Gewerkschaften, eine geregelte Form der Ausübung und des Transfers der Regierungsgewalt, geregelte Kontrolle der Regierungsgewalt, gewährleistet nicht nur ein hohes Wertberücksichtigungs-Potential des Systems, sondern bietet jedem die Möglichkeit der Partizipation. Ein Abbau an Institutionalisierung, also etwa das Verbot von Parteien und sonstigen Organisationen, unkontrollierte Ausübung der Regierungsgewalt usw. ist abzulehnen.

5.) <u>Repressionsfreiheit</u>; ein großes koerzives Potential als Repressionsinstrument, also Geheimpolizei, Einsatz des Militärs gegen Zivilpersonen usw. ist abzulehnen. Anzustreben ist ein Zustand, in dem der Staat mit einem Minimum an Polizei und ohne den Einsatz des Militärs im Inneren auskommt.

6.) <u>Innere Sicherheit</u>; anzustreben ist ein Höchstmaß an innerer Sicherheit und Ordnung. Interne Unruhen, Bürgerkrieg und Kriminalität sind abzulehnen, da sie direkt das Leben und die Sicherheit der Bürger bedrohen.

Diese sechs Rangdimensionen ergeben aufsummiert als Gesamtstatus einen Eindruck von der <u>Lebensqualität</u> einer Bevölkerung (13). Der Zugriff auf die Struktur eines Rangprofils erfolgt wie im vorhergehenden Kapitel und soll zur Illustration noch einmal

an den fünf Beispielen von Abb. 4.3. aufgezeigt werden.
In diesen fiktiven Beispielen werde die Rangprofile verschiedener Typen von Staaten einander gegenüber gestellt.
Staat 1 hat ein ausgeglichenes Rangprofil und entwickelt
keine Deprivation; er ist ein absoluter Topdog, da er auf
allen Rangdimensionen Spitzenwerte einnimmt. Die Bevölkerung
von Staat 1 lebt also in politisch und ökonomisch besten
Verhältnissen. Staat 2 unterscheidet sich in soweit vom er-

Abb. 4.3.: Fünf Beispiele des Konzepts der strukturellen Deprivation. Rang und Rangungleichgewicht

	Staat 1	Staat 2	Staat 3	Staat 4	Staat 5
1. Beschäftigung	10	9	5	10	8
2. Preisstabilität	10	4	5	10	5
3. Konsumniveau	10	10	5	5	3
4. Institutionalisierung	10	10	5	5	10
5. innere Sicherheit	10	10	5	10	10
6. Repressionsfreiheit	10	10	5	3	10
Deprivation als Rangungleichgewicht	0	33	0	55	52

sten Beispiel, als die Bevölkerung geringe Arbeitslosigkeit
und größere Preissteigerungen zu verkraften hat. Dies allein
führt schon zu erheblicher Deprivation. Die Bevölkerung von
Staat 3 hingegen besitzt auf allen Rangdimensionen nur mittlere Werte. Es handelt sich also um ein ökonomisches System,
in dem relativ große Arbeitslosigkeit und Preissteigerungen
an der Tagesordnung sind. Das politische System zeichnet sich
durch geringe Institutionalisierung, zeitweilige interne Unruhen und Repressivität des Regimes aus. Eine Bevölkerung
würde in diesem Falle keine strukturelle Deprivation empfinden. Es ist nicht schwierig, die vorher beschriebene Situation
mit den Verhältnissen in einigen lateinamerikanischen Ländern
zu identifizieren. Die Bevölkerung im vierten Beispiel hingegen ist voll beschäftigt und es gibt keine Inflation. Das Konsumniveau hingegen ist nur mittelmäßig und das politische
System ist ebenfalls nur durch mittlere Werte auf allen Rangdimensionen vertreten. Zwar gibt es eine große innere Sicherheit, also keine Streiks und keine internen Unruhen, aber Parteien sind zum Teil verboten und das Regime besitzt einen relativ großen repressiven Apparat. Die strukturelle Deprivation
erreicht in diesem Beispiel, das man mit der Situation einiger
sozialistischer Länder vergleichen könnte, allerdings Spitzen-

werte. Das fünfte Beispiel beschreibt genau entgegengesetzte
Verhältnisse, also ein voll entwickeltes politisches System,
jedoch Schwierigkeiten im ökonomischen Bereich. Wir treffen
diese Verhältnisse etwa in einigen Entwicklungsländern an,
ebenso in Ländern des östlichen Mittelmeers. Die Deprivation
erreicht hierbei etwa dieselbe Höhe wie im vorhergehenden
Beispiel.

Die weiteren Zusammenhänge sind in dem Flußdiagramm von Abb. 4.4.
skizziert. Wir folgen hierbei prinzipiell den von Gurr ermittelten Zusammenhängen von Abb. 4.1. und formulieren diese in ein
dynamisches Modell um, wie in Abb. 4.2. skizziert. Das Modell
besteht aus einem Netz miteinander vermaschter negativer und
positiver Rückkopplungsbeziehungen, die für die eigentümliche Dynamik des Systems sorgen, wie es anschließend in einigen
Beispielen vorgeführt werden soll.

Die <u>langfristige Deprivation</u> der Bevölkerung berechnet sich aus
dem Zustand des politischen und ökonomischen Systems, wie er
durch die sechs <u>Rangdimensionen</u> im oberen Teil des Flußdiagramms
greifbar gemacht wird. Die <u>kurzfristige Deprivation</u> berechnet
sich aus den Veränderungsraten dieser Rangdimensionen, die in
dem hier vorliegenden Flußdiagramm der Übersichtlichkeit halber
in eine Variable zusammengefaßt sind. Kurzfristige Deprivation
und langfristige Deprivation ergeben zusammen die Veränderungsrate der <u>Gesamtdeprivation</u>. Diese selbst wurde wiederum auf
den Wertebereich von 0 - 10 normiert.

Die Gesamtdeprivation hat verschiedene Auswirkungen: Einmal führt
sie zu einer Abnahme der <u>Stabilität des Regimes</u>; ferner kann sie
zu <u>internen Unruhen</u> führen; in jedem Fall aber bewirkt sie eine
Entwicklung, die zu wachsender <u>struktureller Disposition</u> zu Gewaltsamkeiten führt. Zu internen Unruhen kann es nur dann kommen,
wenn bereits eine derartige Disposition besteht, also die Bereitschaft vorhanden ist, Unzufriedenheit durch gewaltsame Aktionen
oder zunächst durch Demonstrationen zu artikulieren. Falls es
tatsächlich zu Unruhen kommt, so wird dies als "Lernprozeß" die
strukturelle Disposition verstärken. Der Einsatz des <u>koerziven
Potentials</u>, soweit es existiert, wird interne Unruhen eindämmen
können.

Deprivation hat wie schon gesagt einen abschwächenden Effekt auf
die Stabilität eines Regimes. Intervenierende Funktion hat hierbei die <u>Institutionalisierung</u> des politischen Systems. Deprivation wird sich umso nachhaltiger auf die Stabilität des Regimes
auswirken, je höher der Grad der Institutionalisierung ist. Denn
hohe Institutionalisierung bedeutet einen geregelten <u>Macht-Transfer</u>, sodaß es spätestens bei der nächsten Wahl zur Ablösung des

Abb. 4.4.: Das politische Subsystem

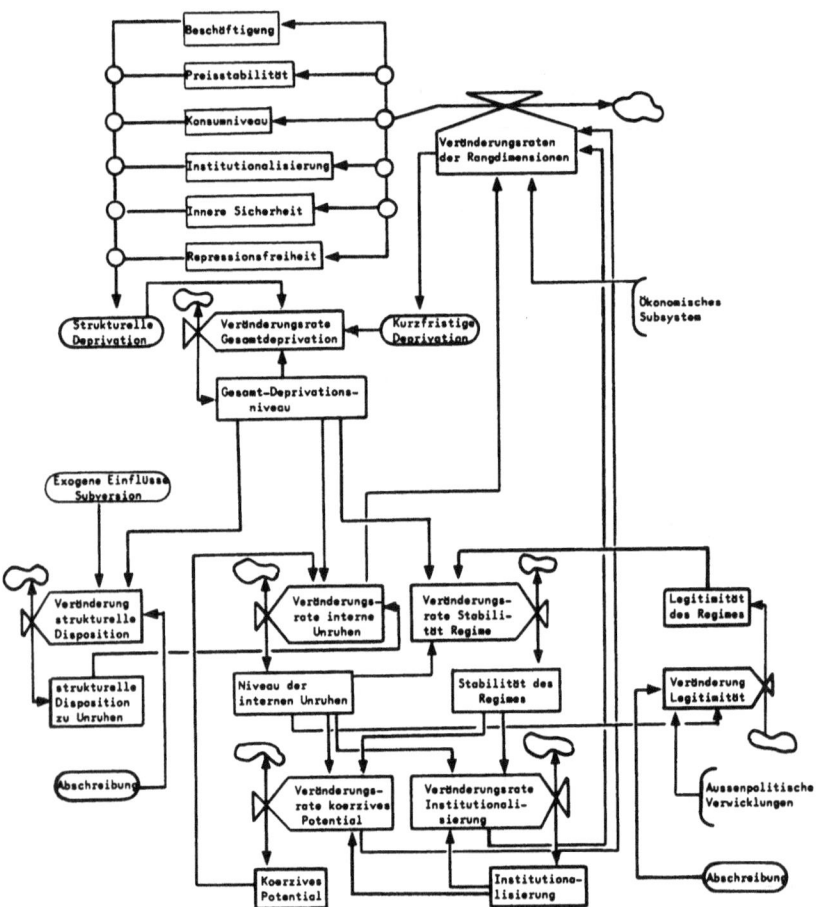

unbeliebten Regimes kommt. Verstärkend auf die Stabilität wirkt die <u>Legitimität</u> eines Regimes, die es sich erwerben kann. Legitimität entsteht u.a. dann, wenn das politische System inneren Unruhen und äußeren Gefahren ausgesetzt ist, also z.B. während einer militärischen Auseinandersetzung mit einem anderen Staat. In beiden Fällen wird ein Großteil der Bevölkerung für eine stabile Regierung eintreten. Allerdings muß die Legitimität "abgeschrieben " werden, d.h. Legitimität nutzt sich mit der Zeit ab, wenn sie nicht ständig erneuert wird. Interne Unruhen haben ebenfalls einen abschwächenden Effekt auf die Stabilität eines Regimes.

Dem Regime stehen mehrere Möglichkeiten offen, dem Schwund an Stabilität entgegenzuwirken. Der natürlichste Weg besteht darin, die Quelle der Deprivation zu beseitigen, also für steigende Werte der sechs Rangdimensionen zu sorgen. Vor allem im ökonomischen Bereich kann das Regime durch Eingriffe eine Verbesserung herbeiführen. Diese Zusammenhänge sind im nachfolgenden Kapitel beschrieben. Ferner hat ein Regime unter bestimmten Umständen die Möglichkeit, direkt in das politische System einzugreifen, um einer sinkenden Stabilität entgegenzuwirken: repressive Maßnahmen zur Beseitigung interner Unruhen; Aufbau eines koerziven Potentials, soweit es noch nicht vorhanden ist; Abbau der Institutionalisierung, also ein Verbot von Parteien und eine Unterminierung des geregelten Macht-Transfers, Sondervollmachten usw. Hiermit wird der Transmissionsriemen, der für ein Durchschlagen der Unzufriedenheit auf die Stabilität des Regimes sorgt, beseitigt.

Diese Maßnahmen bedingen sich natürlich gegenseitig: Eine Verstärkung des koerziven Potentials und sein Einsatz ist nur dann möglich, wenn vorher ein Teil der Institutionalisierung abgebaut worden ist, wenn also durch Sondervollmachten die institutionelle Möglichkeit dazu geschaffen worden ist. Ein Abbau von Institutionalisierung ist natürlich nur dann möglich, wenn sie entweder selbst nicht allzu hoch ist, oder aber wenn interne Unruhen hierzu eine Handhabe abgeben. Es ist sehr viel leichter, in einem mäßig totalitären Regime alle liberalen Errungenschaften abzubauen, als in einem traditionell-parlamentarischen System ein Verbot einer Partei durchzusetzen. Hingegen wird auch ein liberales System im Falle großer interner Unruhen dazu übergehen müssen, sich mit Sondervollmachten die Möglichkeit eines Eingreifens zu verschaffen. Daß dies trotzdem ungeheuer schwierig ist, zeigt das Beispiel Englands: sogar eine behördliche Erfassung von Gewerkschaftsorganisationen stößt hier auf unüberbrückbare Schwierigkeiten, selbst im Falle katastrophaler Streiks.

4.3. Test des Modells: Einige Scenarios

Das Verhalten des politischen Subsystems soll an einigen Beispielen demonstriert werden. Zu diesem Zweck wird das Modell einer enormen Belastung durch einen externen Schock ausgesetzt, der aus dem ökonomischen Subsystem kommt.

Zunächst soll der Effekt einer Wirtschaftskrise auf das politische System eines Staates westeuropäischen-demokratischen Typs ermittelt werden. Es wurde hierbei eine Situation im Bereich des ökonomischen Systems konstruiert, die ein Absinken der ökonomischen Rangdimensionen der Bevölkerung - also geringe Beschäftigung, Absinken des Konsums und hohe Preissteigerungen - mit sich bringt: ein überproportionales Wachstum der Rüstungsausgaben. In den Diagrammen auf den folgenden Seiten sinkt damit der Aggregatindikator "ökonomische Situation der Bevölkerung", der auf den Bereich von 0 - 10 normiert ist, auf niedrige Werte.

Abb. 4.5. zeigt die Entwicklung des ersten Scenarios, wie es der Computer berechnet hat. Der Verlauf soll kurz verbal beschrieben werden. Ausgangssituation ist ein politisches System mit hoher Institutionalisierung (I), geringer Deprivation (D), hoher Stabilität des Regimes (S) und hoher Lebensqualität (Q). Die Lebensqualität ist als Summe der sechs Rangdimensionen definiert und beschreibt damit nicht nur die ökonomische Situation der Bevölkerung, sondern auch die Qualität der politischen Umgebung. Interne Unruhen gibt es am Beginn der Simulation keine (C); ebenso existiert kein repressiver Apparat (K). Als Folge der Ereignisse im ökonomischen System verschlechtert sich nun die Situation der Bevölkerung (E) drastisch. Sie erreicht zur Zeit der 120. Woche ihren Tiefststand. Als Resultat ist zunächst ein fast linearer Anstieg der Deprivation zu verzeichnen, die einen Spitzenwert von über 8.0 erreicht. Gleichzeitig nimmt die Stabilität des Regimes ab und erreicht in der 100. Woche den Minimalwert von 2.5; die Wahrscheinlichkeit, daß diese Regierung an der Macht bleibt, ist damit nur noch $p=1/4$. Da es sich um ein hoch institutionalisiertes politisches System handelt, bedeutet dies einen Machtwechsel. Das neue Regime fängt jedoch schon beim Anstieg der internen Unruhen damit an, einen Teil der politischen Infrastruktur zu demontieren. Diese ist ja dafür verantwortlich, daß sich die Unzufriedenheit derart rasch auf die Stabilität ausgewirkt hat. Die Werte für die Variable Institutionalisierung nehmen erst langsamer und dann immer schneller ab (I). Dies ist als Verbot von Parteien und Gewerkschaften sowie als Einführung von Sondervollmachten zu interpretieren. Um die 110. Woche hat dann das Regime institutionell die Möglichkeit, das koerzive Potential zu repressiven Zwecken einzusetzen (K). Zusammen mit der wach-

Abb. 4.5.: Krise des politischen Systems und Wandel zu totalitären Verhältnissen

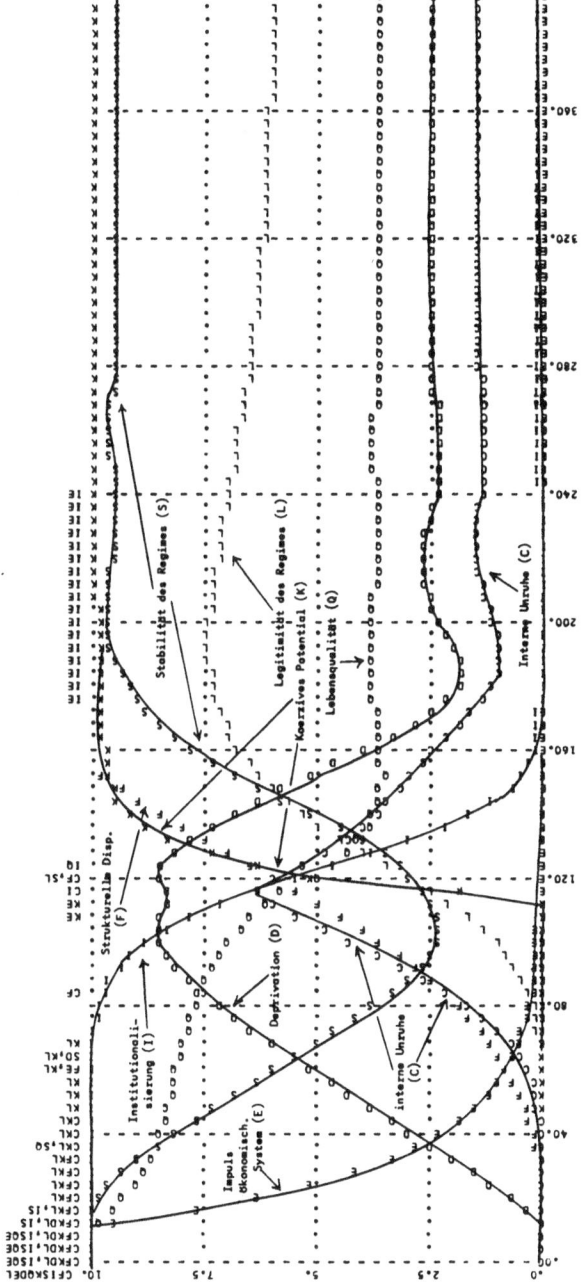

senden Legitimität des neuen Regimes, die aus der unruhigen
politischen Lage resultiert, führt der Einsatz von Polizei
und Militär (K) zu einem raschen Ende der internen Unruhen (C).
In der 180. Woche erreicht diese Variable bereits wieder den
niedrigen Wert von 1.0. Der Einsatz des koerziven Potentials
führt zwar zunächst zu einer weiteren Steigerung der Deprivation, die dann jedoch absinkt. Hierdurch wird von der Bevölkerung die Wiederherstellung der Ruhe honoriert. Im weiteren Verlauf festigt sich die Stabilität des Regimes, die Institutionalisierung (I) bleibt jedoch auf niedrigem Niveau und es existieren weiterhin geringe interne Unruhen (C). Die Legitimität
des Regimes nimmt dabei langsam ab. Das Modell prognostiziert
also für den Fall einer lang andauernden Krise des ökonomischen
Systems eine Systemkrise des politischen Bereichs, die nach etwa
vier Jahren zu relativ stabilen totalitären Strukturen führt.

Diese Entwicklung ist natürlich nicht in jedem Fall zu erwarten. Es wurde nämlich in diesem Scenario angenommen, daß es
bei genügend großen internen Unruhen dem Regimes möglich ist,
Sondervollmachten zu erhalten und politische Einschränkungen
zu verfügen. Vor allem in politischen Systemen, die noch nicht
durch längere Tradition gefestigt sind, dürfte dies eine realistische Annahme sein. Die Entwicklung verläuft jedoch dann
etwas anders, wenn eine Vorraussetzung leicht verändert wird.
Im Falle innenpolitischer Unruhen großen Ausmaßes soll es zwar
möglich sein, das koerzive Potential einzusetzen; aber es soll
nur im Falle von lang andauernden Unruhen möglich sein, die
politische Infrastruktur zu demontieren. Diese Annahmen charakterisieren ein System, in dem die entsprechenden politischen
Normen stark internalisiert sind. Abb. 4.6. zeigt den Zeitverlauf, den der Computer für diesen Fall berechnet hat.

Man erhält zunächst eine ähnliche Entwicklung wie im vorhergehenden Beispiel. Es kommt ebenfalls ab der 10. Woche zu einer exponentialen Abnahme der Variablen E, die damit eine drastische
Verschlechterung der ökonomischen Situation der Bevölkerung signalisiert. Parallel dazu sinkt die Stabilität des Regimes (S),
und die Deprivation der Bevölkerung (D), die die Abnahme von
S bewirkt, steigt stark an. Mit einer zeitlichen Verzögerung
von ungefähr 20 Wochen kommt es zu Unruhen, die sich ausweiten
und in der 80. Woche ihre Spitze von 6.0 erreichen. Das Regime
setzt daraufhin die Ordnungskräfte ein (K), worauf die Unruhen
sofort zurückgehen. Wie im vorhergehenden Beispiel kommt es bei
abnehmender Stabilität des Regimes und steigenden internen Unruhen zu einer Abnahme der Institutionalisierung (I): Das Regime erhält also Sondervollmachten, die dann den Einsatz der
Ordnungskräfte erlauben. Diese Vollmachten fallen jedoch nicht
so drastisch aus wie im vorhergehenden Beispiel. Die folgende
Entwicklung zeigt dann, daß dies von entscheidender Bedeutung

Abb. 4.6.: Krise des politischen Systems und Restauration der Ausgangsbedingungen

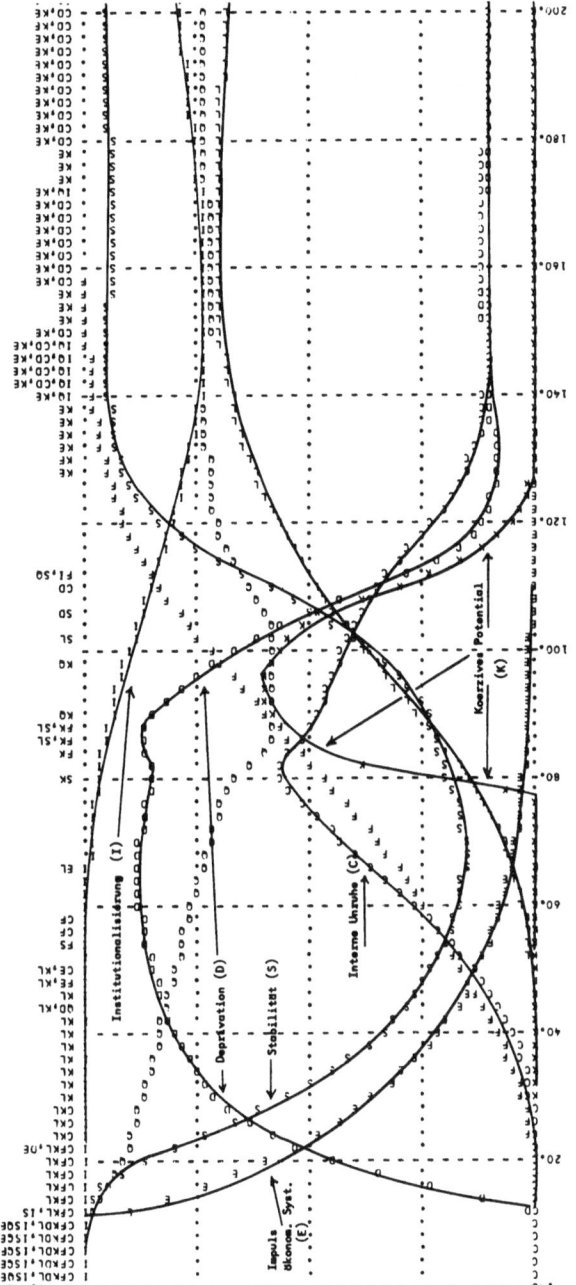

ist. Die sinkende Deprivation der Bevölkerung, die auf die
Abnahme der internen Unruhen zurückzuführen ist, festigt die
Stabilität des Regimes. Da die Institutionalisierung noch immer relativ hoch ist, kann das Regime nach dem Abklingen der
internen Unruhen das koerzive Potential nicht weiter einsetzen.
Für weitere Stabilität sorgt auch die steigende Legitimität
des Regimes. In dieser Situation kann sich die Institutionalisierung regenerieren und das politische System kehrt langsam wieder in seine Ausgangsposition zurück.

In den beiden vorhergehenden Beispielen sollte der Verlauf
der Variable "Lebensqualität" beachtet werden. Da sie sich
in ihrer Zusammensetzung nicht nur an ökonomischen Indikatoren orientiert, sondern auch die Qualität der politischen Infrastruktur berücksicht, kommt es im zweiten Beispiel nach
Ende der Krise zu einem deutlichen Anstieg der Lebensqualität (Q). Im ersten Beispiel ist dies nicht der Fall.

Im Beispiel von Abb. 4.7. soll ein anderes Scenario geprüft
werden, das die Auswirkungen von "Liberalisierungstendenzen"
totalitärer Staaten beschreibt. Vorgegeben ist ein politisches
System, das sich von dem der vorhergehenden Beispiele grundlegend unterscheidet. Hier treffen hohe Stabilität des Regimes,
große Repression und geringe Institutionalisierung zusammen.
Die ökonomische Situation der Bevölkerung ist ebenfalls sehr
schlecht. Politische Systeme haben eine immanente Tendenz zur
funktionsspezifischen Ausdifferenzierung; hierdurch wird Instituionalisierung geschaffen, wenn dieser Prozeß nicht durch
andere Entwicklungen aufgehalten oder rückgängig gemacht wird.
Das Modell errechnete für dieses Scenario den Verlauf von Abb.4.7.

Es kommt zunächst zu einem langsamen Anstieg der Institutionalisierung. Dies führt kurzfristig zu einem Abbau der Repressivität (K). Trotz geringer Lebensqualität (Q) erfolgt kein nennenswerter Anstieg der Deprivation: Die positiven Entwicklungen im
politischen Bereich kompensieren die schlechte ökonomische Lage zunächst vollständig. In der 100. Woche, also nach ungefähr
2 Jahren, folgt dann ein rascher Anstieg der Deprivation. Zu
diesem Zeitpunkt ist die Entwicklung im politischen Bereich an
einen Punkt gekommen, wo die geringe Lebensqualität nicht mehr
kompensiert wird: Die noch fehlende Institutionalisierung und
die schlechte ökonomische Lage werden bewußt empfunden und
führen zu starker Deprivation. Gleichzeitig kommt es zu geringen internen Unruhen. Die Stabilität des Regimes nimmt darauf
hin etwas ab und als Reaktion wird das koerzive Potential wieder eingesetzt, und zwar im vollen Umfang wie vor der "Liberalisierung". Diese hat zwar zunächst eine Verbesserung der politischen Verhältnisse zur Folge, führt aber mittelfristig lediglich zu einer Restauration der alten Zustände mit einem

Abb. 4.7.: Liberalisierungstendenz eines totalitären politischen Systems und Restauration der Ausgangszustände

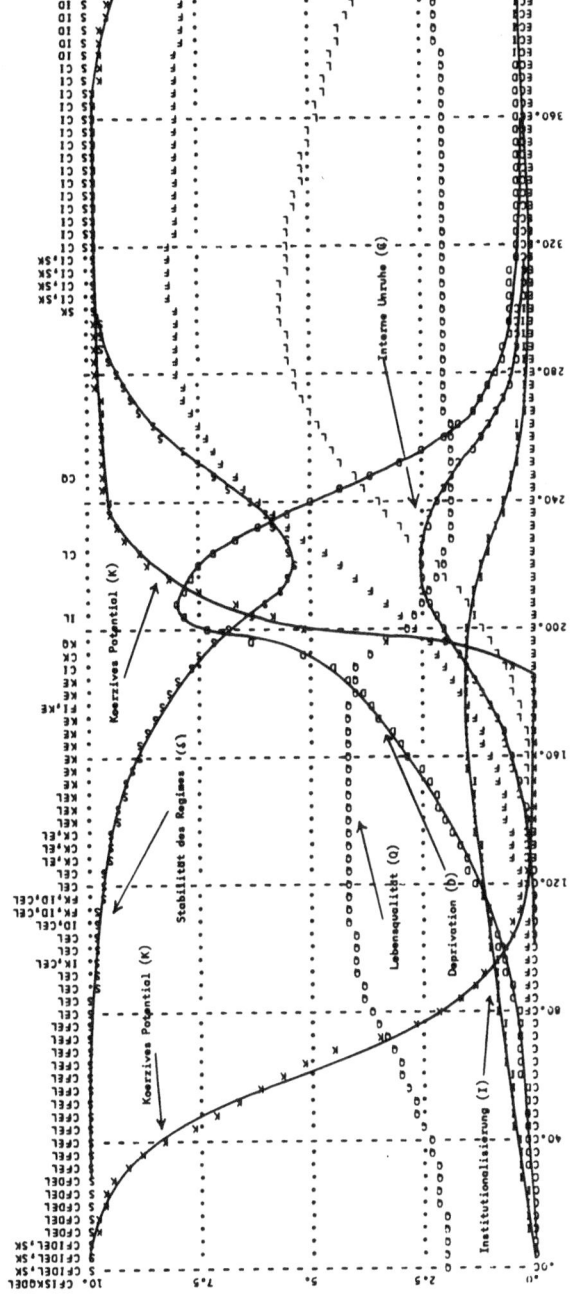

zwischenzeitlichen "Revirement" des Regimes, wie die Abnahme der Variablen Stabilität (S) zeigt.

5. Modell des ökonomischen Subsystems

5.1. Ausgangspositionen

Für den Zweck dieser Arbeit ist es nicht notwendig, ein Modell des ökonomischen Systems zu entwickeln, das alle Aspekte der ökonomischen Aktivitäten von Staat, Unternehmen und Privathaushalten exakt abbildet. Im Rahmen des Gesamtmodells besteht das Problem vielmehr darin, die aus dem ökonomischen Subsystem stammenden Randbedingungen des politischen Prozesses zu bestimmen. Diese sollen nicht als Parameter, also als konstante Einflüsse, sondern ebenfalls als dynamisches System erfaßt werden. Denn es gibt zweifellos wichtige Rückkopplungsbeziehungen zwischen dem ökonomischen Subsystem, dem politischen Subsystem und dem außenpolitischen Prozeß. Eine Steigerung des Rüstungshaushaltes, die aus politischen Gründen vorgenommen wird, muß zwangsläufig Einsparungen in anderen Bereichen einer Volkswirtschaft zur Folge haben, wenn diese Mehrausgaben nicht von außen finanziert werden. Falls keine direkten Einsparungen erfolgen, wird auf längere Sicht über den Mechanismus der Inflation ein ähnlicher Effekt erzwungen werden. Einsparungen, die so erzwungen werden, müssen ihre Auswirkungen im politischen Subsystem haben. Zudem bilden die grundsätzlich verfügbaren ökonomischen Ressourcen wohl die entscheidende intervenierende Variable in Rüstungswettläufen, soweit nicht exogene Faktoren wie die Finanzierung der Rüstung durch das Ausland noch wichtiger werden (1).

Es kommt in diesem Kapitel also darauf an, die ökonomischen Auswirkungen innenpolitischer und außenpolitischer Prozesse zumindest grob in einem dynamischen Modell zu erfassen; die resultierende veränderte Situation des ökonomischen Subsystems wird dann wieder als Randbedingung des politischen Entscheidungsprozesses auftreten. Es genügt für diesen Zweck, ein einfaches dynamisches Modell des ökonomischen Kreislaufs zu entwickeln, das auf den zentralen Beziehungen der volkswirtschaftlichen Gesamtrechnung basiert. Danach berechnet sich der Ertrag einer Voskswirtschaft aus den eingesetzten Produktionsfaktoren Arbeit und Kapital. Es wird hier angenommen, daß zwar ein großer Teil dieses Ertrags in seiner Weiterverwendung relativ festgelegt ist, daß jedoch auch das Regime eines Staates einen recht großen Einfluß besitzt, durch steuernde Eingriffe die Anteile des staatlichen Verbrauchs, des privaten Konsums und der staatlichen und privaten Investitionen zu verändern. Diese steuernden Maßnahmen geschehen direkt oder indirekt mit Zeitverzögerungen. Das wirtschaftspolitische Instrumentarium hierzu, also vor allem die Investitionspolitik, die Fiskalpolitik, die Kreditpolitik und die Außenwirtschaftspolitik, werden nicht weiter untersucht; sie sind an anderer Stelle durch Simulation analysiert worden (2).

Die Kriterien, nach denen dieser Verteilungsprozeß ausgerichtet ist, sind in der Realität äußerst zahlreich. Im Fall stagnierender Erträge und Arbeitslosigkeit wird ein Regime versuchen, durch Investitionen die Wirtschaft anzukurbeln; dies wird natürlich vor allem dann mit großer Energie geschehen, wenn zusammen mit den wirtschaftlichen Problemen die politische Lage des Regimes selbst prekär geworden ist. Stagnierender oder sinkender Privatkonsum wird der Stabilität des Regimes in jedem Fall abträglich sein, wie die Simulation einiger Scenarios im vorhergehenden Kapitel gezeigt hat. Das Regime wird in diesem Falle dafür sorgen, daß der Privatkonsum wieder steigt. Ein Großteil der staatlichen Ausgaben wird für den Fall sinkender Sicherheit auf die Rüstung fallen. Wie jedoch im einzelnen die notwendigen regulierenden Eingriffe des Regimes aussehen, wird auch von der favorisierten Ideologie der Entscheidungsträger abhängen (3).

5.2. Einzelbeziehungen des ökonomischen Subsystems

Die Zusammenhänge, die in diesem Teilmodell formuliert sind, werden hier wiederum nur anhand eines vereinfachten Flußdiagramms beschrieben, das in Abb. 5.1. vorliegt. Der Produktionsprozeß der Volkswirtschaft ist durch eine Cobb-Douglas-Produktionsfunktion erfaßt worden; die Produktion ist dabei vom vorhandenen Kapitalstock und dem eingesetzten Produktionsfaktor Arbeit abhängig, also der Anzahl der Beschäftigten. Der Kapitalstock vermindert sich um eine Abschreibungsrate. Hinzu kommt die Investitionsrate, die von den geplanten staatlichen und privaten Investitionsraten und natürlich vom Preisniveau abhängig ist. Die Anzahl der Beschäftigten berechnet sich nach dem Grenzprodukt aus dem Preis- und Lohnniveau und der Höhe des Kapitalstocks. Aus der Differenz zwischen Beschäftigten und der Gesamtbevölkerung, die gering exponential wächst, ergibt sich die Zahl der Arbeitslosen (4).

Das Sozialprodukt berechnet sich aus der Rate der geplanten staatlichen und privaten Investitionen und der Rate der Staatsausgaben, die in diesem Modell mit den Rüstungsausgaben zu identifizieren sind. Hinzu kommt ferner die Rate des Privatkonsums. Die Relation von Sozialprodukt und tatsächlich erwirtschafteter und zu verteilender Produktion ergibt zusammen mit der Produktivitätsänderung die Berechnungsbasis für die Veränderung des Preisniveaus. Das Lohnniveau hingegen ändert sich in Reaktion auf die Änderung des Preisniveaus und der Arbeitslosigkeit.

Die verschiedenen Raten, die zusammen das Sozialprodukt bilden, werden wie folgt berechnet. Die Rate der privaten Investition

Abb. 5.1.: Modell des ökonomischen Subsystems

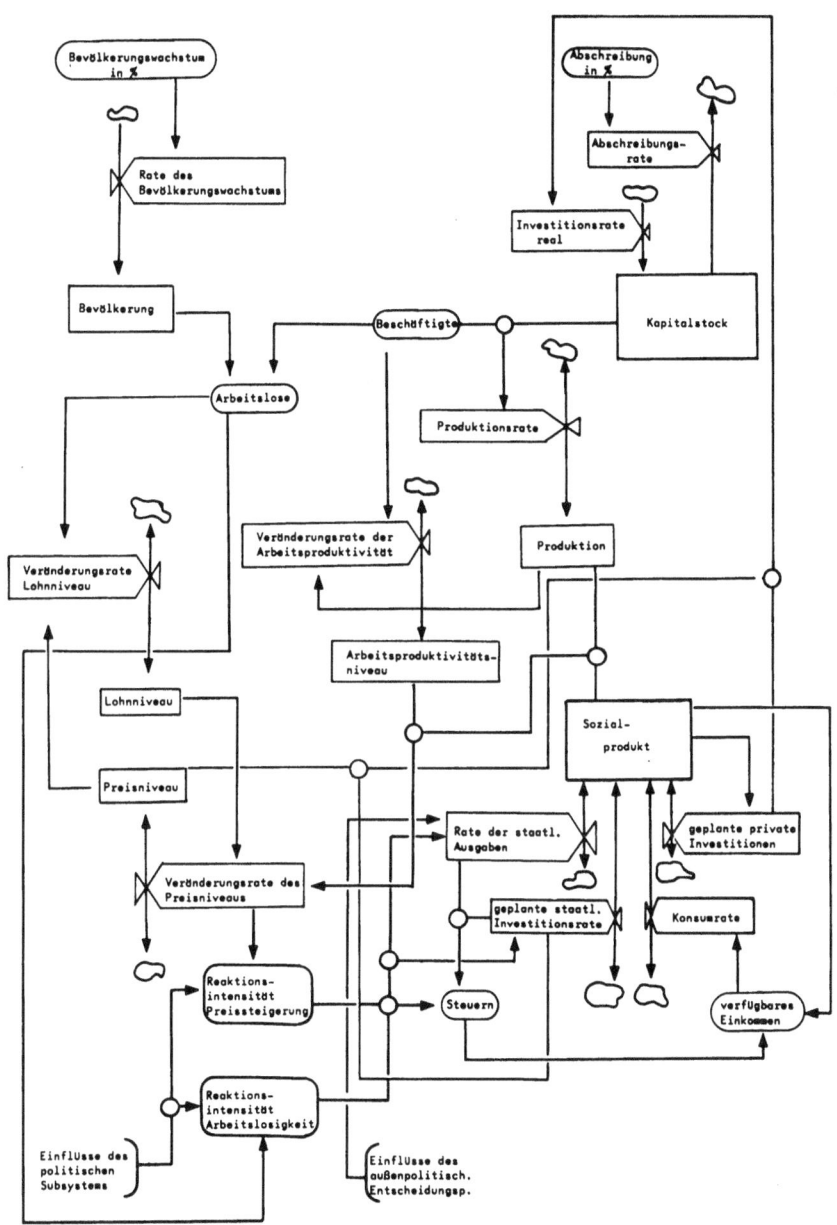

ist in diesem Modell als fester Anteil des Sozialproduktes
vorgesehen. Für steigende Investitionen kann also auch ein
Ansteigen des Sozialproduktes, das auf stärkeren Konsum zurückzuführen ist, verantwortlich sein. Die <u>Konsumrate</u> berechnet sich aus der Höhe des <u>verfügbaren Einkommens</u>, das wiederum aus dem Sozialprodukt und der Höhe der Steuern zu bestimmen ist. Die <u>staatlichen Ausgaben</u>, die in diesem Modell die
Rüstungsausgaben umfassen, bestimmen sich im außenpolitischen
Entscheidungsprozeß; durch politische Maßnahmen, etwa bei hohen
Preissteigerungen, kann jedoch die Rate der staatlichen Ausgaben gesteuert werden. <u>Staatliche Investitionen</u> erfolgen meist
in Reaktion auf steigende Arbeitslosigkeit.

Die staatlichen Ausgaben und Investitionen sowie die Höhe der
<u>Steuern</u> sind das Instrument, das vom politischen System zur
Steuerung des ökonomischen Systems eingesetzt werden kann. Das
Preisniveau, die Höhe des Konsums und die Arbeitslosigkeit haben Auswirkungen auf das politische System, wie sie im vorhergehenden Kapitel beschrieben worden sind: Für den Fall, daß
die Erwartungen der Bevölkerung nicht erfüllt werden, ist zunächst mit sinkender Stabilität des Regimes zu rechnen. In diesem Zusammenhang kann sich das Regime durch höhere Investitionen und geringere Steuern bemühen, Arbeitslosigkeit zu beseitigen. Im Falle von Preissteigerungen können höhere Steuern
und sinkende Investitionen und staatliche Ausgaben als Instrument zur Bekämpfung der Inflation eingesetzt werden.

Es wird hierbei von der Bewertung der verschiedenen Ziele abhängen, wo das Regime mit welcher Intensität und mit welchem
Instrument ansetzt. Der Rang der verschiedenen Ziele variiert
mit der politischen Ideologie, wie Abb. 5.2. zeigt. In diesem

Abb. 5.2.: Partei-Ideologie und die Rangfolge
wirtschaftspolitischer Ziele *

	Sozialisten	Zentrum	Konservative
↑	Vollbeschäftigung	----	Preisstabilität
	Gerechte Einkommensverteilung	----	----
	----	Preisstabilität	----
	Befriedigendes Wachstum	----	----
Wichtigkeit der Ziele	----	Befriedigendes Wachstum	Ausgeglichene Zahlungsbilanz
	----	Vollbeschäftigung	----
	----	Gerechte Einkommensverteil.	----
	Preisstabilität	----	Befriedigendes Wirtschaftswachstum
	----	Zahlungsbilanz ausgegl.	Vollbeschäftigung
	----	----	----
	Ausgeglichene Zahlungsbilanz	----	----
↓	----	----	Gerechte Einkommensverteilung

* Quellen: nach <u>Kirschen</u>, <u>Benard</u>, <u>Besters</u> et.al.,Economic Policy in Our Time. Vol.I:
General Policy. Amsterdam 1964, zitiert nach Bruno S. <u>Frey</u>, Lawrence J. <u>Lau</u>,
Towards a Mathematical Model of Government Behavior, in: Zeitschrift für
Nationalökonomie 28, (1968), S. 355-380, hier S. 367

Modell des ökonomischen Subsystems, das lediglich komplementär zum Modell des außenpolitischen Prozesses entwickelt worden ist, werden diese Zusammenhänge nicht in aller Einzelheit formuliert. Wir reduzieren die Ziele der Wirtschaftspolitik auf die Postulate einer <u>geringen Arbeitslosigkeit</u> und einer <u>geringen Preissteigerung</u>. Das Ziel einer geringen Arbeitslosigkeit wird dabei dem einer geringen Preissteigerung vorangestellt, wie man es bei sozialistisch orientierten Entscheidungsträgern vermuten kann.

5.3. Einige Beispiele

In den folgenden Beispielen werden wiederum keine "realen" Situationen durch das Modell simuliert; vielmehr soll durch eine Reihe von Scenarios die charakteristische Dynamik des Modells veranschaulicht werden. Wie Abb. 5.3. zeigt, wächst in einem Zeitraum von 10 Jahren die Bevölkerung von 2.5 Millionen an auf fast 3.0 Millionen; in der gleichen Zeit steigt das Sozialprodukt von 2.5 Milliarden $ an auf über 3.5 Milliarden US $, sinkt dann jedoch wieder auf den Wert von 2.5 Milliarden US $ ab. Die Produktion steigt stetig an von 2.5 Milliarden US $ auf über 3 Milliarden US $. Die Ausgangssituation ist gekennzeichnet durch ein Preisniveau von 100 und ein Lohnniveau von 110; die Arbeitslosigkeit liegt dabei um 30%. In dieser Situation versucht die Regierung durch eine Steigerung der Investitionsrate (I) die Arbeitslosigkeit zu beseitigen. Weitere Maßnahmen werden nicht ergriffen. Hauptursache für das Absinken der Arbeitslosigkeit in den folgenden zwei Jahren ist jedoch eine Anpassung des Lohnniveaus an die Marktlage. Im zweiten Jahr steigen zunächst die Löhne noch geringfügig wieder an, was auf das steigende Preisniveau zurückzuführen ist. Da jedoch die sinkenden Löhne auch eine Drosselung des Konsums zur Folge haben, sinken die Preise weiter ab. Die Löhne folgen parallel dieser Entwicklung.

Dieselben Ausgangsbedingungen findet man im nächsten Scenario, dessen Verlauf in Abb. 5.4. wiedergegeben ist. Es wurde hierbei angenommen, daß die Regierung nicht zu intervenieren braucht, da sie ihre Stabilität über eine hohe Legitimität absichern kann. Gleichzeitig wurde angenommen, daß die Bewegung des Lohnniveaus zwar der Veränderung des Preisniveaus folgt; die Arbeitslosigkeit bringt jedoch nur eine langsame Senkung des Lohnniveaus mit sich. Wie die Simulation zeigt, braucht die Volkswirtschaft in diesem Falle über 5 Jahre, bis die Arbeitslosigkeit abgebaut ist. Durch langsam steigende staatliche Ausgaben, die auf einen Rüstungswettlauf zurückzuführen sind, kommt es gegen Ende der Simulation zu erneuter Arbeitslosigkeit als Folge einer inflationären Entwicklung.

Abb. 5.3.: Abbau von Arbeitslosigkeit durch leichte Intervention des Regimes und Anpassung der Löhne

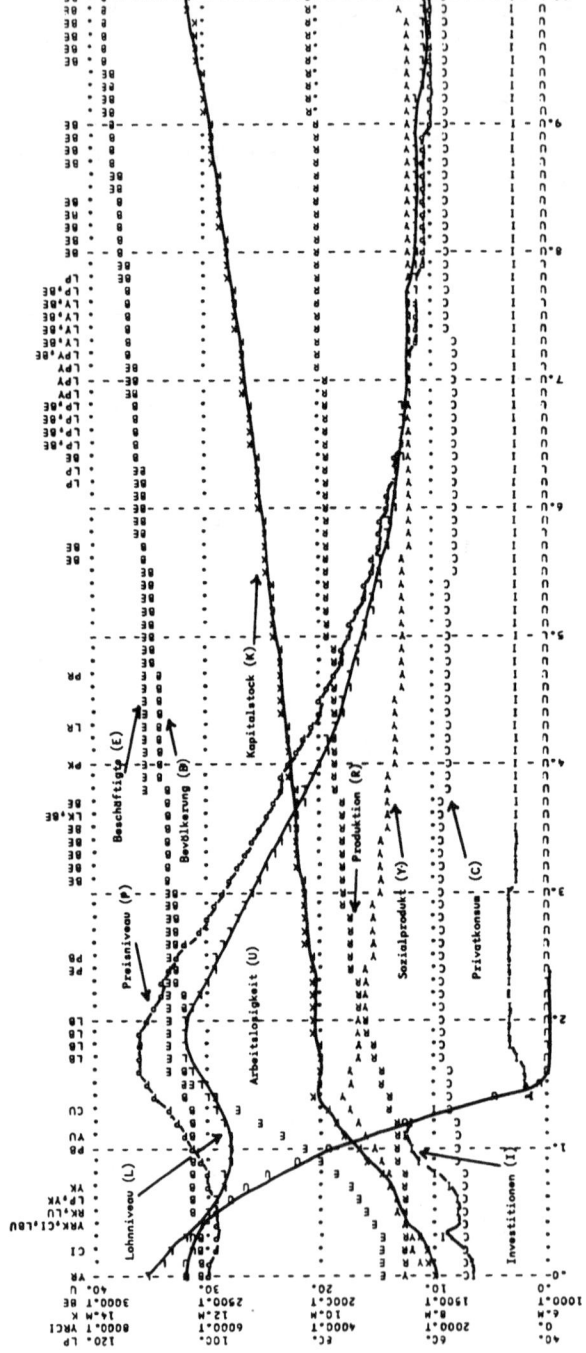

Abb. 5.4.: Abbau von Arbeitslosigkeit ohne Intervention des Regimes und Inflation durch steigende Rüstungsausgaben

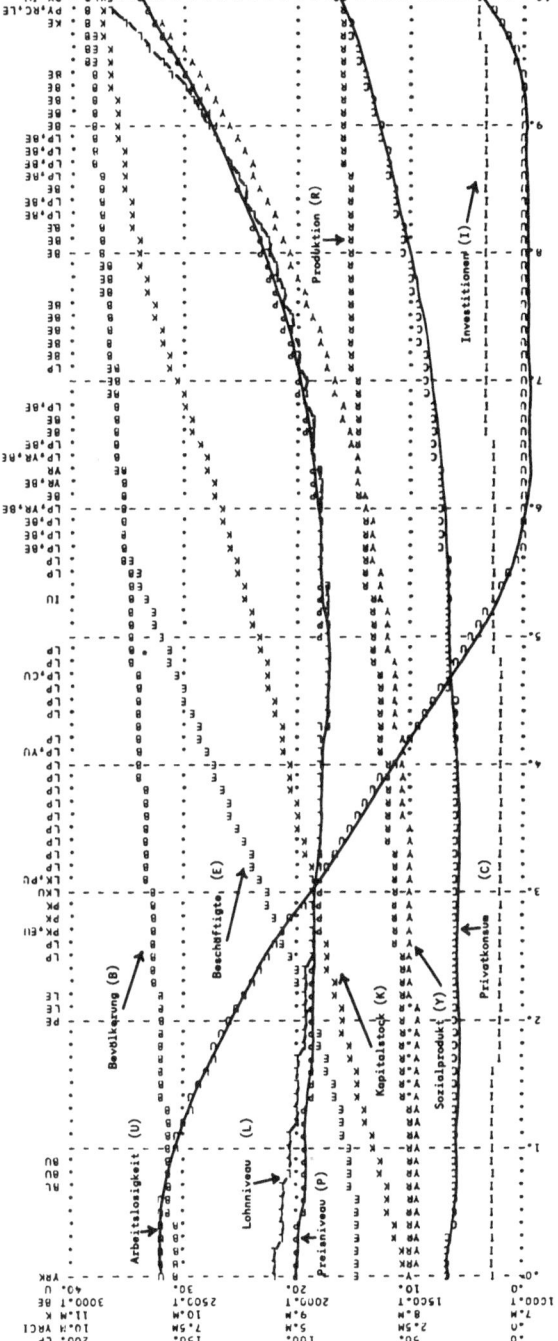

Falls keine exogenen Störungen das System beeinträchtigen,
ist seine Dynamik ruhig und gleichmäßig, wie Abb. 5.5.1.
und Abb. 5.5.2. zeigt. Über den Zeitraum von 10 Jahre hin
kommt es nur zu geringen Lohn- und Preisniveausteigerungen;
Allerdings ist das Wachstum von Produktion, Sozialprodukt,
Kapitalstock und Konsum auch nur gering. Die Investitionen
sind gerade so hoch, daß es durch das Bevölkerungswachstum
zu keiner Arbeitslosigkeit kommt. Am Anfang dieser Simulation
kommt es zu einem Absinken der Stabilität des Regimes von
100 auf 80 Prozent Wahrscheinlichkeit des Verbleibs im Amt.
Dies ist die Folge einer Diskrepanz der erwarteten Inflationsrate von 0% und der tatsächlichen Teuerungsrate von 2%. Da
jedoch der tatsächliche per-capita-Konsum (K) ständig über
den erwarteten Werten liegt (C) und auch die Erwartung der
Inflationsrate sich den tatsächlichen Werten anpaßt, kann
das Regime seine Stabilität halten und sogar leicht verbessern.
Während der ganzen Periode kommt es nur zu unerheblicher Arbeitslosigkeit.

In der Realität ist jedoch ständig mit Störungen des ökonomischen Systems aus dem politischen und außenpolitischen
Bereich zu rechnen. In diesem Fall versucht das Regime, mit
massiven Eingriffen der Entwicklung entgegenzusteuern, falls
die eigene Stabilität unter den wirtschaftlichen Entwicklungen zu leiden hat. Wie das Beispiel von Abb. 5.4. zeigt, über-
läßt das Regime die wirtschaftliche Entwicklung für den Fall,
daß es seine Stabilität anderweitig absichern kann, vollständig den Mechanismen des ökonomischen Systems. Bei derselben
Ausgangssituation wie in den Beispielen von Abb. 5.3. und
Abb. 5.4. führen die Eingriffe des Regimes zur Bekämpfung von
Inflation und Arbeitslosigkeit zu zyklischen Bewegungen des
Sozialprodukts und der anderen Größen. Abb. 5.6.1. und Abb.
5.6.2. zeigen den Verlauf. Die Stabilität des Regimes folgt
dieser zyklischen Bewegung nach; indem sich die Erfolge oder
Mißerfolge der augenblicklichen Politik im Verlauf der Stabi-
litätskurve niederschlägt, nimmt die Intensität der Eingriffe
zu oder ab. Immer dann, wenn die Politik der Beseitigung der
Arbeitslosigkeit zu größere Inflation führt, muß ein Kurswechsel durchgeführt werden; für den Fall, daß die Stabili-
sierungspolitik zu Erfolgen führt, jedoch die Arbeitslosigkeit gleichgeblieben oder gestiegen ist, folgt ein neuer-
licher Kurswechsel des Regimes. Auch in anderen Simulationsstudien wurde festgestellt, daß durch die Eingriffe des Regimes
Konjunkturzyklen eher verstärkt als beseitigt werden (5).
Mit sinkender Stabilität des Regimes nimmt hierbei die Amplitude der Eingriffe ebenso wie die Frequenz der Zyklen zu.

- 73 -

Abb. 5.5.1.: Dynamik des ökonomischen Systems ohne exogene Störungen

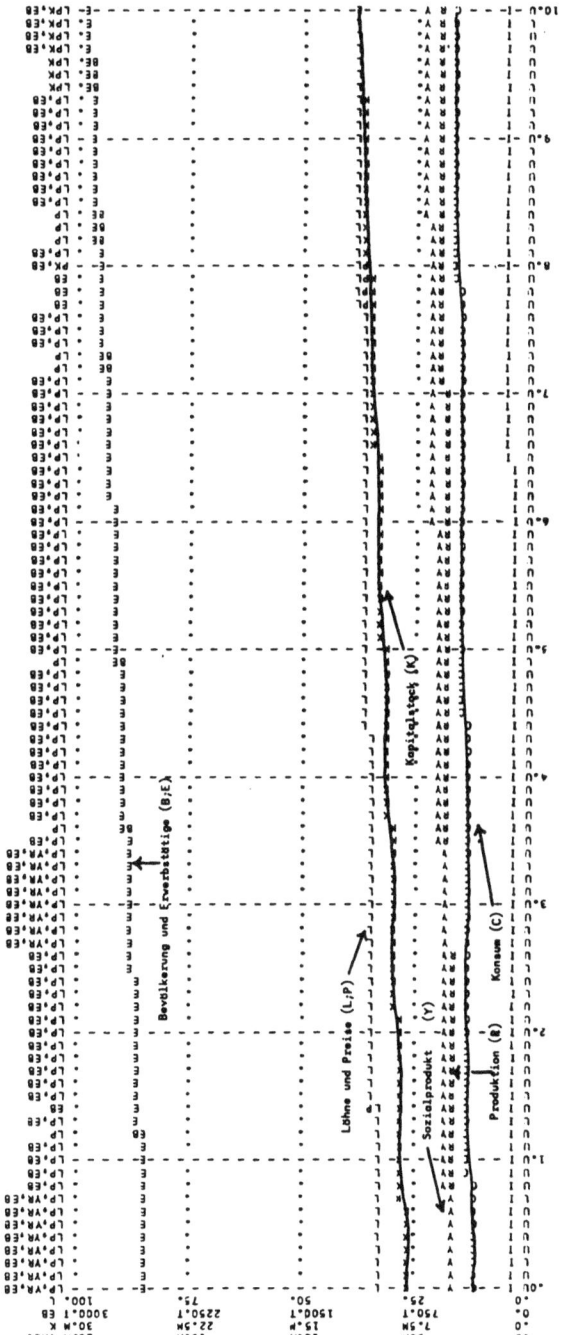

Abb. 5.5.2.: Erwartungswerte und tatsächlicher Verlauf von Preissteigerung, Konsum und Arbeitslosigkeit und Auswirkung auf die Stabilität des Regimes

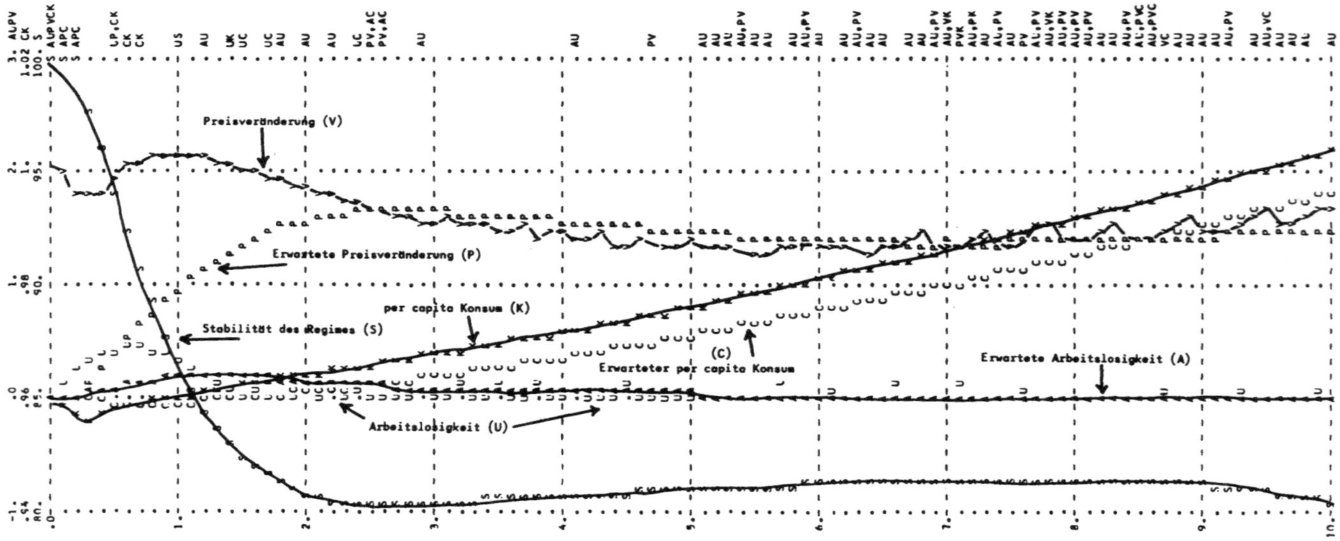

Abb. 5.6.1.: Steuerung der Wirtschaftsentwicklung durch Eingriffe des Regimes und die resultierende zyklische Bewegung

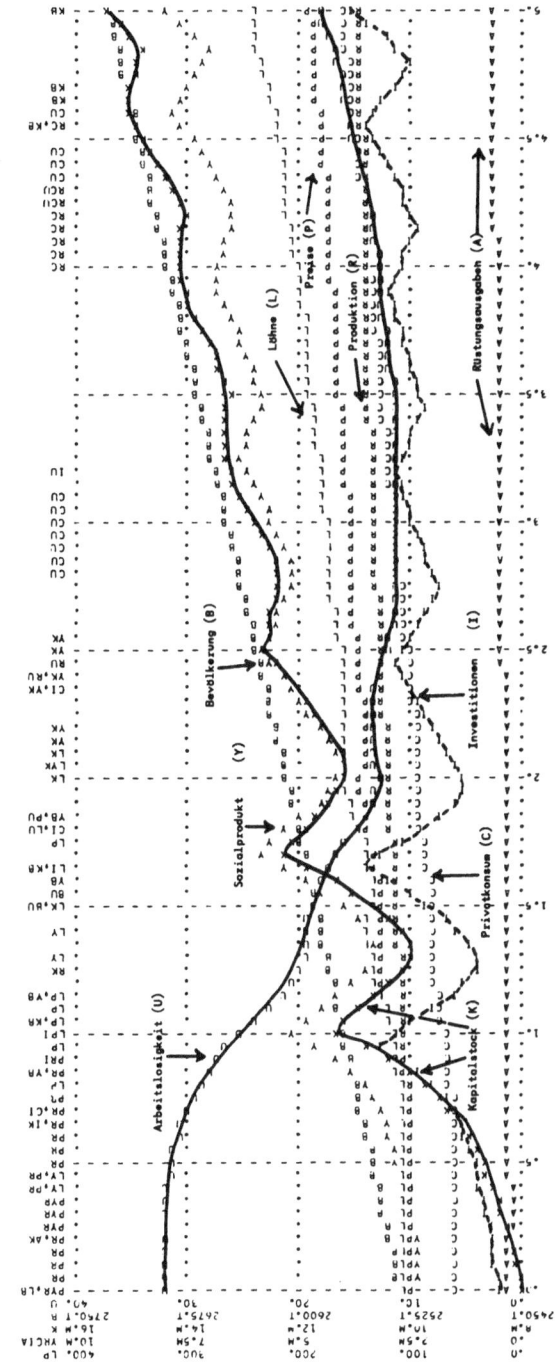

Abb. 5.6.2.: Auswirkungen der Eingriffe des Regimes auf die Stabilität

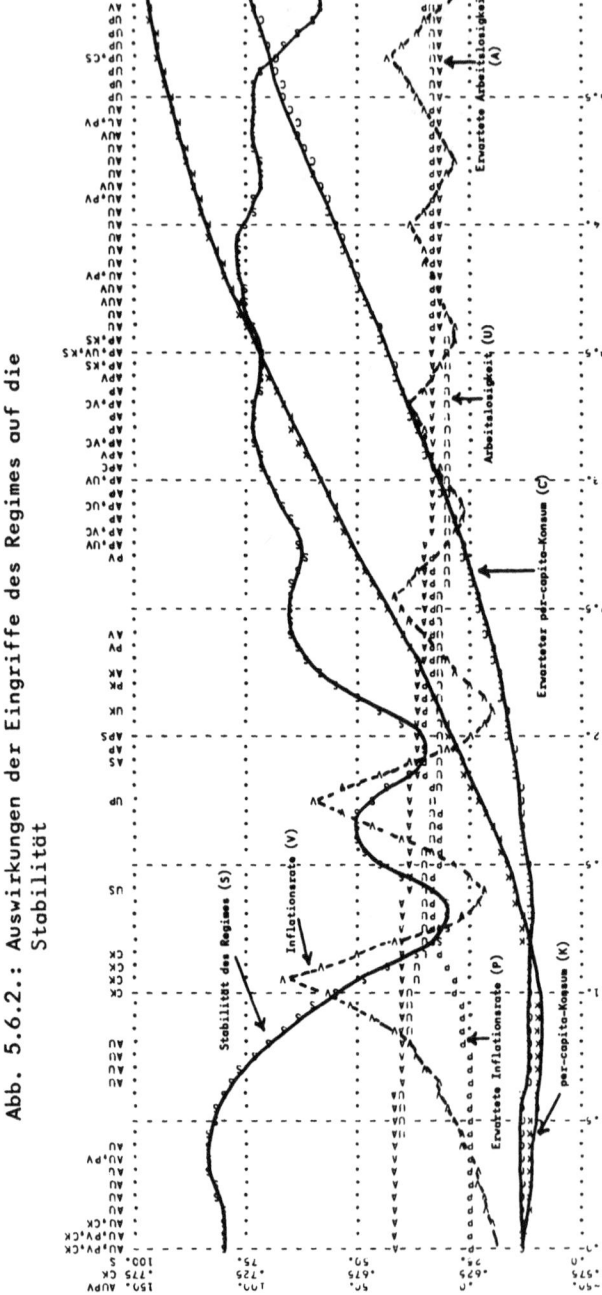

6. Validierung

6.1. Möglichkeiten und Grenzen der Validierung komplexer dynamischer Computer-Modelle

Zunächst muß einiges zum Stellenwert von Validierungsbemühungen allgemein gesagt werden. In der Einleitung wurde schon kurz die <u>Problematik</u> <u>der</u> <u>Simulation</u> <u>als</u> <u>Modellversuch</u> angedeutet: Wenn man die Realität an ihrem Modell analysiert, da der direkte Zugang nicht möglich ist, so muß dieses Modell einige Qualitäten haben, die nachzuprüfen sind. Es muß dem Ausschnitt der Realität, den das Modell abbildet, in den interessierenden Aspekten entsprechen. Wenn man sich klar macht, daß letztlich jede Aussage über unsere Umwelt Modellcharakter hat, so bedeutet dies, daß die anschließend zu diskutierenden Probleme der Validität nicht auf die Simulationsmethode beschränkt bleiben, sondern auch im Zusammenhang von anderen Methoden und Forschungstechniken zwangsläufig auftreten (1). Die Überprüfung der Beziehung zwischen dem Modell und der abzubildenden Umwelt muß empirisch geschehen, ist jedoch auch auf diesem Wege nicht prinzipiell zu lösen.

Denn jede Gewinnung von Aussagen über diese Umwelt, auch die einfachste Erhebung von statistischen Daten, verläuft zwangsläufig über komplizierte Perzeptionsprozesse. Wie die Erkenntnispsychologie zeigt (2), sind diese nicht frei von operationalen, an zentralnervöses Geschehen geknüpften Ereignissen. Perzeption verlangt also notwendigerweise vorgegebene Kategorien, über die sich erst ein Zugriff auf die "Realität" durchführen läßt. So hat man selbst bei der einfachsten Datenerhebung bestenfalls ein gutes Modell der Umwelt erstellt. Auf den Bereich des Validierungsproblems angewendet bedeutet dies, daß ein Vergleich des Modells und seiner Ergebnisse mit empirisch erhobenen Daten auch nicht mehr ist als ein <u>Vergleich</u> <u>konkurrierender</u> <u>Modelle</u>. Man wird sich ferner darüber klar sein müssen, daß diese Modelle bewußt oder unbewußt mit zumindest <u>ähnlichen</u> <u>Kategorien</u> aufgebaut werden; Übereinstimmung sollte daher nicht wundern. Man überprüft in Wahrheit ja nicht die Entsprechung von Modell und realem Phänomen, sondern eher die Konsistenz der Aufbauprinzipien von Modellbildung und Datenerhebung (3).

Die so bestenfalls zu erreichende <u>Intersubjektivität</u> sollte jedoch nicht zu gering geachtet werden, denn echte Alternativen hierzu gibt es nicht. Die Kriterien für die Validität eines Modells müssen notwendigerweise etwas modifiziert werden. Man wird sich vor allem hierbei nach dem Zweck richten müssen, den das Modell zu erfüllen hat (4), also folgende Fragen zu beantworten versuchen: Welche Aufgabe hat das Modell? Ist diese Aufgabe auch sinnvoll durch das Modell und die eingeschlagene methodische Richtung zu lösen? Was kann man realistisch betrachtet als Ergebnis erwarten und was nicht? Was ist aus prinzipiellen, vor allem wissenschaftstheoretischen Gründen von einem Modell keinesfalls zu erwarten?

Die Erwartungen, die an die Computersimulation hinsichtlich Ziel und Möglichkeiten geknüpft worden sind, müssen in einigen Fällen gedämpft oder revidiert werden. Die Ziele der Computersimulation liegen nicht so sehr im Bereich der <u>Prognose langfristiger Entwicklungen</u>, sondern eher in der Analyse des charakteristischen Verhaltens komplexer Systeme. Diese Unterscheidung muß besonders beachtet werden; sie hat vor allem für die Validierung große Bedeutung. So wird man zunächst einmal intuitiv argumentieren, daß die Validierung komplexer dynamischer Computermodelle am besten durch einen <u>Vergleich der echten empirisch erhobenen Daten</u> eines historischen Ablaufs mit den aus der Simulation dieses Ablaufs resultierenden <u>synthetischen Daten</u> erreicht werden kann. Man wird dann jedoch in Rechnung stellen müssen, daß die Simulation sozialer Systeme <u>keine Prognosen</u> des langfristigen Verhaltens dieser Systeme liefern kann. Dem stehen eine Fülle von prinzipiellen und technischen Gründen entgegen. Es ist also kaum möglich, dem Validierungspostulat, das derartige langfristige Prognosen voraussetzt, innerhalb der <u>technischen</u> und <u>prinzipiellen</u> Sachzwänge vollständig nachzukommen: Ein Vergleich echter und synthetischer Daten in der oben skizzierten Form ist also nur <u>mit Einschränkungen möglich</u>.

Modelle bilden immer nur einen kleinen Ausschnitt des untersuchten Universums ab; es ist völlig unmöglich, alle potentiell ein System beeinflussenden Faktoren mit in das Modell aufzunehmen. Man kann derartige Einflüsse bestenfalls approximieren. So wurde in dem hier vorher beschriebenen Modell der Einfluß des Mikrobereichs auf die Formulierung der Außenpolitik eines Staates durch eine Reihe von Zufallszahlen beschrieben. Andere Einflüsse müssen entweder als konstant betrachtet werden - in diesem Fall können sie durch Parameter abgebildet werden -, oder sie müssen vernachlässigt werden. Dieses Problem, das bei der Modellbildung als <u>technische Schwierigkeit</u> auftritt, ist tatsächlich eine <u>prinzipielle Schwierigkeit</u>. Modelle sind notwendigerweise <u>geschlossene Systeme</u>; Modellgrenzen müssen festgelegt werden. Selbst wenn diese Modellgrenzen sehr weit vorgeschoben sind und das Modell damit äußerst komplex wird, so bleibt der Unterschied zwischen dem <u>geschlossenen System</u> des Modells und dem <u>echten offenen System</u>, das es abbildet, immer noch ungeheuer groß. Dieser Unterschied ist in seinen Konsequenzen für die Simulationsmethode <u>technisch nicht zu bewältigen</u>. Echte offene Systeme sind permanenten Einflüssen aus ihrer

Umwelt ausgesetzt, die tatsächlich nur zum geringsten Teil
im Modell berücksichtigt werden können. Diese Einflüsse können jedoch entscheidend das Verhalten des Systems verändern,
ohne daß ein Modell in der Lage gewesen wäre, dies genau zu
prognostizieren. Solange sich diese Einflüsse im Rahmen dessen
halten, was im Modell approximativ erfaßt und repräsentiert
worden ist, kann jedoch ein Modell die Dynamik eines echten
offenen Systems, wie z.B. das Konfliktverhalten zweier Staaten,
in befriedigendem Umfang reproduzieren. Sollten diese Umwelteinflüsse jedoch über das erwartete Maß hinausgehen, resultiert anderes Verhalten, als es das Modell erwarten läßt.

Abb. 6.1.: Die Beziehung zwischen Modell
und abgebildetem Original

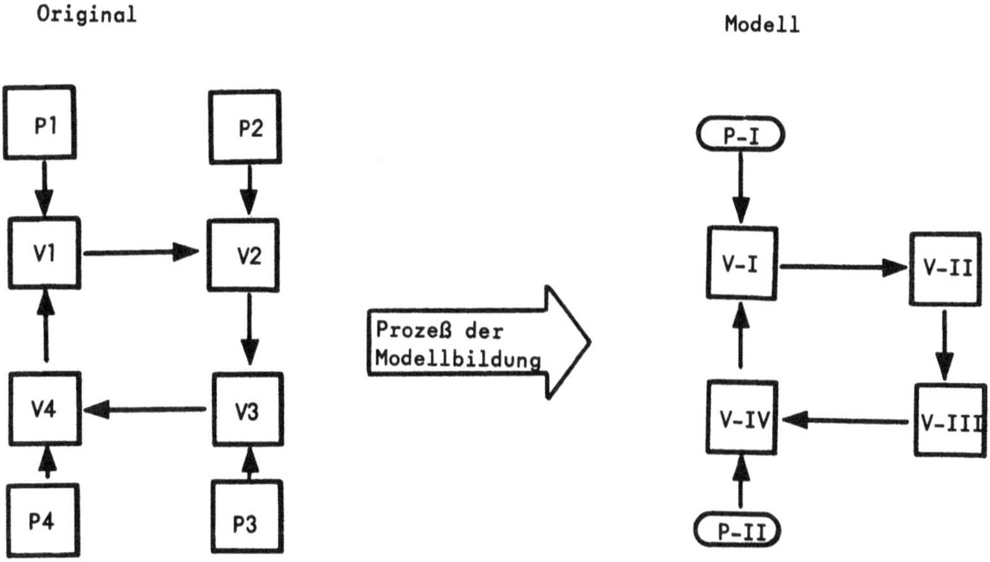

Original   Modell

Das Beispiel von Abb. 7.1. soll die Zusammenhänge zwischen
dem Modell und seinem Original abzuklären helfen. Das System,
dessen zentrales Charakteristikum die Rückkopplungsschleife
über die Faktoren V1 bis V4 ist, hat über jeden einzelnen
Faktor ebenfalls Beziehungen zur Umwelt. Ein Modell muß versuchen, diesen Sachverhalt abzubilden. Das Modell des Systems
vermag zwar die Rückkopplungs-Charakteristik des Originals
abzubilden, nämlich in Form einer Rückkopplungsbeziehung über
die Faktoren V-I bis V-IV; der Umwelteinfluß auf die Faktoren
V1 und V4 wurde durch die Parameter P-I und P-II erfaßt, die
restlichen Umwelteinflüsse mußten vernachlässigt werden.

Solange diese Entscheidung, die aus wissenschaftsökonomischen
Gründen getroffen werden muß, den tatsächlichen Gegebenheiten
innerhalb gewisser Bandbreiten genügt, wird das Modell seinen
Zweck erfüllen. Man mag sich die Tragweite dieser Zusammenhänge
an einem eher trivialen Beispiel vor Augen führen: Das individuelle Verhalten des Bürgers A vom Tage x an ist wissenschaftlich kaum hinreichend exakt auch nur für den nächsten Tag vorherzusagen. Der Grund ist klar: Man kann ja nicht wissen, welchen Situationen Herr A am nächsten Tag gegenüber stehen wird.
Es ist jedoch durchaus möglich, etwas über das charakteristische Verhalten von Herrn A zu ermitteln: Wie verhält er sich
in bestimmten Situationen? Wenn man nun in einem Modell das
charakteristische Verhalten mit der Folge verschiedener Situationen konfrontiert, wie sie normalerweise im Tagesablauf von
Herrn A auftreten, so wird man einen durchschnittlichen Tagesablauf des Herrn A sehr gut prognostizieren können. Man wird
auch ermitteln können, wie sich Herr A in bestimmten Ausnahmesituationen verhält. Trotzdem ist nicht zu erwarten, daß ein
Simulationsmodell des individuellen Verhaltens dieses Bürgers
genau die Daten liefert, die dann mit den Daten übereinstimmen,
die man für den Tag x+1 erhoben hat. Für den Fall komplexer
historischer Abläufe tritt dieses Problem natürlich noch schärfer
zutage.

Bei der Simulation komplizierter Abläufe durch den Computer
tritt jedoch noch eine weitere, nicht weniger gewichtige
technische Schwierigkeit auf. Die kleinen Ungenauigkeiten, die
für relativ kurze Zeiträume und normale Abläufe vernachlässigt
werden können, da sie noch im Rahmen der gewünschten Präzision
liegen, können sich auf die Dauer akkumulieren. Dieses Problem
tritt sowohl im Modell als auch im realen System auf. In jedem
sozialen System kann man nicht selten eben jenes Phänomen beobachten: Relativ kleine Ausschläge mehrerer Variablen können
sich in ungünstigen Momenten akkumulieren, verstärken sich
gegenseitig und lösen auf diese Weise eine größere Dynamik aus.
Man hat es hier genau mit jenen Situationen zu tun, an denen
sich für viele Historiker immer wieder die prinzipielle Individualität historischer Prozesse zu erweisen scheint, die sich
einer theoretischen Erklärung zwangsläufig entziehen. Ganz
ähnliche Entwicklungen kann es in komplexen Modellen geben.
Denn das Modell kann in jedem Fall die Prozesse des realen
Systems nur bis zu einer gewissen Genauigkeit errechnen und
abbilden. Das liegt zum Teil an der prinzipiellen Unschärfe
jeder Messung, jedes Perzeptionsprozesses überhaupt; zum Teil
ist der Grund jedoch auch rein technischer Natur. Die Genauigkeit jedes numerischen Lösungsverfahrens ist nur innerhalb sinnvoller Bandbreiten machbar und notwendig. Diese Bandbreiten können jedoch auch auf lange Sicht ungenügend sein.

Es gibt nun jedoch Möglichkeiten der Manipulation, um den oben
beschriebenen Schwierigkeiten, wie sie bei der <u>Validierung durch
Datenvergleich</u> auftreten, aus dem Wege zu gehen. Diese Manipulationen müssen wir jedoch ablehnen, was zu begründen sein
wird. Vor allem handelt es sich hierbei um die Methode, sogenannte "echte" Daten als Korrektiv bei der Validierung in das
Modell einzuführen. Dies geschieht genau zu dem Zeitpunkt, an
dem sie notwendig werden, um das Modellverhalten wieder auf
den durch die vorhandenen Daten des empirischen Validierungsfalles vorgeschriebenen Pfad zurückzubringen. Es mag zunächst
als brillianter Gedanke erscheinen, den <u>Einfluß</u> <u>der</u> <u>Umwelt</u>, dem
ein echtes System ständig ausgesetzt ist, durch den "input"
echter Daten in das Modell zu simulieren. Man wird auf diese
Weise zweifellos zu einer guten Übereinstimmung der echten und
der synthetischen Daten kommen. Letztlich wird jedoch hierbei
die Frage, welcher Teil der Modelldynamik tatsächlich aus der
Struktur des Modells resultiert, und welcher Teil dem "input"
der "echten" Daten zu verdanken ist, kaum oder nur zu Ungunsten
des Modells beantwortet werden können. Tendenziell bestehen
hier große Möglichkeiten der Manipulation. Diese zu durchschauen
dürfte nur sehr schwer möglich sein. Zur Klärung dieses Problems
wird man sich einer Bemerkung Anatol Rapoports erinnern müssen,
daß nämlich die Validität eines Modells weniger nach der Übereinstimmung von Prognose und Befund zu beurteilen sei; denn diese läßt sich leicht manipulieren. Vielmehr kommt es auf den
Grad der Geschlossenheit des Modells an, also inwieweit es eben
in der Lage ist, ohne exogene Eingriffe vernünftige Ergebnisse
zu produzieren (5). Auch einige Überlegungen zum wissenschaftlichen Nutzen derartigen Vorgehens verbieten diese Manipulationen. Man wird für potentielle Anwendungsfälle kaum die Daten
der zu erwartenden exogenen Störungen zur Verfügung haben. Ein
Modell, das nur durch Manipulation von außen funktioniert, ist
also kaum von praktischem Wert.

Es gibt jedoch noch andere Faktoren, die eine Prognose langfristiger sozialer Prozesse wenn nicht prinzipiell verhindern,
so doch außerordentlich erschweren. Der Einfluß von Lernprozessen sozialer Systeme auf ihr eigenes Verhalten ist meist
nur sehr schwer zu durchschauen. Wenn auch im Bereich der zwischenstaatlichen Beziehungen zur Zeit noch das Phänomen des
"pathologischen Lernens" und der Nicht-Anwendung des vorhandenen Wissens vorherrscht, so muß doch auch hier in Zukunft mit
einer größeren Unschärferelation gerechnet werden: einem recht
komplizierten und kaum zu durchschauenden Wechselverhältnis
zwischen sozialen Prozessen, der Durchführung von Untersuchungen über diese, der Publikation der Ergebnisse und der Rezeption
dieser durch die Akteure; darauf hin kann es zu einer Umorientierung der Akteure kommen.

Das Ziel der Simulation komplexer sozialer Systeme kann also
nicht die Prognose langfristiger Entwicklungen dieser Systeme
sein; vieles spricht dafür, daß dieser Befund unabhängig auch
von den augenblicklichen technischen Schwierigkeiten der Simulation gilt. Auch wenn es möglich sein sollte, Modelle noch
weit größerer Komplexität zu entwickeln, bleiben die Schwierigkeiten dieselben. Es dürfte nicht vermessen sein zu behaupten, daß sich soziale Systeme prinzipiell jeglichen Versuchen
langfristiger Prognosen entziehen, daß im Gegenteil die Offenheit des Ablaufs eine ihrer charakteristischen Eigenschaften
ist (6). Das Ziel der Simulation wäre also noch einmal neu
zu definieren; es wären ebenfalls neue Kriterien für die Validität von Simulationsmodellen zu entwickeln, da die Prognose
langfristiger Entwicklungen als Basis einer solchen Überprüfung
fung nicht infrage kommen kann.

Auf eine langfristige Vorhersage des Ablaufs sozialer Prozesse
zielen wir also zumindest vorerst nicht ab. Ebensowenig geht es
um eine kurzfristige Prognose; diesem Ziel läßt sich weit besser
mit Methoden der Extrapolation statistischer Zeitreihen beikommen. Soziale Prozesse entfalten durchweg eine gewissen Trägheit;
die wichtigen Größen des sozialen, ökonomischen und politischen
Systems folgen meist einem Trend. Der Grund hierfür ist darin
zu suchen, daß sich unter normalen Bedingungen exogene Eingriffe
in das System ebenso wie andere wichtige Veränderungen im System
nur sehr langsam und erst mit einer Zeitverzögerung von mehreren Monaten bis zu wenigen Jahren wirksam werden und für eine
Umkehr des Trends sorgen. Der kurzfristigen Prognose kommt es
vor allem auf eine exakte Vorhersage des numerischen Wertes
wichtiger Variablen an. Die Computersimulation ist zumindest
zur Zeit hierfür noch völlig ungeeignet.

Vor allem im politischen Bereich kommt es jedoch gar nicht so
selten vor, daß die oben etwas vage bezeichneten normalen Bedingungen nicht erfüllt sind: Der ruhige und trendmäßige Verlauf der Modelldynamik wird durch die Kumulation mehrerer Prozesse und die Einbeziehung sensitiverer Faktoren in die Entwicklung gestört; es resultieren dann Abläufe, die nur noch
durch die Simulation dieser komplexen Zusammenhänge begriffen
werden können. Die Simulation kann zwar derartige charakteristische Abläufe komplexer Systeme reproduzieren; allerdings ist
dies nur mit einer begrenzten numerischen Exaktheit zu leisten.
Diese mehr "qualitative" Prognose dürfte jedoch ebenso wichtig
sein wie die exakte Vorhersage numerischer Variablenwerte für
kurzfristige Zeiträume.

Diese Klarstellung des Ziels der Simulation und der Methode
der Modellbildung, die angesichts zwingender wissenschaftstheoretischer Zusammenhänge und technischer Sachzwänge er-

folgen muß, hat nun für die Validierung ebenfalls Konsequenzen. Wir unterscheiden grundsätzlich zwei verschiedene Möglichkeiten, die sich allerdings ergänzen:

1.) Einzelbeziehungen des Modells. Man wird sich zunächst einmal vor allzu offensichtlicher Modell-Willkür und Modell-Platonismus (7) dadurch schützen, indem man Überlegungen zur Plausibilität der im Modell abgebildeten Einzelbeziehungen anstellt. Ein Großteil der in dem hier vorher beschriebenen Modell abgebildeten Einzelbeziehungen ist empirisch überprüft worden oder gilt zumindest im Kreise der Fachvertreter als nützlich. Die Strategie dieser Arbeit war es ja, anerkannte Einzeltheorien in einem Modell zu integrieren, um auf diese Weise Aufschlüsse über das Gesamtverhalten des Systems zu erhalten. Wir brauchen an dieser Stelle nicht noch einmal ausführlich auf die Validität der Einzelbeziehungen eingehen, da dies bereits sukzessive bei der Modellbeschreibung geschehen ist. Allerdings ist ein Teil der im Modell programmierten Beziehungen noch nicht überprüft worden und beruht lediglich auf plausiblen Annahmen des Autors. Wir sind jedoch der Meinung (8), daß es zunächst einmal besser ist, derartige Annahmen aufgrund von Plausibilitätsüberlegungen in das Modell einzubeziehen und vorerst einmal gelten zu lassen, als zu versuchen, ohne sie auszukommen. Die Formulierung des Modells ohne diese Annahmen wäre schwierig und würde praktisch die Hypothese der Nicht-Existenz wichtiger Zusammenhänge bedeuten. Dies ist jedoch noch weit weniger tragbar.

2.) Reproduktion historischer Abläufe. Es soll versucht werden, charakteristische Abläufe mit großer Dynamik, also Situationen, in denen die konventionelle Trendprognose versagt, durch das Modell zu reproduzieren. Hiermit wäre dem Validierungspostulat, das einen Vergleich von Prognose und Befund vorsieht, im Prinzip entsprochen. Das wichtigste Kriterium für die Beurteilung des Modells, das diese Dynamik ohne exogene Eingriffe reproduzieren muß, ist hierbei nicht die numerische Exaktheit der Übereinstimmung zentraler Variablen, sondern eher das Ausmaß, in dem das Modell den charakteristischen Gesamtverlauf wiedergeben kann. Es kommt hierbei vor allem auf die Reproduktion von Trendänderungen und Trendumkehr an. Der Vergleich echter historischer Zeitreihen mit den synthetischen Daten kann natürlich nur für die zentralen Variablen durchgeführt werden. Solange die Datenerhebung langwierig, kostspielig und wegen der Operationalisierungsprobleme technisch schwierig bleibt, rückt auch eine Validierung des Gesamtmodells in kaum erreichbare Ferne.

6.2. Der Nahost-Krieg von 1967: Simulierter Ablauf und Vergleich mit dem historischen Fall

Als Validierungsfall für die Reproduktion eines historischen Ablaufs haben wir den Nahost-Krieg von 1967 gewählt. Der Verlauf des gesamten Nahost-Konflikts seit 1947 wäre wahrscheinlich ein idealer Fall, um das Problem der Interdependenz sozialer, ökonomischer und politischer Faktoren zu studieren, wie sie in dem hier vorgestellten Modell abgebildet sind. Im Rahmen dieser Arbeit kann ein derartiges Projekt natürlich nicht durchgeführt werden (9). Wir haben uns deshalb auf die Zeit vom 1.1.1967 bis zum 31.12.1967 beschränkt und betrachten lediglich den Verlauf der wichtigsten "abhängigen" Variablen, nämlich der Bewegung der negativen und positiven Interaktion und des Rüstungspotentials der drei beteiligten Staaten Israel, Ägypten und Syrien. Weitere Staaten, die ebenfalls direkt oder indirekt in den Nahost-Krieg verwickelt gewesen sind, können nicht berücksichtigt werden. Jeder weitere Akteur, der diesem triadischen Modell hinzugefügt wird, potenziert die Komplexität und damit die technischen Schwierigkeiten der Simulation.

Für die drei Variablen "negative Interaktion", "positive Interaktion" und "militärisches Potential" wurden für die drei hier berücksichtigten Teilnehmer des Konflikts im Zeitraum des betrachteten Jahres Zeitreihendaten erhoben. Die Operationalisierung dieser Variablen, die Vorbedingung der Datenerhebung ist und einigen Aufwand erfordert, ist im ersten Anhang besprochen. Die Variable "negative Interaktion", die damit die Konfliktintensität angibt, ist ebenso wie die Variable "positive Interaktion", also die Kooperationsintensität, auf den Wertebereich von 0 - 10 beschränkt. Hohe Intensität von Konflikt oder Kooperation ergibt dabei hohe Werte, entsprechend geringe Intensität geringe Werte im angegebenen Bereich. Die Größe des militärischen Potentials wird als Mannschaftsstärke der Armee angegeben, und zwar in Tausendern. Die Operationalisierung dieser Variablen berücksichtigt natürlich auch die technische Ausrüstung der jeweiligen Streitkräfte.

Es stellte sich zunächst heraus, daß die Werte für die Variable "positive Interaktion", der Kooperationsintensität, nicht ermittelt werden konnten; während des ganzen Zeitraums vom 1.1.1967 bis zum 31.12.1967 fanden zwischen den arabischen Staaten Syrien und Ägypten einerseits und Israel andererseits keine kooperativen Kontakte statt. Die Variable "positive Interaktion" bleibt deshalb für diese Dyaden konstant auf dem Wert null. Zwischen Syrien und Ägypten fanden während des ganzen Jahres sporadische Kontakte kooperativer Art auf den verschiedensten Ebenen statt; das ein Jahr früher abgeschlossene

Militärabkommen zwischen diesen Ländern, das einen gemeinsamen Oberbefehl und Generalstab vorsah, übetrifft jedoch diese Ereignisse an Intensität. Es wird nach unserer Operationalisierung als kontinuierliches Ereignis mit maximaler Intensität gewertet. Wir sind also bei der Situationsdefinition der Modellberechnungen davon ausgegangen, daß zwischen Syrien und Ägypten während des ganzen Zeitraums kooperative Beziehungen mit maximaler Intensität bestanden.

Die Daten für die beiden observierten Variablen "negative Interaktion" und "Rüstungspotential" wurden Tag für Tag erhoben. Quellen waren für die erste Variable vor allem die Chronologie des Middle East Journal, in der ein lückenloser Verlauf der Ereignisse gezeichnet wird (10); ebenfalls wurden die Chronologie des SIPRI (11) und einschlägige Monographien durchgeschaut. Diese Daten wurden durch den Autor selbst ermittelt, ebenso die Daten für die zweite Variable "Rüstungspotential". Quellen hierfür waren die Jahrgänge des "MILITARY BALANCE" (IISS, London), sowie ebenfalls einschlägige Monographien. Die Stärke der Armeen vor und nach dem Junikrieg sowie der sukzessive Aufbau nach dem Junikrieg mußte einzeln durch Kontrolle jeder Waffenlieferung rekonstruiert werden (12). Der tägliche Wert der Variablen "negative Interaktion" errechnet sich aus den Rohdaten entsprechend unserer Operationalisierung anhand einer Differenzengleichung. Es erwies sich als nützlich, diese Prozedur durch den DYNAMO-Compiler unseres Simulationssystems durchführen zu lassen; die Ergebnisse, also die bearbeiteten Zeitreihendaten, konnten dann auch als Schnelldrucker-Diagramm ausgegeben werden. Dies erleichtert entscheidend den Vergleich der empirischen Ergebnisse mit den Berechnungen der Simulation.

Die Abbildungen von 6.2. und 6.3. zeigen den empirischen und den berechneten Verlauf der Ereignisse des Jahres 1967 zwischen den Staaten Israel-Ägypten und Israel-Syrien. Der historische Ablauf der Ereignisse ist gekennzeichnet durch ständige Grenzzwischenfälle zwischen Israel und Syrien vom Anfang des Jahres bis zum Ausbruch der sogenannten Mai-Juni-Krise. Diese Zwischenfälle liefen dem Schema nach wie folgt ab: Syrische Übergriffe auf israelisches Territorium, besonders von den Golan-Höhen herab; diesen folgten meist eine israelische Vergeltungsaktion. Beide Regime haben innenpolitische Schwierigkeiten, die aus der unbefriedigenden Situation des ökonomischen Systems resultieren; die Gründe hierfür sind wiederum in der Rüstungsdynamik und in falschen Eingriffen des Regimes in den wirtschaftlichen Bereich zu suchen. Vor allem in Syrien besteht aus diesem Druck heraus die Tendenz, der traditionellen Spannung zwischen den beiden Staaten entsprechend jede Gelegenheit für Ablenkungsmanöver an der israelischen Grenze zu nutzen. Die israelische Regierung ist aus ebenfalls innenpolitischen Gründen gezwungen, sofort zu reagieren.Es wurden in diesem Zusammenhang einige harte Vergeltungsmaßnahmen durchgeführt.

Das Modell vermag diese Zusammenhänge recht gut wiederzugeben. Wie die Abb. 6.2. im Vergleich miteinander zeigen, ist der Ablauf der Entwicklung im einzelnen ziemlich willkürlich, wenn auch in der Hinsicht stabil, daß die negative Interaktion im unteren Drittel ihres Bereichs verbleibt. Das Modell ist natürlich nicht in der Lage, den Ablauf der Variablen I und K hier in allen Einzelheiten nachzuzeichnen. Der Charakter der Entwicklung - zufallsmäßige negative Interaktion stabil im unteren Drittel der Skala - dürfte durch das Modell erfaßt sein. Am 14. Mai kommt es dann,wie bekannt ist,zu einer Verlagerung der Hauptereignisse in die israelisch-ägyptische Szene; der empirische Verlauf in Abb. 6.3.1. zeigt die Entwicklung. In Syrien war das Regime unter starkem innenpolitischem Druck dazu übergegangen, das Bevorstehen eines israelischen Angriffs zu propagieren. Bei diesem Manöver der innenpolitischen Entlastung war die Sowjetunion in der Weise behilflich, als durch sie dieses Gerücht internationale Verbreitung fand. Hierdurch wurden die syrischen Probleme in ägyptische Schwierigkeiten umgemünzt, denn Präsident Nasser wurde zunehmend - wegen seiner angeblichen Untätigkeit der israelischen Aggression gegenüber - von seinen Kollegen in der arabischen Welt getadelt. Zwar war man bei der Gründung des Vereinigten Arabischen Oberkommandos übereingekommen, israelische Vergeltungsschläge rein national zu beantworten; doch gerade deshalb wohl wurde das Gerücht von einem kurz bevorstehenden israelischen Angriff auf Syrien ventiliert: Der Kriegsfall sah natürlich den Beistand der anderen arabischen Staaten vor. Es ist klar, daß im Modell diese Zusammenhänge in ihrer Individualität nicht erfaßt werden; die Verallgemeinerung des Modells, daß Bündnispartner außenpolitische Schwierigkeiten des anderen als eigenes Problem perzipieren, wenn es lange andauert und eine mittlere Schwelle überschreitet, entspricht jedoch den Grundtatsachen.

Es resultieren dann von ägyptischer Seite die Ereignisse, die der Verlauf der Variablen K in Abb. 6.3.1. nach dem 120. Tag wiedergibt: zunächst Warnung an Israel, dann Versetzung der Truppen in Alarmbereitschaft, schließlich Aufmarsch im Sinai und Einnahme der Positionen der UN-Truppen, die vorher nachhause geschickt worden waren. Diese Aktivitäten entspringen dem Druck, der sowohl durch die Ereignisse auf der syrischen Szene als auch durch die Probleme des ägyptischen Regimes mit der eigenen Wirtschaft entstanden ist. Israel reagiert hierauf reaktiv, nämlich mit der eigenen Mobilmachung, die

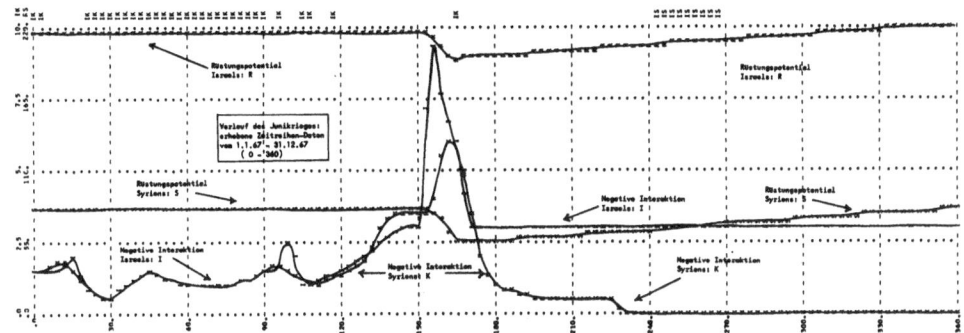

Abb. 6.2.1.: Junikrieg 1967 (Israel - Syrien)
empirischer Verlauf

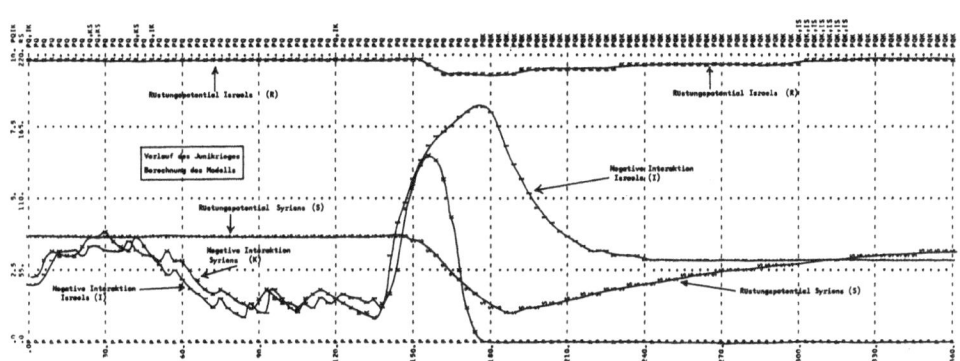

Abb. 6.2.2.: Junikrieg 1967 (Israel - Syrien)
berechneter Verlauf

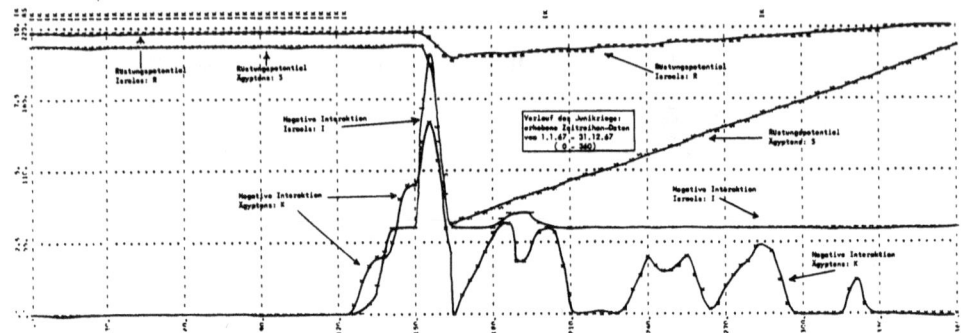

Abb. 6.3.1.: Junikrieg 1967 (Israel - Ägypten)
empirischer Verlauf

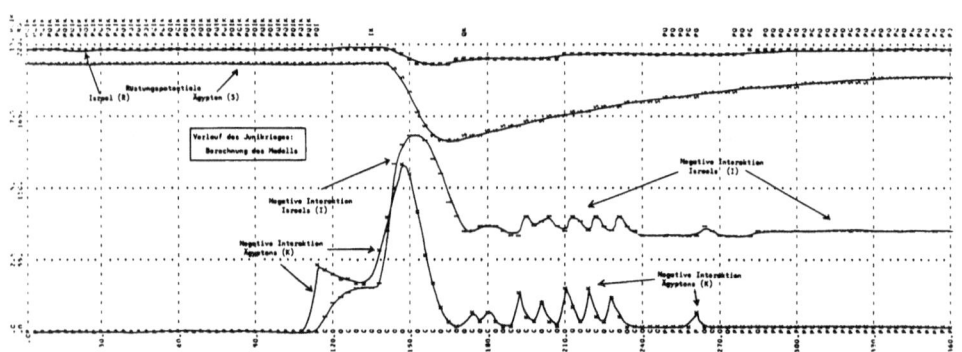

Abb. 6.3.2.: Junikrieg 1967 (Israel - Ägypten)
berechneter Verlauf

Ägypten mit der Schließung der Meerenge von Tiran beantwortet.
Dies veranlaßt Israel dann zu einem Überraschungsschlag sowohl
gegen Ägypten als auch gegen Syrien. Das Modell zeigt ebenfalls
diese Eskalation auf, die auf ägyptischer Seite in drei Schritten und auf israelischer Seite in zwei Schritten verläuft.
In den Berechnungen des Modells fällt hierbei auf ägyptischer
Seite ein Schritt fort. Ferner kommt diese Entwicklung etwas
früher, als sie im empirischen Verlauf von Abb. 6.3.1. zu beobachten ist. Der weitere Ablauf zeigt dann die Auswirkungen
des Überraschungsangriffs.

Der israelische Überfall auf Ägypten und Syrien fällt im Modell
etwas weniger heftig aus als in der Realität; dies liegt daran,
daß im Modell schon geringe Verluste ausreichen, beide Staaten
zum Einlenken zu zwingen. In der Realität war, wie man weiß,
auch Jordanien und indirekt eine ganze Reihe von anderen Staaten
auf arabischer Seite an den Kämpfen beteiligt, sodaß von israelischer Seite ein heftiger Überraschungsangriff geboten schien.
In der Realität reagiert Israel heftiger, de-eskaliert dann jedoch auch schneller, was auf exogene Einflüsse anderer Staaten,
vor allem der Sowjetunion zurückzuführen sein dürfte. Die Berechnungen des Modells zeigen nach dem Überfall eine rasche De-Eskalation durch Ägypten und dann auch durch Syrien. Es ist zu beobachten, daß im Modell Ägypten weniger Truppen verliert als in
der Realität, Syrien hingegen mehr. Dies liegt wiedrum daran,
daß im Modell ja exogene Einflüsse aus vierten Staaten nicht
mehr berücksichtigt werden. Es ist also durchaus logisch, wenn
im Modellablauf Israel gegen den schwächeren Gegner besser ankommt als gegen den stärkeren Gegner. Zudem ist dieser bereits
besiegt. Der Überfall auf Syrien verläuft auch heftiger als der
gegen Ägypten, was ebenfalls auf die relative Schwäche Syriens
zurückzuführen ist.

Empirisch ermittelt wurde in der Folgezeit eine negative Interaktion Israels gegenüber Syrien und Ägypten von ca. 3.0; wir
haben hiermit der Tatsache Rechnung getragen, daß Israel große
Gebiete beider Länder nach dem Krieg besetzt hielt. Das Modell
reproduziert diese Entwicklung ebenfalls. Man wird natürlich
die Berechnungen des Modells, die kein Zurückgehen des Niveaus
der negativen Interaktion Israels auf den Mindestwert angeben,
nicht zwingend als Besetzung interpretieren können; das Modell
prognostiziert hingegen allgemein repressives Verhalten kontinuierlicher Art durch den Sieger. Wie der empirische Verlauf
zeigt, versucht Ägypten, sich hiergegen zur Wehr zu setzen.
Es kam hierbei zu einer Reihe von Zusammenstößen über den Suez-Kanal hinweg und sogar zur Versenkung eines israelischen Zerstörers. Das Modell reproduziert diese Versuche der Gegenwehr,
die zwischen den 160. Tag und den 270.Tag fallen, aber nicht in
dem Ausmaß, wie es real zu beobachten gewesen ist. Wir müssen

dies wiederum auf exogene Einflüsse zurückführen, die Ägypten zu stärkeren Maßnahmen ermutigten, als es die reale Machtlage gegenüber Israel möglich erscheinen ließ. Das Modell läßt hingegen derartige Maßnahmen prinzipiell erwarten, wenn sie auch in ihrer Stärke nicht genau vorhergesagt werden konnten. Im Falle Syriens kommt es sowohl in der Realität als auch in den Berechnungen des Modells zu keinen derartigen Gegenmaßnahmen. Dies liegt eindeutig an der abschreckenden Wirkung hoher Verluste. Wie man ferner sehen kann, stimmen Modell und empirischer Verlauf darin überein, daß alle Parteien nach Ende des Krieges ihre Verluste wiederum sukzessive ersetzen.

Das Modell kann nun dazu benutzt werden, die Ausgangsbedingungen zu variieren, um auf diese Weise mögliche alternative Entwicklungen untersuchen zu können. Die Abb.6.4. zeigen den berechneten Verlauf für den Fall, daß großer interner Druck Israels zu einer noch stärkeren Reaktion geführt hätte. In diesem Fall wären nach Ende des Krieges weit stärkere repressive Maßnahmen Israels zu erwarten gewesen; Gegenreaktionen, wie sie oben beschrieben wurden, hätte es in diesem Falle auch nicht gegeben.

Diese Validierungsstudie zeigt, daß zwar eine numerisch exakte Berechnung des Verlaufs durch das Modell nicht möglich ist; das Modell ist jedoch in der Lage, innerhalb tolerabler Grenzen den Grundcharakter des Konfliktablaufs eines Validierungsfalles zu reproduzieren. Dies geschieht ohne <u>exogene Eingriffe</u>. Komplexere Modelle wären vermutlich in der Lage, noch bessere Ergebnisse zu erbringen.

Wenn man also in der Lage ist, durch das vorher beschriebene Modell realistische Konfliktabläufe zu reproduzieren, so läßt sich durch Versuche an diesem Modell, die anhand von veränderten Ausgangsbedingungen und Eingriffe in den Ablauf durchgeführt werden, die Möglichkeiten der Kontrolle des Konflikts und seiner Entwicklung austesten. Hierbei interessiert vor allem die Möglichkeit der Vermittlung. Das nächste Kapitel beschäftigt sich mit diesem Problem ausführlich. Es wird auch abgeklärt werden können, warum im Falle des Nahost-Krieges keine der durchgeführten Vermittlungsaktionen zu einem Erfolg geführt hat. Es wurde während des ganzen Jahres 1967 noch nicht einmal ein Kontakt zwischen den Kontrahenden auf der untersten Ebene zustande gebracht. Außerordentlich ungünstige Ausgangsbedingungen lagen diesen Vermittlungsaktionen zugrunde und verminderten von Anfang an jede Aussicht auf Erfolg entscheidend. Vorweg soll nur darauf hingewiesen werden, daß vor allem die andauernde negative Interaktion Israels die Vermittlung und Herstellung von Kontakten unmöglich machte; dies ist ein Ergebnis der Untersuchungen des nächsten Kapitels.

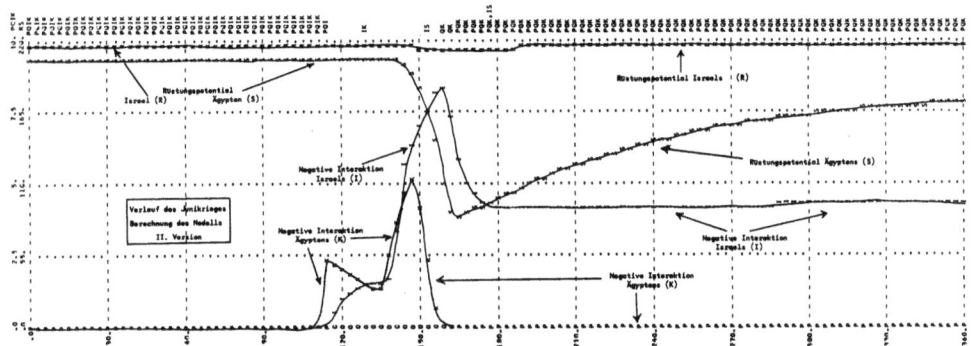

Abb. 6.4.1.: Junikrieg 1967 (Israel - Ägypten)
berechneter Verlauf II. Version

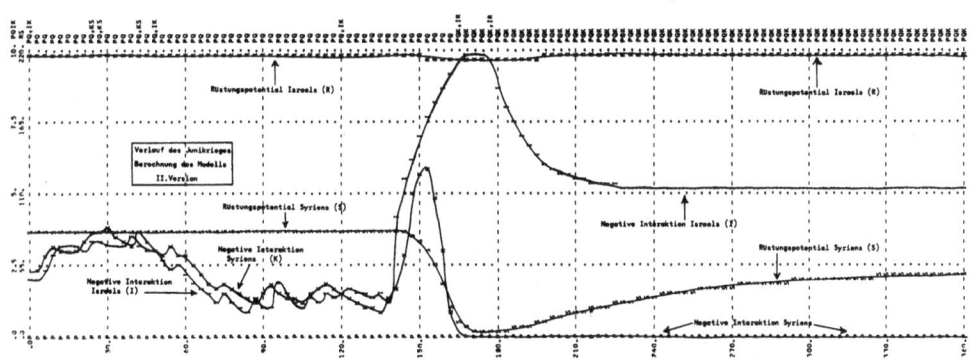

Abb. 6.4.2.: Junikreig 1967 (Israel - Syrien)
berechneter Verlauf II. Version

7. Vermittlung als Konfliktlösung: Das Gesamtverhalten des dyadischen Konfliktmodells und die Möglichkeiten der exogenen Steuerung seiner Dynamik

7.1. Vermittlungskonzept und Modelldynamik

Wie schon in der Einleitung ausgeführt wurde, ist die inhaltliche Bestimmung der Begriffe "Konfliktlösung" und "Vermittlung" nicht einfach. Vermittlung soll hier verstanden werden als <u>Eingriff einer dritten Partei</u> in den <u>Ablauf eines Konflikts zwischen zwei anderen Parteien</u>; der Zweck dieses Eingriffs besteht in der Konfliktlösung. Es geht hierbei sowohl um die <u>Senkung des Niveaus der Konfliktaustrags-Intensität</u> als auch um die <u>Beseitigung</u> der meist <u>strukturellen Ursachen des Konflikts</u>. Wie die Analyse des Modells zeigen wird, läßt sich beides nicht voneinander trennen.

Das vorherige Kapitel zur Validierung hat gezeigt, daß anhand des entwickelten Modells realistische Konfliktabläufe zwischen staatlichen Akteuren reproduziert werden können. Es soll nun anschließend versucht werden, durch Modellversuche die Charakteristika dieser Konfliktabläufe zu bestimmen; es geht hierbei also um die Frage, durch <u>welche Veränderungen</u> der verschiedenen Komponenten des Modells die Modelldynamik entscheidend beeinflußt werden kann. <u>Der Modellversuch simuliert also den Vermittlungsprozeß</u>, wobei sofort Aufschluß über <u>Erfolg oder Mißerfolg der vermittelnden Eingriffe</u> gewonnen werden kann, indem die weitere Dynamik des Modells beobachtet wird. Der Erfolg dieser Eingriffe ist anhand dreier Dimensionen zu bestimmen:

1.) <u>Zeitliche Dimension</u> — Dauer und Zeitpunkt der eintretenden Veränderungen

2.) <u>Veränderung der Intensität des Konfliktaustrags</u>
 — Die Intensität sinkt, bleibt gleich oder steigt weiter an.

3.) <u>Veränderung oder Beseitigung der Konfliktursachen</u>
 — Die Konfliktursachen werden beseitigt, können nicht beseitigt werden oder es entwickeln sich neue Konfliktursachen.

Die Frage nach der <u>möglichen Identität eines Vermittlers</u> ist im Rahmen dieser Studie nur indirekt zu beantworten, und zwar im Zusammenhang einer Diskussion des Spektrums der bei diesen Eingriffen <u>anzuwendenden Methoden</u>. Wie die parallel zu dieser Arbeit durchgeführte vergleichende statistisch-historische Stu-

die ermittelt hat (1), kommen folgende Akteure als Vermittler
infrage: Einzelpersonen, Staaten, Staatengruppen, regionale
internationale Organisationen, überregionale internationale
Organisationen. Jedem dieser Akteure stehen bestimmte Mittel
des Eingriffs zur Verfügung, die wiederum von charakteristischen Eigenschaften dieser Akteure abhängig sind: hohes Prestige,
ökonomische und militärische Macht, gute Beziehungen zu einem
oder beiden Konfliktparteien. Der Typ des einzusetzenden Vermittlers richtet sich also vor allem nach den aussichtsreichen anzuwendenden Methoden. Über diese vermag hingegen die Simulations-
studie einige Aufschlüsse zu geben.

Das langfristige Ziel der Vermittlung soll die Lösung des Konflikts sein, im Sinne einer Beseitigung der strukturellen Gründe des Konflikts. In dem vorher entwickelten Modell wurde versucht, diese strukturellen Gründe konzeptuell zu erfassen. Sie
können im politischen Subsystem und im ökonomischen Subsystem
eines Akteurs lokalisiert werden, vor allem aber in der Struktur der Beziehungen zwischen den beiden Akteuren eines Konflikts.
Die tatsächlichen Konflikt-"issues", also die aktuellen Probleme
und Fragen, an denen sich ein zwischenstaatlicher Konflikt ent-
zündet, sind jedoch vor allem in der Perzeption der Akteure viel-
dimensional und komplex. Wie die oben zitierte Studie ermitteln
konnte, waren folgende Fragenkomplexe in den 65 untersuchten Konflikten mit sinkender Intensität zentrale Streitpunkte(2):

   1.) Verwirklichung der eigenen Politik (121)
   2.) Vermehrung der eigenen Macht (90)
   3.) Prestigegewinn (79)
   4.) Territoriale Fragen (77)
   5.) Ideologie (73)
   6.) Sicherheit (54)
   7.) Existenz überhaupt (54)
   8.) Regierungswechsel auf der Gegenseite (41)

Es ist natürlich nicht möglich, die Individualität dieser Inter-
essenkonstellationen und Problemspektren innerhalb unseres Modells
zu erfassen. Das Konzept der Distanz (3), das zur Beschreibung
der Struktur der Beziehungen zwischen zwei Konfliktparteien benutzt wurde, kann dies nicht leisten. Sicherlich muß die Funktion des Vermittlers auch die sein, innerhalb des Interessenge-
flechts, das in seiner Komplexität bestimmt über die oben aufgeführten acht Punkte hinausgeht und jeden Konflikt umgibt, sogenannte "offensichtliche" Lösungen (4) zu suchen oder wenigstens
in die Richtung tragbarer Kompromisse zu arbeiten. Innerhalb
dieser Arbeit kann jedoch keine Erfassung aller möglichen Inter-
essenkonstellationen, wie sie in zwischenstaatlichen Konflikten
auftreten, geleistet werden. Dies wäre die Vorbedingung für die
Aufstellung individueller Nutzenfunktionen von Konfliktparteien (5);

derartige Nutzenfunktionen wären dann die Basis einer "wissenschaftlichen" Berechnung von Kompromissen, im Idealfall also etwa von pareto-optimalen Verhandlungsergebnissen (6). Da sich jedoch Nutzenfunktionen erwiesenermaßen, wenn überhaupt, nur sehr schwer empirisch ermitteln lassen und auf jeden Fall ständigem Wandel unterliegen, hätte das oben skizzierte Vorgehen kaum große Aussichten auf Erfolg. Vor allem muß beachtet werden, daß diese Nutzenfunktionen bereits in dem Moment veraltet sind, wenn die Erhebung der empirischen Daten, auf denen sie basieren, abgeschlossen ist. Denn die subjektiven Einschätzungen der eigenen Interessen der Akteure, die zu ermitteln wären, ändern sich ständig. Es dürfte auch sehr schwierig sein, angesichts der unendlichen Vielfalt möglicher Interessenstrukturen eine verallgemeinernde Theorie zu entwickeln. Bei der Aushandlung von Kompromissen in Sachfragen wird man sich also auf das Verhandlungsgeschick und die Erfahrung des Vermittlers verlassen müssen.

Diese Aushandlung von Kompromissen setzt indessen bereits weitgehende Kontakte zwischen den Konfliktparteien voraus. Wie die Erfahrung zeigt - und das hat auch die Simulation ergeben - besteht jedoch gerade das schwierigste Problem darin, derartige Kontakte und Verhandlungen in Gang zu bringen und Rückschläge zu vermeiden. Andauernde Verhandlungen führen dann, wenn ein Rückfall in den gewaltsamen Konfliktaustrag verhindert werden kann, entweder zu Lösungen oder doch zu einem annehmbaren Kompromiß oder einem modus vivendi. Auf diese Weise wäre die Zeit, die für die Beseitigung der strukturellen Konfliktursachen notwendig ist, zu gewinnen. Die Sachprobleme, um die es in den Verhandlungen geht, sind nur die Folgen tiefer liegender struktureller Schwierigkeiten in den Beziehungen der Akteure zueinander und in ihrem jeweiligen politischen und ökonomischen System. So basieren politische Sachfragen wie die Parität von Truppenstärken und die Stationierung von Truppen in Grenzgebieten alle auf einem fundamentalen Sicherheitsproblem.

Bei der Analyse des Modells muß zwischen verschiedenen Zeitperspektiven unterschieden werden. Während sich die Entwicklungen im ökonomischen System in Zeiträumen von Monaten und Jahren bewegen, muß im politischen System der Akteure mit Wochen und Monaten gerechnet werden. Der Ablauf zwischenstaatlicher Konflikte kann jedoch dann, wenn er in die gewaltsame Phase tritt, in Zeiträumen von wenigen Tagen große Dynamik entfalten. Notwendigerweise muß also zwischen verschiedenen zeitlichen Ebenen differenziert werden. Im anschließenden Kapitel soll zunächst der Ablauf des gewaltsamen Konfliktaustrags und die Möglichkeit seiner Steuerung untersucht werden. Das folgende Kapitel analysiert dann die längerfristigen Entwicklungen im politischen und ökonomischen System, die teilweise als Ursache der kurzfristigen Probleme zu betrachten sind, andererseit jedoch auch selbst durch die raschen Entwicklungen im zwischenstaatlichen Bereich ausgelöst werden. Auch hier sollen die Möglichkeiten regulierender Eingriffe untersucht werden. Der letzte Abschnitt dieses Kapitels bietet eine Bilanz der Ergebnisse der Modellversuche und formuliert Hinweise auf eine <u>Strategie der Vermittlung</u> und der notwendigen <u>flankierenden Maßnahmen</u>.

7.2. Charakteristika des kurzfristigen Konfliktablaufs und die exogene Steuerung seiner Dynamik

7.2.1. Der "idealtypische" Konfliktablauf: Eskalation, De-Eskalation und Reaktivität - Aufrüstung und Verluste

Es interessiert hier also zunächst die Frage, wie ein Konflikt im Bereich seiner gewaltsamen Phase abläuft und wo Möglichkeiten liegen, durch Vermittlung oder andere Maßnahmen diese Dynamik zu beeinflussen. Das Modell vermag auf diese Fragen hinreichend Antwort zu geben.

Zunächst betrachten wir den "idealtypischen" Ablauf einer Eskalation. Die Abbildungen von 7.1. zeigen ein Scenario, in dem es aus zwei Gründen zu einer "idealen" Eskalation kommt: Staat 1 ist Staat 2 militärisch unterlegen, wie ein Vergleich der Variablen M und N am Beginn der Simulation zeigt; der andere Grund ist die hohe Spannung, die schon anfangs besteht und sich weiter verstärkt. Diese resultiert aus der anfänglichen geringen negativen Interaktion, die zu der großen Distanz zwischen den beiden Akteuren (Hostilität, Variablen H und I in Abb. 7.1.1.) kontrastiert. Die militärische Unterlegenheit von Staat 1 führt zu einem Sicherheitsproblem dieses Akteurs und damit zu einer Steigerung des Problemdrucks (Variable D in Abb. 7.1.1.).

Die bestehende Spannung entlädt sich in einer steilen Eskalation (Variablen I und K in Abb. 7.1.2.). Die Stimuli hierzu stammen vor allem aus dem Problemdruck von Staat 1; Staat 2 folgt dieser Entwicklung augenblicklich, sodaß die Eskalationskurven faktisch aufeinander zu liegen kommen. Gleichzeitig versucht Staat 1, sein Rüstungspotential zu vergrößern (Variable M in Abb. 7.1.2.), was auch gelingt. In der Folge des Konflikts machen beide Akteure zunächst große Verluste. Nachdem Staat 1 die Initiative übernommen hat und durch den Konflikt und seine Waffenbeschaffung eine Überlegenheit erreicht hat, sinkt natürlich sein Problemdruck ab; gleichzeitig steigt der Problemdruck von Staat 2, der nun unterlegen ist, an. Die Distanz zwischen beiden Staaten erreicht hierbei Höchstwerte (Variablen H und I in Abb. 7.1.1.). Während Staat 1 als Konsequenz aus dieser Entwicklung auf eine leichte De-Eskalation zusteuert, versucht Staat 2

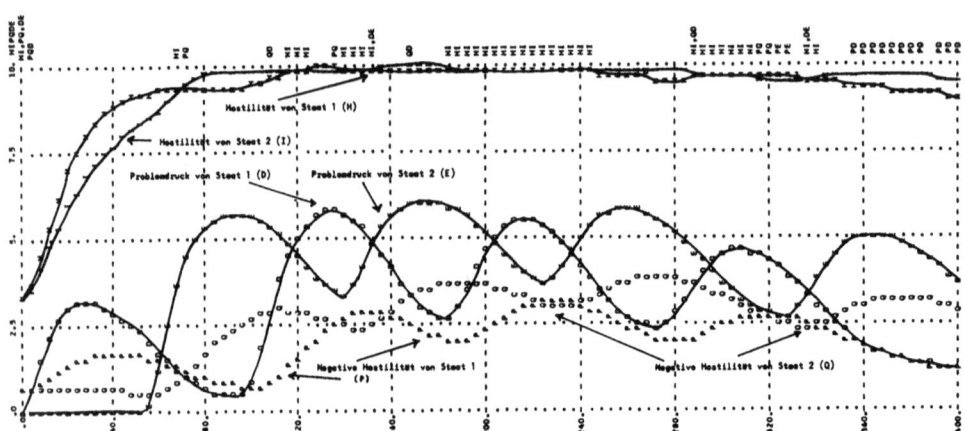

Abb. 7.1.1.: Idealtypischer Ablauf von Eskalation und De-Eskalation - Verlauf des Problemdrucks und der negativen Distanz (Hostilität)

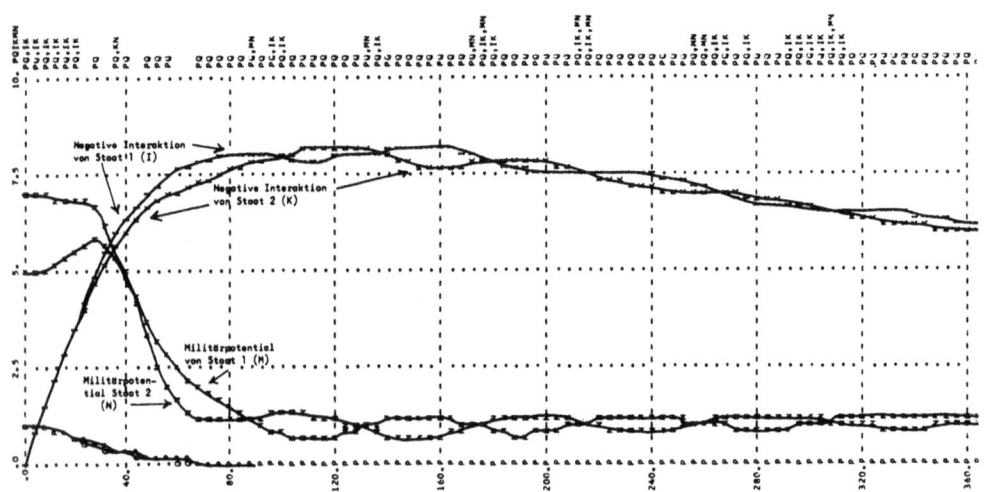

Abb. 7.1.2.: Idealtypischer Ablauf von Eskalation und De-Eskalation - Verlauf der negativen und positiven Interaktion und der Rüstungspotentiale

das Gegenteil, nämlich eine eigene Offensive. Diese erreicht
am 120. Tag ihren Höhepunkt und führt zu Verlusten von Staat 1.
Gleichzeitig kann Staat 2 sein Rüstungspotential durch neue
Lieferungen aufbessern.

Der weitere Ablauf des Scenarios ergibt phasenverschobene Offensiven und Gegenoffensiven; daraus und aus den Folgen dieser Offensiven resultieren phasenverschobene Schwingungen des Problemdrucks. Im Verlauf der Variablen M und N in Abb. 7.1.2., also der Höhe des Rüstungspotentials beider Konfliktparteien, kommt es ebenfalls zu phasenverschobenen Schwingungen, die auf die Offensiven des jeweiligen Gegners zurückgehen und anschliessend eine Aufrüstung und den Ersatz der Verluste hervorrufen.

Dieser "idealtypische" Verlauf des Konflikts ist die Folge der Reaktivität der Akteure, die hier in der reinen Form und ohne Störung auftritt. Diese Form der reinen Reaktivität entwickelt sich jedoch nur unter der Bedingung, daß sich der entstehende Problemdruck sofort auf den außenpolitischen Entscheidungsprozeß auswirkt. Wir haben ebenfalls in diesem Scenario auf Zufallsereignisse verzichtet, die den Verlauf der Simulation auch geprägt hätten. Die zentralen Charakteristika eines Konfliktablaufs können jedoch an diesem idealen Fall gut beobachtet werden: die Eskalation, die Reaktivität, die De-Eskalation. Unter anderen Randbedingungen ergeben sich natürlich andere Abläufe, in denen sich jedoch immer die drei oben genannten Eigenschaften leicht ermitteln lassen. Die Vermittlung muß diese Charakteristika des Konfliktablaufs mit in ihr Kalkül einbeziehen. In den verschiedenen Phasen des Konfliktablaufs muß versucht werden, diese Eigenheiten der Dynamik zu kontrollieren: Während der Eskalation muß die Reaktivität unterbrochen werden, um eine weitere Eskalation zu verhindern; während der De-Eskalation muß die Vermittlung die entstehenden konfliktbremsenden Kräfte für ihre Zwecke ausnutzen. Die Randbedingungen, durch die derartige retardierende und beschleunigende Faktoren geprägt werden, sind die Instrumentvariablen der Vermittlung. Sie sollen anschließend genauer untersucht werden.

7.2.2. Die beschleunigenden und bremsenden Faktoren des Konfliktablaufs: Zufallsereignisse, Problemdruck und Verluste

Unter "realistischen" Bedingungen läuft eine Eskalation etwas anders ab als das Scenario der Abb. 7.1.1. und 7.1.2.; hinzu kommen im nächsten Beispiel noch Zufallsereignisse, die auf den außenpolitischen Entscheidungsprozeß einwirken. Der hohe Problemdruck, der auch in dem Beispiel von Abb. 7.2. vorhanden ist, beeinflußt den Ablauf des Konflikts jedoch nur indi-

rekt. Es genügen hier Zufallsereignisse, um die Eskalation
in Bewegung zu bringen. Das Phänomen der Reaktivität ist
ebenfalls zu beobachten (vergl. Abb. 7.2.). Während anfangs
Staat 1 (Variable I) einen Vorstoß unternimmt, indem ein
Zufallsereignis, das durch den Problemdruck der Entscheidungsträger hoch bewertet wird, die bestehenden Spannungen in weitere
Aktivitäten umsetzt, muß Staat 2 dieser Entwicklung folgen und
eskaliert ebenfalls. Man erhält also eine stufenförmige Entwicklung, wie sie auch im Nahost-Krieg von 1967 zu beobachten
gewesen ist (vergl. Abb. 6.3.1. S. 87). Am 40. Tag nach Beginn der Simulation überschreiten beide Akteure die Schwelle
der militärischen Auseinandersetzung, die bei Werten von 5.0
für die negative Interaktion liegt; hieraus resultieren für
beide Kontrahenden größere Verluste an Rüstungspotential.
Im Anschluß daran macht sich die Wirkung dieser Verluste in
einem leichten Absinken der Intensität des Konfliktaustrags
bemerkbar. Eine eindeutige Umkehr des Trends ist zwar zu beobachten, doch dauert der Konflikt weiter an. In der Perzeption der Akteure reichen die erlittenen Verluste als Motiv
für eine Beendigung der militärischen Auseinandersetzung nicht
aus. Dies ist dann der Fall, wenn laufende Waffenlieferungen
die Fortführung des Konflikts ermöglichen und die bestehenden
Gegensätze sehr groß sind. Diese Waffenlieferungen sichern zwar
die militärische Parität der Konfliktparteien und verhindern
damit das Entstehen von nicht mehr negotiablen Situationen; sie
verlängern jedoch eindeutig die bewaffnete Auseinandersetzung.

In den nächsten beiden Scenarios ist der Ablauf des Konflikts
ähnlich (Abb. 7.3.1. und Abb. 7.3.2.). In Abb. 7.3.1. sorgt
militärische Unterlegenheit von Staat 1 für einen Problemdruck,
der sich zunächst in einer leichten, dann aber in einer immer
schnelleren Eskalation entlädt, da die Spannung sehr groß ist
und Zufallsereignisse diese Entwicklung auslösen. Für den weiteren Ablauf der Eskalation bis zum nächsten Stimulus sorgt
dann die Reaktivität. Das Ergebnis ist wie im vorhergehenden Beispiel von Abb. 7.2. ein "treppenförmiger" Verlauf der Eskalation. Staat 2 zieht bei der Eskalation mit, und die Akteure
überschreiten mit einer zeitlichen Verzögerung die Schwelle
der militärischen Gewaltanwendung. Es resultieren Verluste,
und der anfangs schwächere Akteur gewinnt die Oberhand. Durch
Lieferung von Waffen können auch diese ausgeglichen werden.
Tendenziell ist auch in diesem Scenario die Konfliktintensität
fallend (Variablen I und K in Abb. 7.3.1.). Die Verluste wirken sich also mit der Zeit bremsend aus. Eine eindeutige Entwicklung in Richtung einer De-Eskalation kommt jedoch nicht
zustande.

Der Ablauf des Scenarios von Abb. 7.3.2. ist ähnlich. In diesem
Falle resultiert jedoch der Problemdruck, der die Eskalation

Abb. 7.2.: Stufenförmige Eskalation ohne De-Eskalation

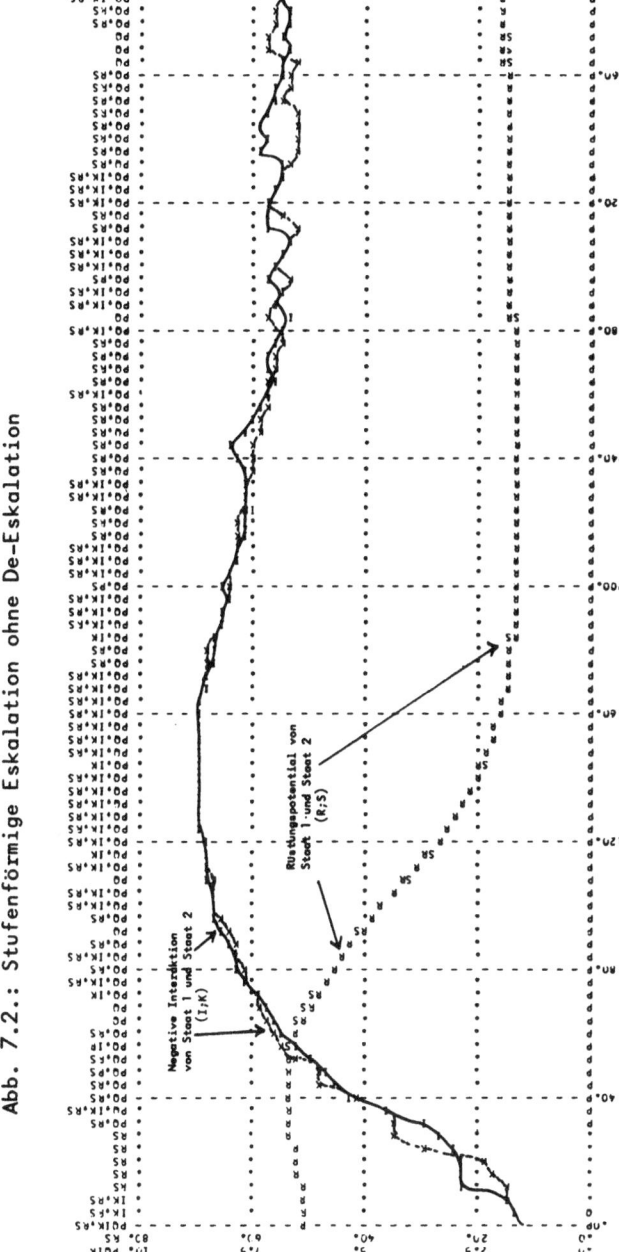

Abb. 7.3.1.: Extrem stufenförmige Eskalation, durch das Sicherheitsproblem von Staat 1 ausgelöst

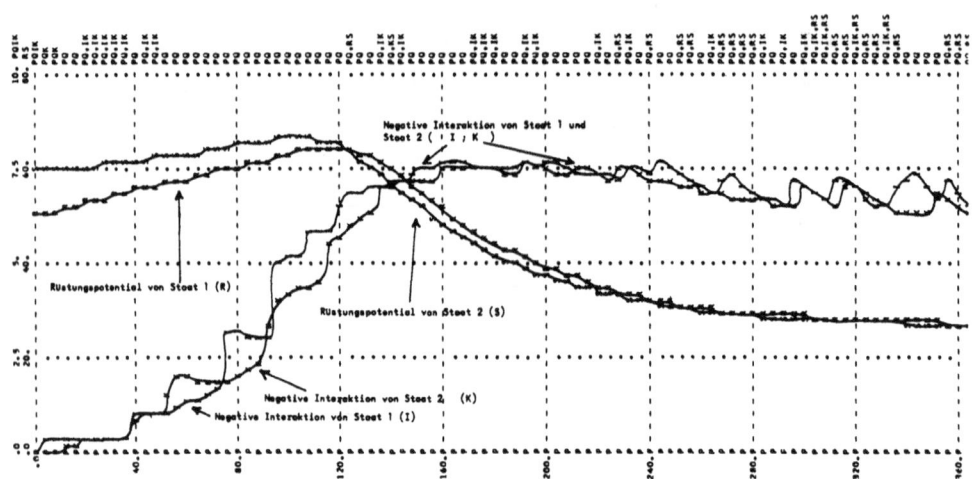

Abb. 7.3.2.: Extrem stufenförmige Eskalation, durch internen Problemdruck in beiden Staaten ausgelöst

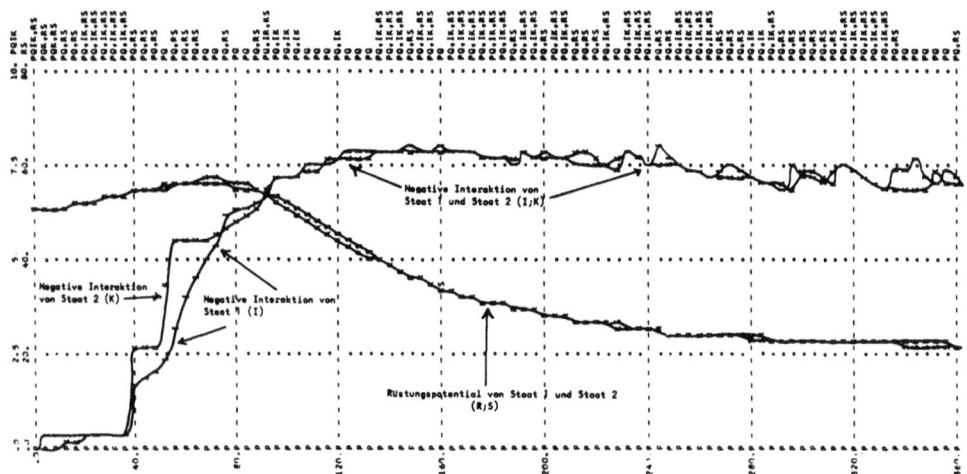

antreibt, nicht aus dem außenpolitischen Kontext, sondern aus innenpolitischen Schwierigkeiten. Die Bewegung der Variablen I und K (Abb. 7.3.1.) verläuft hier noch steiler. Es resultieren ebenfalls nach Überschreiten des Schwellenwertes Verluste, die jedoch nicht zu einer De-Eskalation führen.

In allen diesen Fällen ist es nicht zu einem Totalschlag einer der beiden Seiten gekommen. Zwar eskaliert der Konflikt weit in den militärischen Bereich hinein, aber das äußerste Mittel wurde nicht angewandt. Der Prozeß der Eskalation entwickelt vielmehr selbst im Laufe der Zeit Kräfte, die eine dämpfende Wirkung auf die weitere Entwicklung haben. Voraussetzung hierfür ist jedoch, daß es nicht zur Überlegenheit der einen Konfliktpartei und mithin zur Unterlegenheit der anderen Konfliktpartei kommt. In diesem Falle können schwierige Situationen entstehen, die weiter unten analysiert werden. Die dämpfenden Kräfte, die zu einem Stillstand der Eskalation führen und sogar eine Trendumkehr einleiten können, sind im Modell unter dem Begriff der Angst zusammengefaßt. Die tatsächlich erlittenen und die im Laufe der Eskalation noch erwarteten Verluste führen zu Angst und haben einen abschreckenden Effekt. Sie können die Dynamik des Konflikts entscheidend beeinflussen. Mit größerem Umfang des Rüstungspotentials oder mit verbesserter Effektivität der Waffen nimmt die Wirkung dieses allgemein als "Abschreckung" bezeichneten Phänomens zu. In den nachfolgenden Scenarios kann die Auswirkung der Abschreckung auf den Konfliktverlauf beobachtet werden.

7.2.3. Die Wirkung der Abschreckung: Verzögerung der Eskalation und Kontrolle des Konflikts

Der Ausgangspunkt ist hier in Abb. 7.4. ähnlich wie im Beispiel von Abb. 7.3.: Große Spannung setzt sich anhand von Zufallsereignissen in eine reaktive Eskalationsbewegung um, die durch sporadische Stimuli in Gang gehalten wird. Diese Eskalationsbewegung verläuft jedoch entscheidend flacher als in den vorhergehenden Beispielen. In diesem Falle wirkt sich die Erwartung hoher Verluste dämpfend aus; der Problemdruck, der zur Eskalation notwendig ist, stammt in beiden Staaten aus dem innenpolitischen Bereich. Der Abschreckungseffekt wird hierdurch zwar zum Teil aber nicht völlig kompensiert. Wenn es also gelingt, den beiden Kontrahenden wie in Abb. 7.4. die Kosten des Konflikts eindringlich vor Augen zu führen und der Problemdruck nicht übermäßig groß ist, so kann der Verlauf der Eskalation zumindest gebremst werden. Vorbedingung ist wiederum, daß die Parität der Rüstungspotentiale gewahrt bleibt. Es kommt jedoch in diesem Falle fast zwangsläufig zu einem Rüstungswettlauf,

- 102 -

Abb. 7.4.: Teilweise kontrollierte Eskalation durch die Wirkung der Abschreckung

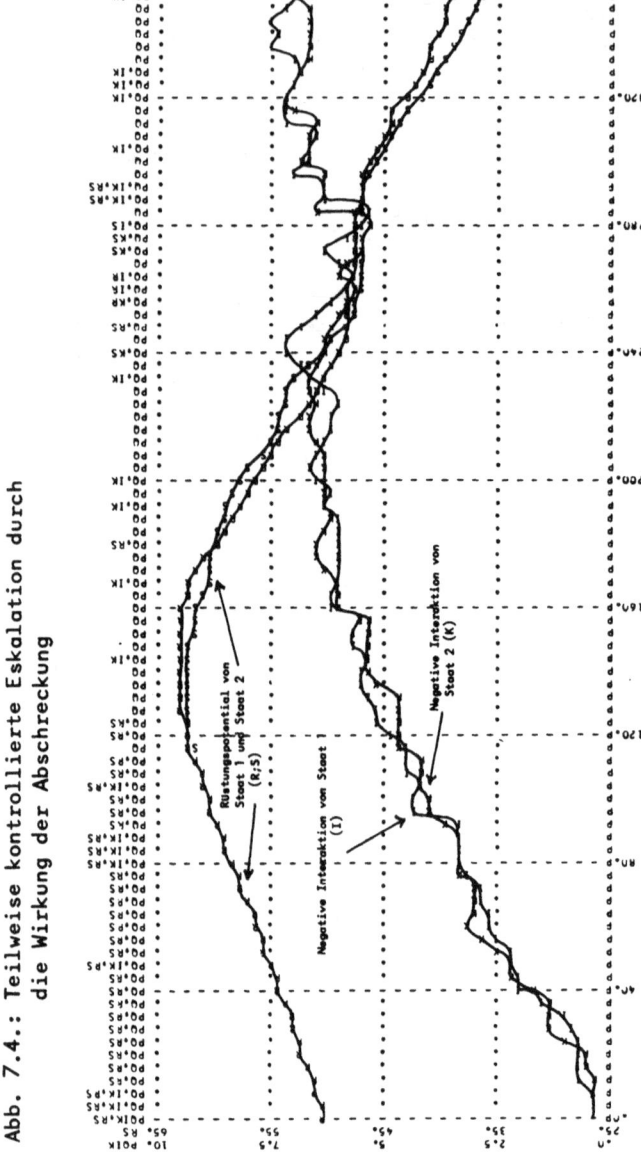

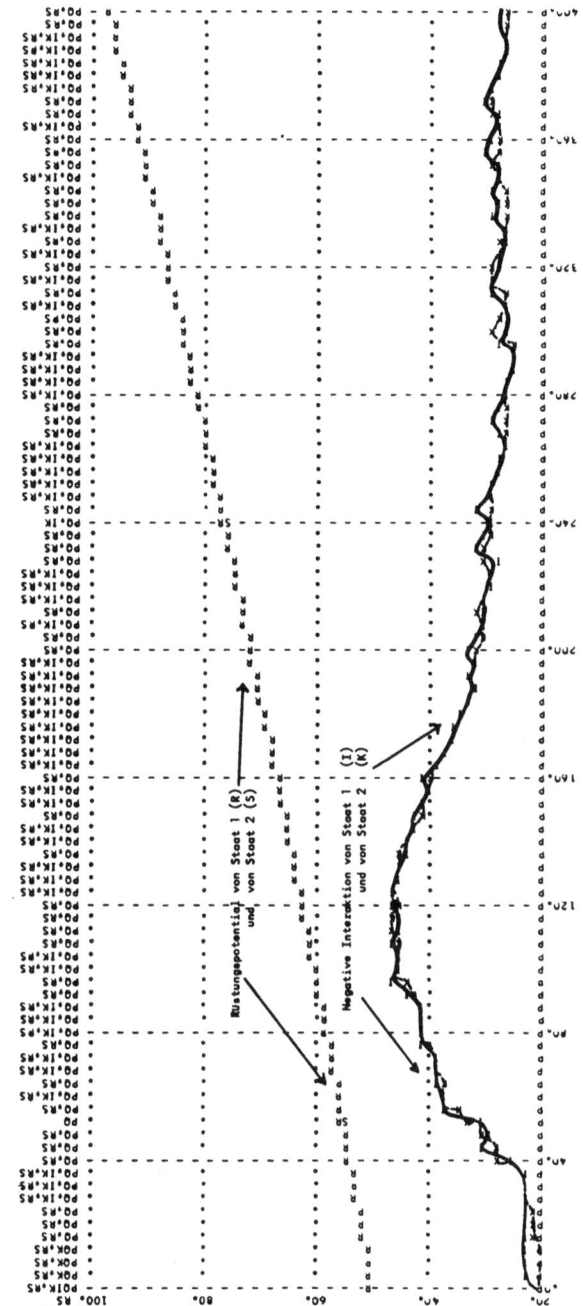

Abb. 7.5.: Kontrollierte Eskalation und De-Eskalation durch die Wirkung der Abschreckung. Die realistische Einschätzung der zu erwartenden Verluste verhindert das Übergreifen des Konflikts in den militärischen Bereich.

denn die Akteure des Konflikts werden die Konsequenzen in Form
einer größeren militärischen Vorsorge ziehen. Dies zeigt der
Verlauf der Variablen R und S in Abb. 7.4. mit seiner stark
ansteigenden Tendenz. Hier liegen die "Kosten" dieser Strategie.

In unserem Scenario gewinnt Staat 1 bei diesem Rüstungswettlauf einen geringen Vorsprung und überschreitet auch als erster die Schwelle des militärischen Bereichs (Variable I
in Abb. 7.4.). Ab dem 160. Tag reagiert Staat 2 hierauf kräftig und kann seine Position etwas verbessern. Um den 280. Tag
scheint es so, als ob der Konflikt wieder unter die militärische
Schwelle sinke. Mittlerweile ist jedoch der Problemdruck auf
beide Parteien so stark geworden, daß bei anhaltend großen
Spannungen eine weitere Eskalation erfolgt. Es kommt zu
schweren Verlusten, die dann nach dem 360. Tag zu einer endgültigen Tendenzwende führen. Während des ganzen Konflikts
wurde jedoch der Wert von 7.5 der Konfliktintensität nicht
überschritten.

Das nächste Beispiel zeigt, daß bei noch größeren Verlusterwartungen, d.h. bei einer realistischen Einschätzung der Kosten des Konflikts, die Abschreckung den Verlauf der Eskalation unter die militärische Schwelle von 5.0 drücken kann.
Hierbei darf zunächst kein interner Problemdruck und kein Sicherheitsproblem die Wirkung der Abschreckung vereiteln. Wie
der Verlauf des Scenarios von Abb. 7.5. zeigt, hat in diesem
Fall selbst eine geringe Diskrepanz der Rüstungspotentiale,
wie sie zu Anfang besteht, kein Anwachsen des Problemdrucks
zur Folge: Da die negative Interaktion noch keine großen Werte
erreicht, entwickelt sich für den schwächeren Konfliktpartner
kein Sicherheitsproblem.

7.2.4. Nebenwirkungen der Abschreckungsstrategie

Die Bewußtmachung der Kosten des Konflikts durch einen Vermittler kann die abschreckende Wirkung der Rüstungspotentiale auf
beiden Seiten verstärken und damit eine Bremsung der Eskalation
hervorrufen. Notwendige Voraussetzung hierfür ist jedoch die
Abwesenheit von großem internen Problemdruck bei beiden Akteuren
und eine gewisse Parität der Rüstungspotentiale. Flankierende
Maßnahmen des Vermittlers können diese Randbedingungen schaffen:
Die Entscheidungsträger können durch das Auftreten des Vermittlers von internem Druck entlastet werden; durch Waffenlieferungen kann eine verlorengegangene Parität der Rüstungspotentiale
der Konfliktpartner wiederhergestellt werden. Eine negative
Randerscheinung dieser Vermittlungsstrategie wurde jedoch schon
aufgezeigt: Zweifellos wird es zu einer Beschleunigung des Rüstungswettlaufs kommen. Wenn also der Bereich der Waffenliefe-

rungen dem Einfluß des Vermittlers entzogen ist, können die
Nachwirkungen einer Strategie der Abschreckung, die im Zusammenhang mit einer neuerlichen Beschleunigung des Rüstungswettlaufs entstehen, selbst wieder auf lange Sicht den Konflikt anheizen.

Weitere Nebenwirkungen einer Strategie der "Bewußtmachung von Konfliktkosten" können ebenfalls eintreten. Wenn es dem Vermittler nicht gelingt, das Problem des internen Problemdrucks der Akteure ebenfalls zu lösen, kann es binnen kurzer Zeit wieder zu krisenähnlichen Entwicklungen kommen. Mittelfristig ist mit dieser Entwicklung fast zwangsläufig zu rechnen: Eine neuerliche Beschleunigung des Wettrüstens, wie sie in der Folge einer Abschreckungsstrategie zu erwarten ist, bringt hohe Kosten für den ökonomischen Bereich mit sich; diese werden sich binnen kurzer Zeit als politisches Problem bemerkbar machen und den Problemdruck auf die Entscheidungsträger beträchtlich vergrößern. In beiden Fällen, kurz- wie langfristig, hat <u>das Ausbleiben eines externen Konflikts</u> auf jeden Fall auch das <u>Ausbleiben des Legitimierungseffektes</u> solcher externen Ereignisse zur Folge. Während der Konflikt mit dem anderen Akteur die Entscheidungsträger zumindest für kurze Zeit von innerem Problemdruck entlastet, hat die Verhinderung des Konflikts durch einen Vermittler zur Folge, daß sich diese Entscheidungsträger existierendem oder sich entwickelndem Problemdruck voll ausgesetzt sehen.

Das Scenario von Abb. 7.6. zeigt die Entwicklungen, die als Resultat der Konfliktabschreckung zu erwarten sind. Bei ähnlichen Ausgangsbedingungen wie in Abb. 7.5. kommt es zu einer langsamen Eskalation, die durch die abschreckende Wirkung der Rüstungspotentiale und der erwarteten Verluste auf den nichtmilitärischen Bereich beschränkt bleibt. Die negative Interaktion beider Staaten verbleibt im Bereich der Werte von 2.5; insoweit wäre also durchaus von einem Erfolg der Vermittlungsbemühungen zu sprechen. Durch den anhaltenden Rüstungswettlauf (vergl. Variablen R und S in Abb. 7.6.) und dessen Auswirkungen auf das ökonomische und politische Subsystem der Akteure entsteht jedoch Problemdruck, der nicht beseitigt werden kann. Ein intensiverer Verlauf des Konflikts hätte durch seinen Legitimierungseffekt diesen Problemdruck kompensiert. So aber macht er sich in wiederholten stärker werdenden Offensiven und Gegenoffensiven bemerkbar. Längerfristig ist hier mit einem Übergreifen des Konflikts auf den militärischen Bereich zu rechnen.

Ähnlich ist der Verlauf des Scenarios von Abb. 7.7.; allerdings besteht hier bei Beginn der Simulation bereits sehr hoher Problemdruck innenpolitischer Art auf die Entscheidungsträger. Dieser Druck kann durch externe Eingriffe in so kurzer Zeit nicht

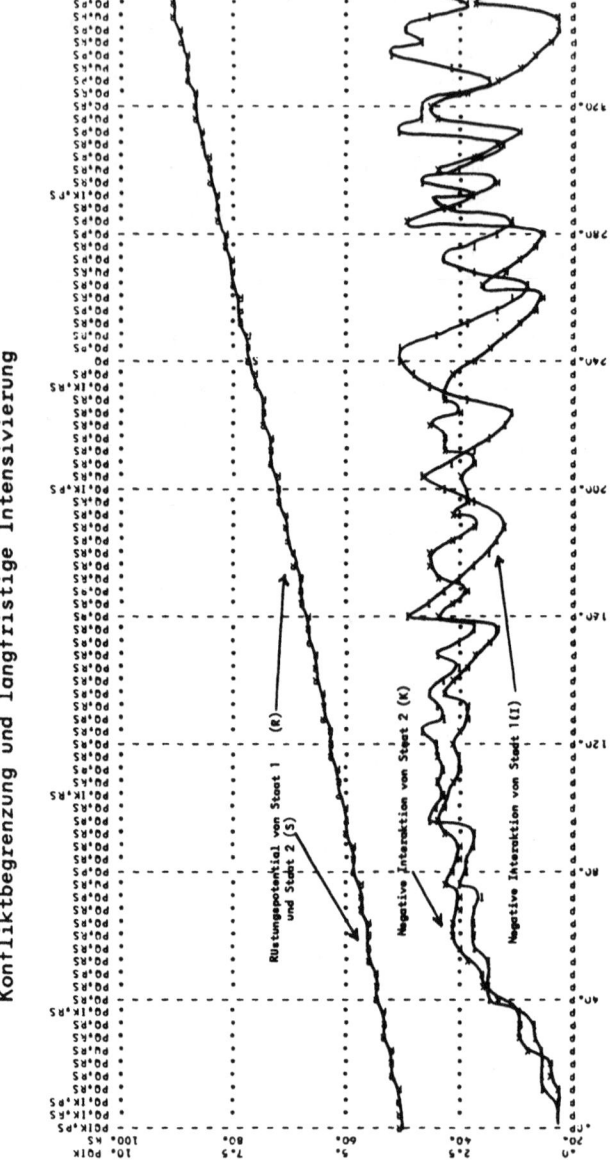

Abb. 7.6.: Auswirkungen der Abschreckungsstrategie – anfängliche Konfliktbegrenzung und langfristige Intensivierung

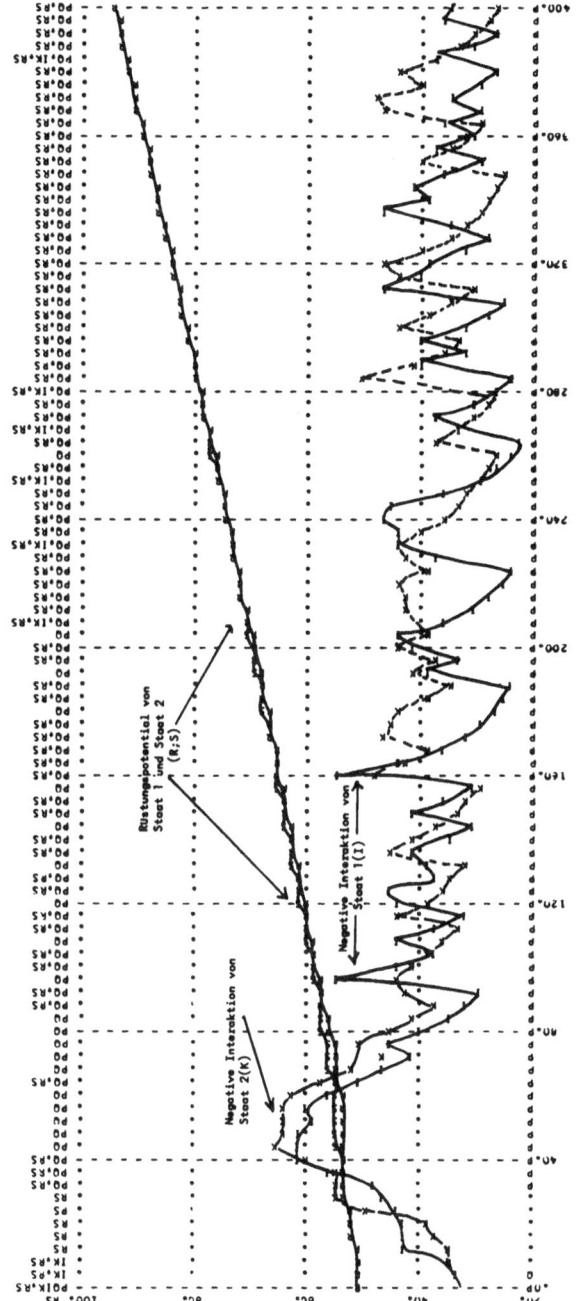

Abb. 7.7.: Abschreckungsstrategie ohne den Abbau internen Problemdrucks

abgebaut werden. Der Konflikt eskaliert zunächst kurz in den
militärischen Bereich; bei dieser schrittweisen Bewegung übernimmt
zunächst Staat 1 die Führung (Variable I in Abb. 7.7.),
Staat 2 folgt nach (Variable K in Abb. 7.7.) und schließlich
reagiert wiederum Staat 1. Daraufhin setzt die abschreckende
Wirkung der Rüstungspotentiale ein, und beide Staaten de-eskalieren
parallel. In der Folge kommt es wie in Abb. 7.6.zu
wechselseitigen Offensiven und Gegenoffensiven; der Konflikt
bleibt jedoch unter der militärischen Schwelle, wenn er auch
in dieser Form ohne sichtbare Veränderungen weiter andauert.

7.2.5. Ungleichheit der Rüstungspotentiale und die Auswirkungen auf Eskalation und De-Eskalation

Wir haben oben schon darauf hingewiesen, daß eine Strategie der
Abschreckung tatsächlich nur dann den Konfliktablauf bremst
und "negotiabel" macht, wenn eine Reihe von Randbedingungen
erfüllt sind oder von dem Vermittler manipuliert werden können.
Eine dieser Randbedingungen ist die militärische Stärke beider
Parteien, die sich ungefähr entsprechen muß. Sie dürfte jedoch
nur sehr schwer durch einen Vermittler in Richtung einer Angleichung
der Kräfte zu manipulieren sein. Ungleichheit der Rüstungspotentiale
hingegen hat einen entscheidenden Einfluß auf den
Verlauf des Konfliktes.

Abb. 7.8. zeigt ein Scenario mit zwei Akteuren von ungleicher
militärischer Stärke. Hier führen hohe Spannungen und der aus
dem Sicherheitsproblem von Staat 1 entstehende Druck zu einer
steilen Eskalation. Angesichts seiner Überlegenheit (vergl.
die Variablen R und S in Abb. 7.8.) zögert Staat 2 nicht, die
Vorstöße von Staat 1 reaktiv zu beantworten, da sich bei ihm
"negative" Angst entwickelt. Um den 80. Tag herum versucht
Staat 1 den Konflikt, der mittlerweile weit in den militärischen
Bereich eskaliert ist, durch "submissiveness" zu beenden. Diese
Strategie wird jedoch bald aufgegeben, da sie keine Wirkung auf
Staat 2 hat. Die folgende Offensive bringt den gewünschten Erfolg:
Beide Staaten de-eskalieren den Konflikt, voran dabei Staat 2,
der noch immer militärisch stärker ist. Nach einer Phase von
etwa zwei Monaten, in denen der Konflikt zwar unter der militärischen
Schwelle bleibt, aber nicht endgültig beigelegt werden
kann, folgt wiederum eine Eskalation, wobei der Stärkere
die Führung übernimmt. Staat 1 kann anfangs dieser Bewegung
folgen, muß dann jedoch unter dem Druck seines Gegners alle
feindlichen Aktionen einstellen. Dieser setzt seine Feindseligkeiten
noch über einen Monat weiter fort, bevor er dann
auch die Schwelle der militärischen Auseinandersetzung von
5.0 am Ende der Simulation nach unten überschreitet.

Abb. 7.8.: Ungleichheit der Rüstungspotentiale, Eskalation, De-Eskalation und "Submissiveness"

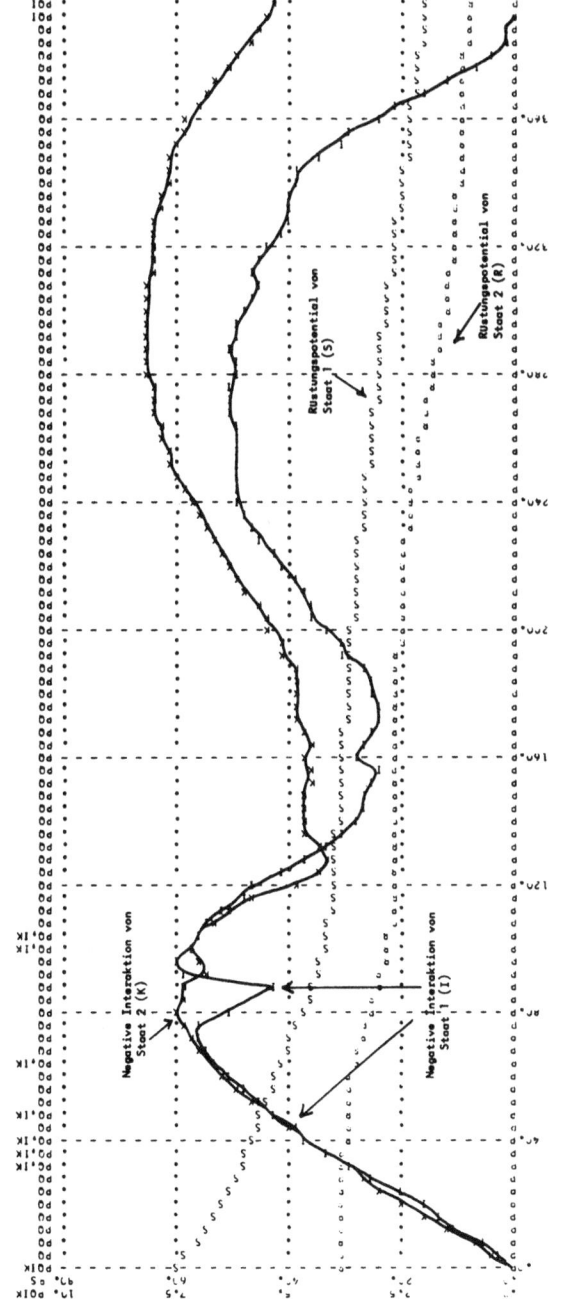

Der Verlauf der Variablen I und K in Abb. 7.8. ist ziemlich stetig, da es in beiden Staaten keinen internen Problemdruck gibt. Das politische System dieser Staaten sorgt für die Stabilität des jeweiligen Regime durch repressive Maßnahmen, soweit der Legitimationseffekt des Konflikts nicht auch dies überflüssig macht.

Unterschiedlich große Rüstungspotentiale charakterisieren auch den Verlauf des Scenarios von Abb. 7.9.; auch in diesem Fall besteht kein Problemdruck aus internen Gründen. Nach anfänglich ruhigem Verlauf der Beziehungen sorgen gegen Ende des ersten Monats hohe Spannungen für eine Eskalation, die durch das Sicherheitsproblem von Staat 2 ausgelöst wird. Kurz nachdem die militärische Schwelle überschritten ist, wird jedoch Staat 2 zur Aufgabe der militärischen Aktionen gezwungen. Staat 1 nutzt seine Überlegenheit in der folgenden Zeit zunächst brutal aus, indem er über einen Monat lang weiterhin gegen Staat 2 militärisch tätig bleibt. Erst gegen Ende der Simulation, also nach dem 90. Tag, unterschreitet auch Staat 1 die militärische Schwelle von 5.0. Vermittlungsbemühungen "greifen" im Falle dieses Scenarios nicht; der Abschreckungseffekt, der in den vorherigen Beispielen, besonders im Scenario von Abb. 7.5., für den Zweck der Steuerung des Konfliktsystems ausgenutzt werden konnte, entwickelt hier eine Eigengesetzlichkeit, die sich jedem Einfluß von außerhalb entzieht.

Wesentlich komplizierter wird ein Konfliktablauf jedoch dann, wenn neben ungleichen Rüstungspotentialen noch interner Problemdruck als bestimmende Kraft auftritt. In hoch institutionalisierten politischen Systemen, die nicht koerziv kontrolliert werden, schlagen die Rüstungsausgaben und ihre negativen Begleitumstände im ökonomischen System sehr rasch auf die Stabilität eines Regimes durch. Während des Konflikts stabilisiert der Legitimierungseffekt die interne Situation; wenn diese stabilisierenden Wirkungen dann infolge der De-Eskalation nachlassen, ergeben sich große innenpolitische Probleme für die Entscheidungsträger der am Konflikt beteiligten Staaten. Die mittelfristigen Folgen einer solchen Entwicklung zeigt das Scenario von Abb. 7.10.; die Ausgangsbedingungen sind ähnlich wie im Beispiel von Abb. 7.8., das vorher beschrieben wurde.

Es kommt hierbei zunächst aufgrund einer hohen Spannung sowie internem und externem Problemdruck zu einer starken Eskalation, auf die dann eine De-Eskalation folgt. Diese Abnahme der Konfliktintensität ist der abschreckenden Wirkung der Verluste beider Konfliktparteien zu verdanken. Bis hierher wäre also der Eingriff des Vermittlers, der auf eine Sensibilisierung hinsichtlich der Kosten des Konfliktes ausgerichtet ist, als

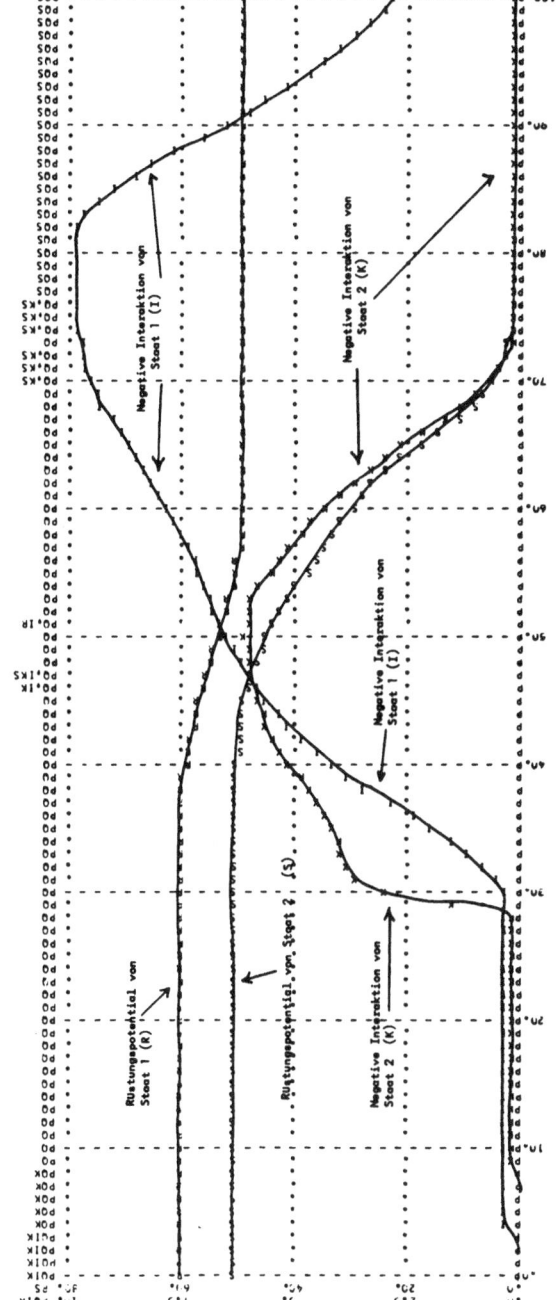

Abb. 7.9.: Militärische Überlegenheit und das resultierende Konfliktverhalten

Abb. 7.10.: Ungleichheit der Rüstungspotentiale, Eskalation, De-Eskalation, "Submissiveness" und interner Problemdruck

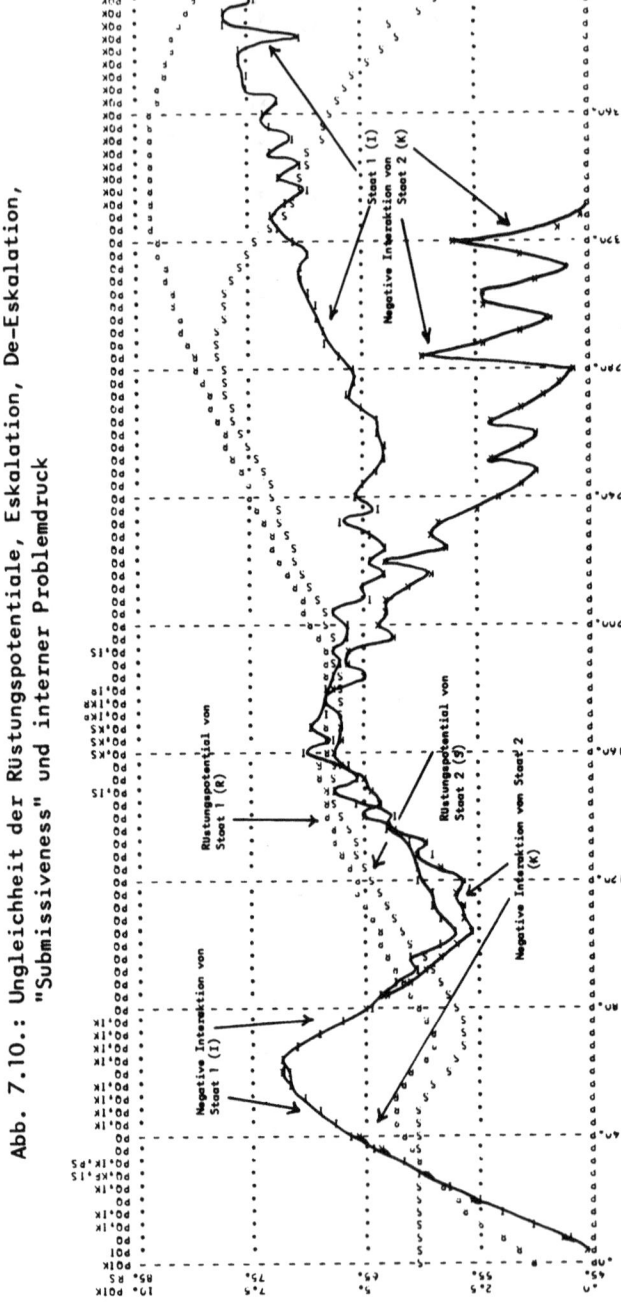

erfolgreich anzusehen. Mittlerweile hat es jedoch der anfänglich schwächere Staat erreicht, selbst ein militärisches Übergewicht aufzubauen. Es wurde in der Versuchsanordnung angenommen, daß hierfür die notwendigen Ressourcen vorhanden sind. Das immer noch recht hohe Niveau der negativen Interaktion zwischen den Konfliktparteien und die neu gewonnene Überlegenheit verleiten nun Staat 1 zu einer abermaligen Eskalation des Konflikts: Es entwickelt sich "negative" Angst, also ein Bewußtsein offensichtlicher Überlegenheit. Durch die neuerliche Aktivierung des Konflikts kann Staat 1 auch seine internen Probleme entschärfen. Staat 2 kann dieser Wendung des Konflikts zwar noch einige Zeit folgen, muß dann aber seine eigenen Feindseligkeiten völlig einstellen. Während Staat 1 unverändert seine militärischen Aktivitäten mit steigender Intensität weiterführt, kann Staat 2 nur durch sporadische Protestaktionen antworten, die jedoch ebenfalls bald aufgegeben werden müssen. Ähnliche Protestaktionen konnten an den empirischen Daten des Validierungsfalles beobachtet werden (vergl. Abb. 6.3.1. auf S. 88).

Die Sensibilisierung der Konfliktparteien für die Kosten des Konfliktes kann also den Verlauf des Konflikts abkürzen, wird aber für den Fall, daß die militärische Parität verloren geht und die Konfliktparteien beide interne Probleme haben, kaum zu kontrollierende Folgen mit sich bringen. Als Resultat entsteht eine Topdog - Underdog - Situation, in der sich der Underdog anfänglich verzweifelt zur Wehr setzt, der Topdog aber mit unverminderter Härte seine Überlegenheit für die militärische Gesamtlösung des Konflikts einsetzt. Selbst wenn es dem Vermittler gelingen sollte, die Eskalation des Konflikts in den militärischen Bereich hinein durch die oben skizzierten Maßnahmen zu verhindern, kann sich eine nicht mehr negotiable Situation entwickeln, wie das folgende Scenario von Abb. 7.11. es zeigt.

In diesem Fall ist Staat 1 seinem Gegner Staat 2 um 10 000 Mann Truppenstärke unterlegen. Die Eskalation, die "treppenförmig" verläuft und von Zufallsereignissen ausgelöst wird, kann in ihrer Dynamik durch die Wirkung der Abschreckung gebremst werden. Es gelingt gleichzeitig, zum Zeitpunkt des 120. Tages, an dem die militärische Schwelle erreicht wird (vergl. den Verlauf der Variablen I in Abb. 7.11.), die Parität der Rüstungspotentiale herzustellen. Im weiteren Verlauf hilft externe Unterstützung Staat 1 militärisch die Oberhand zu gewinnen; gleichzeitig bleibt die negative Interaktion von Staat 1 im Bereich des Schwellenwertes von 5.0, an dem der Einsatz militärischer Gewalt beginnt. Staat 2 ist angesichts dieser Lage zu einer De-Eskalation gezwungen, die jedoch von sporadischen Protestaktionen begleitet wird. Andauernde militärische Verluste führen allerdings schließlich zu einer vollständigen "Unterwerfung" von Staat 2; Staat 1

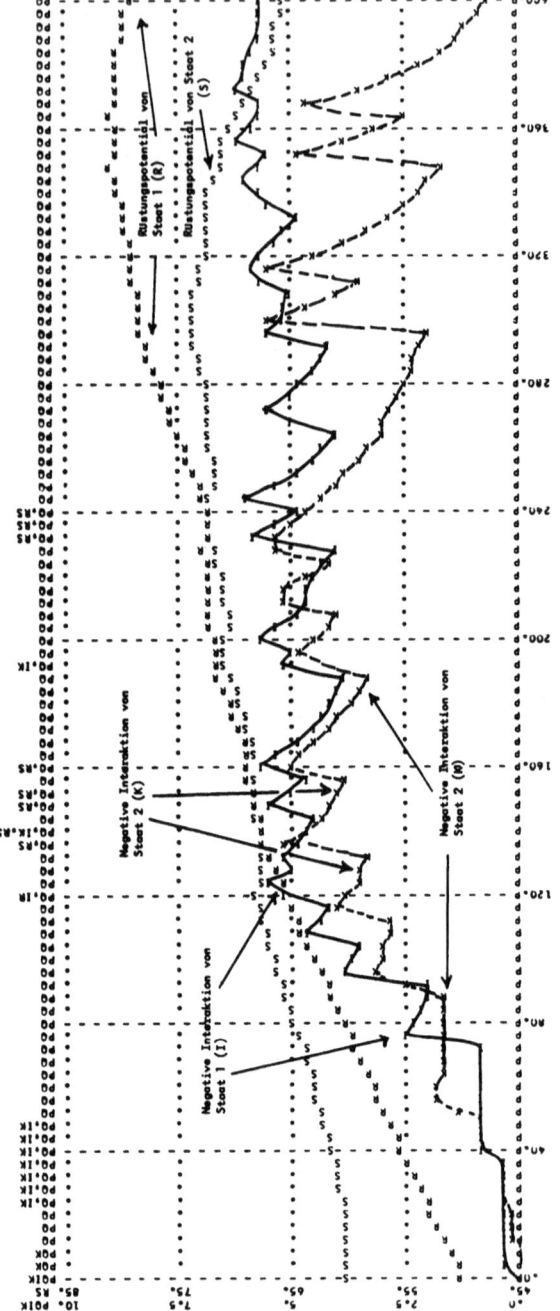

Abb. 7.11.: Gebremste Eskalation, Rüstungswettlauf und "Unterwerfung" einer Konfliktpartei mit sporadischen Protestaktionen

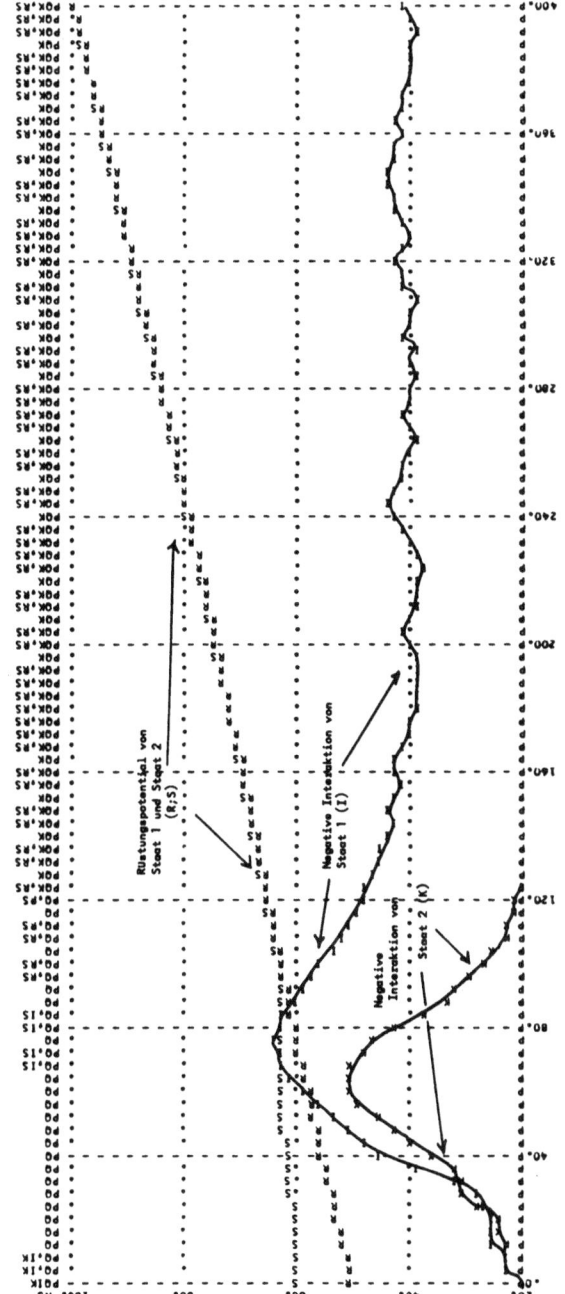

Abb. 7.12.: Eskalation, De-Eskalation und Ungleichgewicht der negativen Interaktion

folgt dieser de-eskalierenden Bewegung nicht nach. In diesem
Fall ist es dem Vermittler nicht gelungen, das militärische
Gleichgewicht, das sich in der Mitte der Simulation einstellte,
zu bewahren. Der interne Druck führte dann bei Staat 1 zu einer
andauernden Konflikthaltung und bei Staat 2 zu Protestaktionen.

Interner Druck bei einem der Akteure allein kann schon in
besonderen Fällen eine Konfliktlösung zunichte machen. Es
ist hierbei noch nicht einmal nötig, daß ein Ungleichgewicht
der Rüstungspotentiale die Entwicklung einer solchen Situation
begünstigt. Das Scenario von Abb. 7.12. zeigt für diesen Fall
eine Eskalation mit anschließender De-Eskalation beider Konfliktparteien. Der militärisch unterlegene Staat 1 (vergl. den Verlauf von R und S in Abb. 7.12.) provozierte diesen Konflikt,
da er für sich die Überlegenheit von Staat 2 als Sicherheitsrisiko empfand. Gleichzeitig kann Staat 1 durch größere Rüstungsanstrengungen militärisch mit Staat 2 gleichziehen. In diesem
Fall sorgt der Abschreckungseffekt zwar für eine Begrenzung des
Konflikts und sogar für eine Einstellung sämtlicher negativer
Interaktion durch Staat 2; der interne Druck zwingt jedoch
Staat 1 weiterhin, das Niveau seiner negativen Interaktion bei
Werten um 2.5 zu belassen. Diese andauernde negative und drohen-
de Haltung eines Akteurs macht jede weitere Bemühung des Vermitt-
lers zur Herstellung positiver Beziehungen von Anfang an zunichte.
Weiter unten werden die Zusammenhänge, die eine derartige Situa-
tion für die Vermittlung besonders ungünstig machen, genauer
untersucht. Ein Vergleich mit den Daten des Validierungsfalles
von Abb. 6.2.1. auf S. 86 zeigt, daß in der Realität diese
Ungleichgewichte der negativen Interaktion tatsächlich auftreten.

7.2.6. Präventivmaßnahmen und Überraschungsaktionen: Gründe und auslösende Faktoren - Möglichkeiten der Beeinflussung

Großer interner Problemdruck auf die Entscheidungsträger der Konfliktparteien kann den Ablauf des Konfliktes entscheidend beeinflussen, wie die Beispiele des vorherigen Abschnittes gezeigt haben. Es kann hierbei jedoch auch zu überraschenden Bewegungen kommen, die weder von den Konfliktparteien noch von einem Vermittler
zu antizipieren sind.

Im Falle großen internen Drucks kann ein Akteur die "Flucht nach
vorne" wagen, also den außenpolitischen Konflikt durch eine Eskalation vorantreiben, die in Wahrheit innenpolitische Funktion
hat, nämlich durch die Beschaffung der notwendigen Legitimität
die Stabilität eines Regimes abzusichern. Im Scenario von Abb. 7.13.
kommt es zu einer derartigen Entwicklung. Hierbei sorgt eine große
negative Distanz zwischen den Akteuren für den sukzessiven Abbau

der anfänglich noch bestehenden positiven Interaktion (vergl.
die Variablen P und Q in Abb. 7.13.). Innenpolitische Schwierigkeiten zwingen in diesem Fall jedoch Staat 1 dazu, den Konflikt mit Staat 2 auszutragen. Der Grund hierfür ist darin zu
suchen, daß die Rüstungsausgaben in ihrer Wirkung auf das ökonomische System über die verschiedenen Mechanismen des politischen Systems die Stabilität des Regimes negativ beeinflußt haben. Staat 1 ist nun gezwungen, seine interne Stabilität durch
den externen Konflikt wiederzugewinnen. Der Vermittler, der
keine Handhabe hat, auf andere Art den Entscheidungsträgern
von Staat 1 bei der Beschaffung der notwendigen Legitimität zu
helfen, kann die resultierende Entwicklung nicht mehr verhindern. Wie der Verlauf der Simulation zeigt, gelingt es Staat 1,
durch eine Eskalation in den militärischen Bereich seinem Gegner beträchtliche militärische Verluste zuzufügen. Dieser kann
noch nicht einmal der Eskalation vollständig folgen, sondern
muß sich "unterwerfen". Staat 1 de-eskaliert daraufhin ebenfalls mit einigem zeitlichen Abstand (vergl. den Verlauf von
I und K in Abb. 7.13.). Staat 2 hat aus dem Ablauf des Konflikts
"gelernt" und steigert in der Folge sein eigenes Rüstungspotential gewaltig. Während Staat 1 aus wirtschaftlichen Schwierigkeiten dieser Entwicklung nicht folgen kann, baut Staat 2 seine
eigene Überlegenheit weiter aus (Vergl. den Verlauf von R und S
in Abb. 7.13.). Hier liegt bereits der Keim für weitere militärische Verwicklungen.

In einer solchen Situation, in der zu internem Druck noch eine
Disparität der Rüstungspotentiale hinzukommt, die sich als
Sicherheitsproblem für den jeweils unterlegenen Konfliktpartner bemerkbar macht, sind sehr viel komplexere Abläufe mit
außerordentlich großer Dynamik und hoher Geschwindigkeit zu
erwarten. Das Scenario von Abb. 7.14. zeigt eine solche Entwicklung. Hierbei hat die Rüstungsanstrengung von Staat 1 (vergl.
R in Abb. 7.14.) zu einem Druck auf die Stabilität des Regimes
geführt. Staat 1 eskaliert daraufhin den Konflikt, um sich
so im außenpolitischen Bereich zu legitimieren. Staat 2, der
erheblich stärker ist, verfolgt anfänglich eine Strategie der
Abschreckung und eskaliert ebenfalls den Konflikt, weit über
das Maß von Staat 1 hinaus auf den Maximalwert von 2.0 (vergl.
den Verlauf der Variablen I und K in Abb. 7.14.). Diese Strategie berücksichtigt jedoch nicht die internen Probleme des
Gegners. Dieser perzipiert nun seine eigene militärische Unterlegenheit angesichts der hohen negativen Interaktion von Staat 2
als Sicherheitsproblem und führt am 70. Tag nach Beginn der
Simulation einen Überraschungsschlag gegen Staat 2 durch. Dieser Überraschungscoup führt zwar gerade in den militärischen
Bereich hinein, ist aber kein Totalschlag; Staat 1 ist dazu
nicht stark genug. Zudem antwortet Staat 2 nicht mit ähnlichen

Abb. 7.13.: Abbau positiver Interaktion und Eskalation des Konflikts aus innenpolitischen Gründen

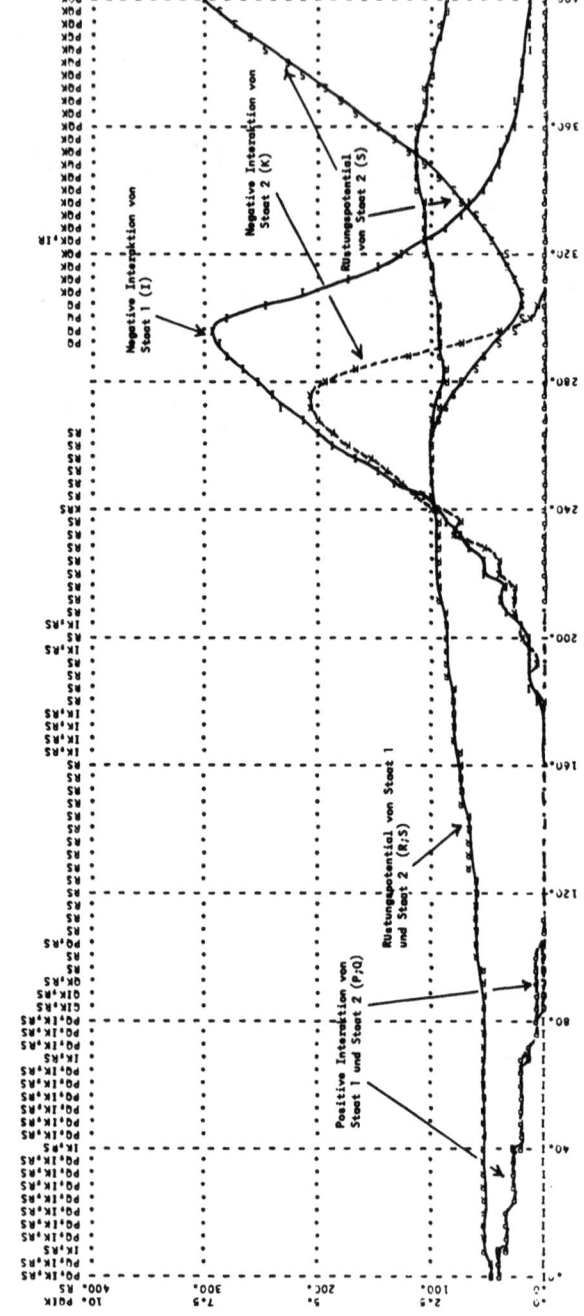

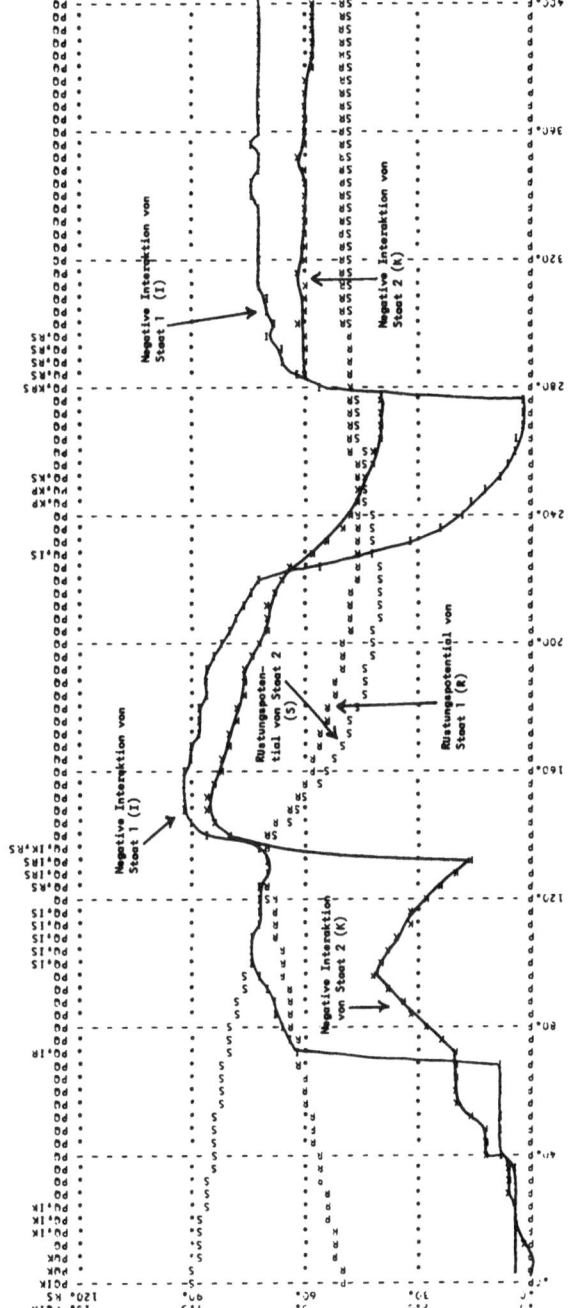

Abb. 7.14.: Innenpolitischer Druck, Sicherheitsproblem und Überraschungsschlag

Mitteln, sondern bleibt im unteren Bereich der negativen Interaktion. Es kommt lediglich zu größeren Drohungen von Staat 2, um den 100. Tag herum sogar zu einem Disengagement (vergl. den Verlauf von K in Abb. 7.14.). Nachdem dieses Angebot nicht akzeptiert wird und die Rüstungspotentiale inzwischen Parität aufweisen, leitet auch Staat 2 einen Überraschungsschlag ein. Beide Parteien erleiden in der anschließenden Zeit Verluste, durch die sie schließlich zu einer De-Eskalation bewogen werden. Einem weiteren Versuch eines Disengagement, das diesmal von Staat 1 eingeleitet wird, folgt Staat 2 nur zögernd nach. Um den 280. Tag wird darauf hin wiederum überraschend ein militärischer Schlag von Staat 1 durchgeführt; Staat 2 folgt dieser Bewegung jedoch augenblicklich. Bis zum Ende der Simulation dauert dieser Konflikt an, wobei Staat 1 leichte militärische Aktionen durchführt, Staat 2 mit negativer Interaktion mittlerer Intensität beschäftigt ist.

Wie Versuche am Modell ergaben, sind Überraschungscoups und Präventivkriege nur dann wirkungsvoll durch den <u>Vermittler zu verhindern</u>, wenn dieser <u>wichtige</u> <u>Instrumentvariablen</u> kontrollieren kann: die <u>Rüstungspotentiale</u> beider Konfliktparteien, die <u>Stabilität der Regime</u> sowie die <u>negative Interaktion</u> beider Akteure. Die "Präventivschlags-Situation" entsteht dann, wenn für eine der Konfliktparteien Sicherheitsprobleme entstehen und andauern. Dies ist dann der Fall, wenn bei steigender Intensität des Konfliktaustrags eine Disparität der Rüstungspotentiale festzustellen ist. Wenn der Vermittler also nicht in der Lage ist, diese Ungleichheit der Rüstungspotentiale zu beseitigen, so muß er jede Eskalation des Konflikts einzudämmen versuchen. Falls jedoch einer der Akteure oder sogar beide Konfliktparteien interne Schwierigkeiten haben, dürfte dies sehr schwierig sein. In diesem Fall muß der Vermittler versuchen, auf andere Art zumindest kurzfristig die interne Stabilität der Akteure abzusichern. Es dürfte in dieser Situation äußerst gefährlich sein, großen Druck auf die Entscheidungsträger auszuüben: Steigender Problemdruck wird vielmehr ein Regime dazu veranlassen, das Abenteuer einer "Flucht nach vorne" auf sich zu nehmen.

7.2.7. "Positive" Vermittlung: Die Herstellung kooperativer Beziehungen zwischen den Konfliktparteien

In den bisherigen Abschnitten dieses Kapitels wurde untersucht, durch welche Eingriffe von außen ein Vermittler den Ablauf des Konfliks beeinflussen kann. Diese indirekte Art einer "negativen" Vermittlung kann jedoch nur darauf hin ausgerichtet sein, gewaltsame Auseinandersetzungen zu verhindern oder doch abzukürzen, da sie die Gegensätze zwischen den Akteuren nur vertiefen. Eine Konfliktlösung muß jedoch vor allem darauf hin gerichtet sein, die anstehenden Differenzen zwischen den Akteuren eines Konflikts auszuräumen. Da dies nur diskutant und kooperativ geschehen kann, muß ein Vermittler vor allem versuchen, gute oder zumindest normale Beziehungen zwischen den Konfliktparteien herzustellen. Wir haben deshalb die Möglichkeiten untersucht, durch die es gelingen kann, derartige positive Interaktionen herbeizuführen.

Wenn wir einmal von militärischem, ökonomischem und politischem Druck absehen - deren Wirkung recht ambivalent sein kann, wie die Beispiele des vorherigen Abschnittes zeigen - so steht dem Vermittler nur die verbale Beeinflussung als Instrument seiner Mission zur Verfügung. Genauer gesagt muß der Vermittler die beiden Konfliktparteien davon überzeugen, daß der jeweilige Gegner zur Aufnahme kooperativer Beziehungen bereit ist. In der Terminologie des Modells gesprochen muß versucht werden, zumindest kurzfristig eine "positive" Distanz zwischen den Akteuren des Konflikts zu erzeugen.

Es läßt sich auch hier durch Modellversuche ermitteln, unter welchen Bedingungen eine derartige Strategie erfolgreich ist. Der Versuchsleiter übernimmt hierbei wiederum die Rolle des Vermittlers, indem er den Verlauf der Modelldynamik durch exogene Eingriffe zu beeinflussen versucht. Dies geschieht durch periodische "Vermittlungsimpulse": In Abständen von jeweils 10 Tagen wird im Modell zu dem aktuellen Wert der Variablen "positive psychische Distanz" der Wert von 2.0 addiert. Es wird also angenommen, daß es dem Vermittler, der die Konfliktparteien in periodischen Abständen aufsucht, gelingt, deren Attitüde zum jeweiligen Gegner durch Gespräche um zwei Punkte auf unserer Skala, die von 0 - 10 reicht, zu verbessern. Das folgende Scenario der Abbildungen 7.15. und 7.16. zeigt den Versuch, durch derartige Vermittlungsimpulse kooperative Beziehungen und die Kommunikation zwischen zwei Konfliktparteien in Gang zu bringen.

Vermittlungsimpulse erfolgen jeweils am 5., 15., 25. und 35. Tag auf Staat 2 und am 10., 20., 30. und 40. Tag auf Staat 1; der Vermittler "pendelt" also in Abständen von 5 Tagen zwischen den Konfliktparteien (vergl. V und W in Abb. 7.15. und V in Abb. 7.16.). Als Resultat der Vermittlungsbemühungen sinkt jeweils die negative Distanz zum Gegner nach dem Besuch des Vermittlers ab (vergl. den Verlauf der Variablen H und G in Abb. 7.15.); allerdings wird dieses Absinken in der Zwischenzeit bis zum nächsten Impuls mehr als kompensiert. Hinzu kommt, daß trotz dieser Vermittlungsbemühungen das Niveau des Konfliktaustrags ansteigt. Wie Abb. 7.15. zeigt, ist mit einer Eskalation nach dem Schema der Aktion-Reaktion zu rechnen. Die Dynamik dieser

Abb. 7.15.: Eskalation mit "Vermittlungsimpulsen" auf beide Parteien in Abständen von jeweils 10 Tagen

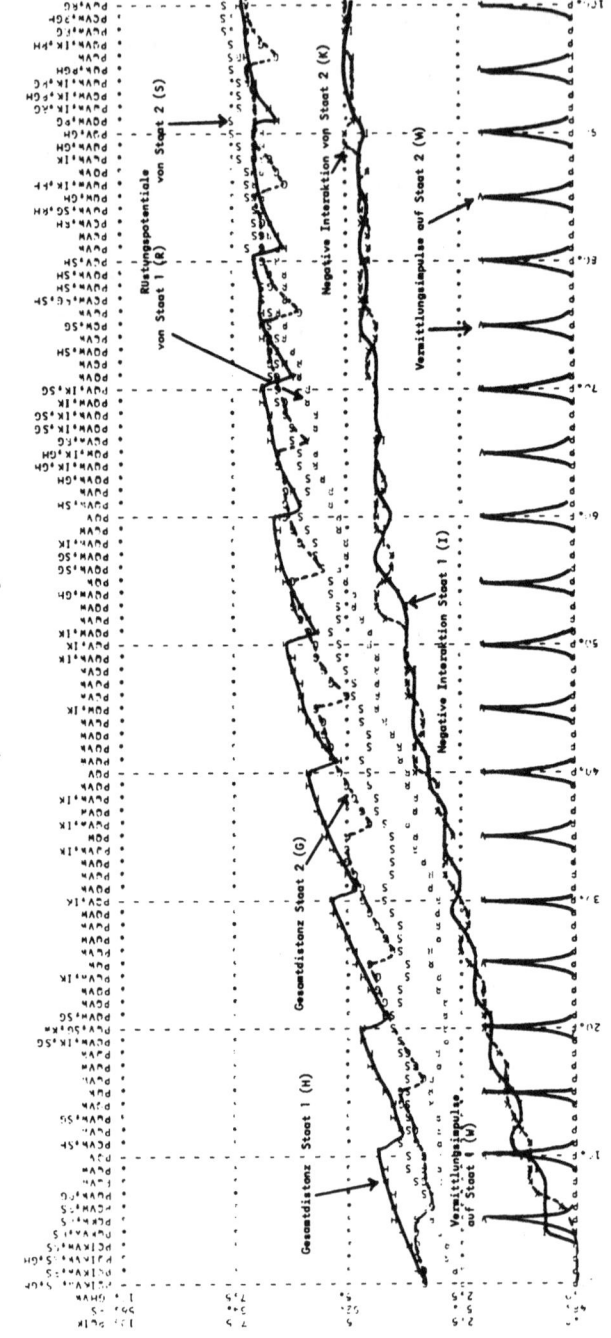

Abb. 7.16.: Wirkung der "Vermittlungsimpulse" auf verschiedene Variablen einer Konfliktpartei

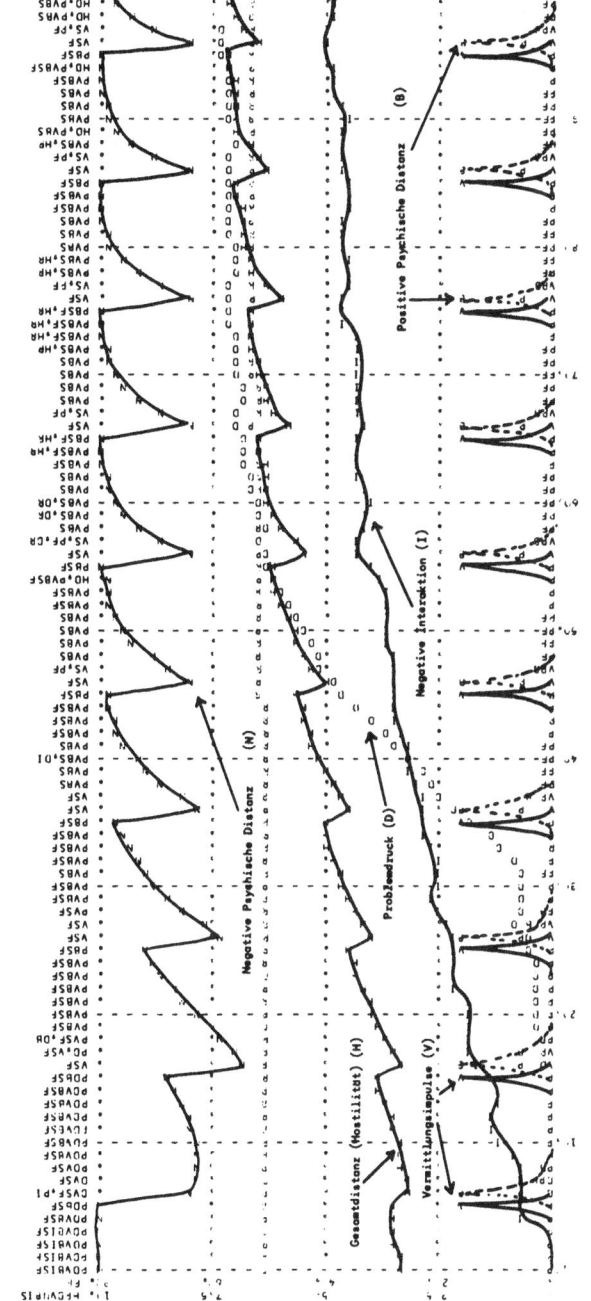

Eskalation wird durch die Wirkung der Abschreckung in Grenzen gehalten, sodaß der Konflikt immerhin unter der militärischen Schwelle bleibt (vergl. den Verlauf der Variablen I und K in Abb. 7.15.). Die Vermittlung kann jedoch weder den Verlauf des Konfliktaustrags beeinflussen, noch gelingt es, kooperative Beziehungen zwischen den Akteuren des Konflikts herzustellen: Die Variablen P und Q, also die positiven Interaktionen beider Parteien, bleiben während der ganzen Simulation konstant auf dem Wert null.

Abb. 7.16., die den Verlauf einiger weiterer Variablen von Staat 2 wiedergibt, macht dann deutlich, warum in diesem Falle die Vermittlung scheitern muß. Die Vermittlungsimpulse vom 5. und 15. Tag haben zwar zur Folge, daß sich jeweils für ganz kurze Zeit eine positive Attitüde (B) entwickelt, die damit die negative Distanz von ihrem anfänglichen Maximalwert von 10.0 in zwei Etappen auf den Wert von 6.0 hinunterdrückt; die Auswirkung auf die Gesamtdistanz (H) ist jedoch wiederum sehr gering: Sie umfaßt bekanntlich auch die politische Distanz, die Sicherheitsdistanz und die interaktive Distanz, die durch den Vermittler alle nicht beeinflußt werden können. Es entwickelt sich vielmehr wachsende negative Interaktion sowie steigender Problemdruck (D), der ebenfalls von dem Vermittler nicht verringert werden kann. Diese Faktoren kompensieren die Eingriffe des Vermittlers umso schneller, je größer sie selbst werden. Die tatsächlichen Aktivitäten des jeweiligen Gegners "falsifizieren" sozusagen sofort die Aussagen des Vermittlers. Wie weitere Experimente zeigten, ändern auch sehr kurze Vermittlungs-Frequenzen, wie sie im Zeitalter der Jet-Diplomatie vorkommen können, im Grunde nichts an dem Befund, daß sich bei eskalierendem Konflikt durch Vermittlung kaum kooperative Beziehungen zwischen den Parteien des Konflikts herstellen lassen.

Der Vermittler, der selbst keine Möglichkeiten in der Hand hat, die negative Interaktion zwischen den Parteien zu unterbinden, muß für seine Zwecke den <u>charakteristischen Ablauf eines Konflikts</u> ausnutzen und <u>dann</u> seine Vermittlungsaktion beginnen, wenn die Feindseligkeiten zwischen den Konfliktparteien selbst zu einem Stillstand kommen. Der <u>richtige Zeitpunkt für eine Vermittlungsaktion</u> liegt demnach, wie das Scenario von Abb. 7.17. zeigt, <u>nach dem Ende größerer Auseinandersetzungen</u>. Wenn das System selbst Kräfte entwickelt, die für längere Zeit die negative Interaktion zwischen den Konfliktparteien verhindern, greifen die Maßnahmen der Vermittlung sofort. In Abb. 7.17. kommt es zunächst zu einem militärischen Konflikt, der zu großen Verlusten für beide Seiten führt. Nach dem 240. Tag stellen beide Parteien ihre negative Interaktion ein; nun reicht ein kurzer Anstoß völlig aus, um geringe positive Interaktion auszulösen. Wenn der erste Schritt

Abb. 7.17.: Eskalation und Konflikt mit anschließenden erfolgreichen Vermittlungsbemühungen

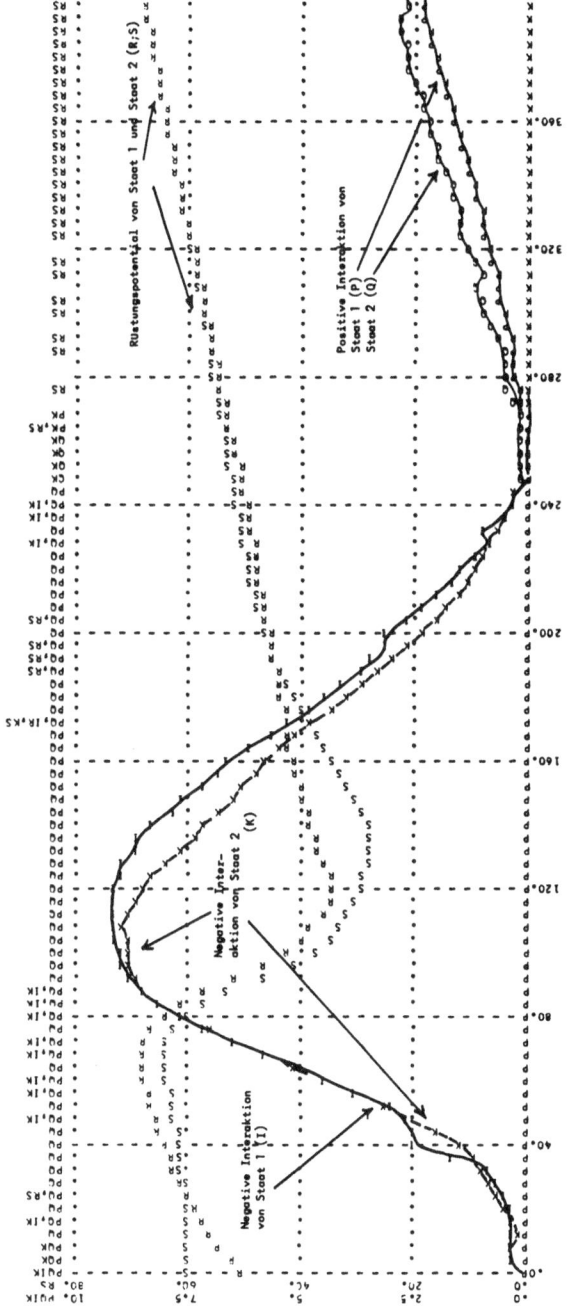

Abb. 7.18.: Asymmetrischer Konflikt und erfolgreiche Vermittlung

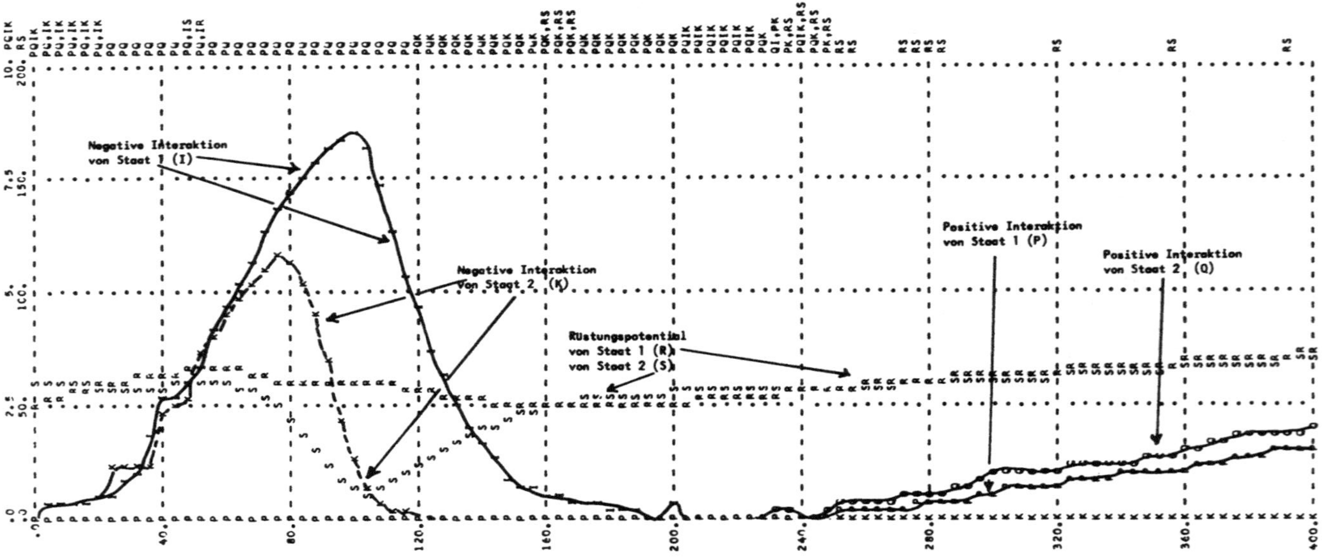

Abb. 7.19.: Rüstungswettlauf und parallel verlaufende Verbesserung der Beziehungen zwischen den Konfliktparteien

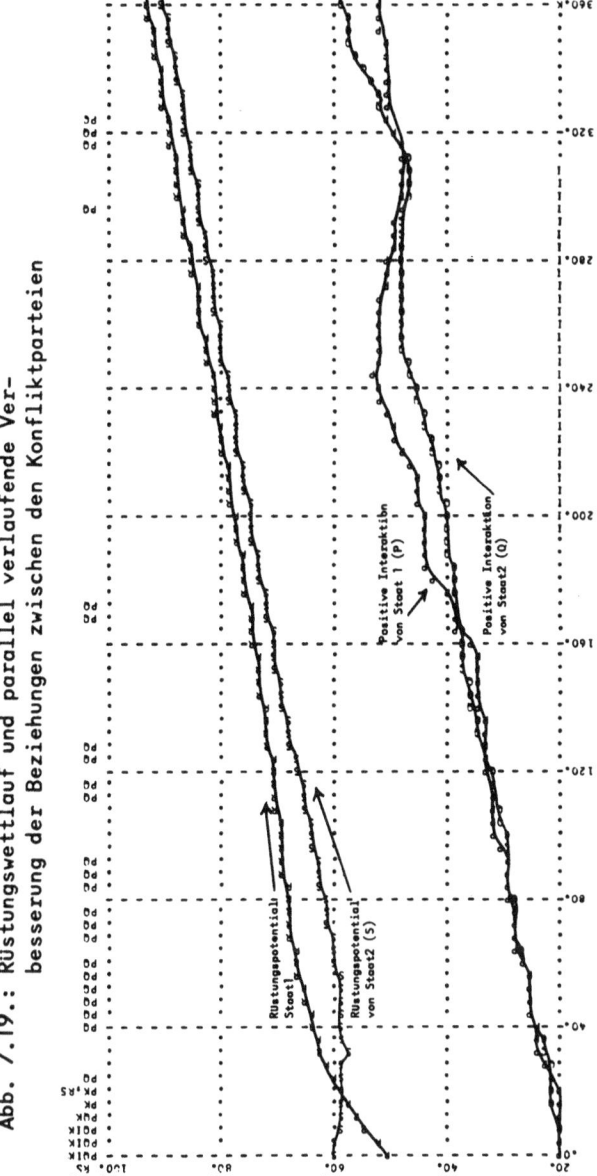

in dieser Richtung einmal getan ist, fallen weitere Verbesserungen der Beziehungen nicht mehr so schwer wie am Anfang.

Wenn die Vermittlungsbemühungen sofort greifen sollen, darf es allerdings im Laufe des vorangegangenen Konflikts nicht zu einer Topdog-Underdog-Situation gekommen sein, wie man sie etwa im Scenario von Abb. 7.8. auf S. 108 finden kann. Je mehr dies der Fall ist, umso schwieriger ist eine Vermittlungsaktion. Die Abb. 7.18. zeigt eine Simulation, in der Staat 2 der Verlierer des Konflikts wird; Staat 1 führt nach der De-Eskalation des Konflikts noch einige Strafaktionen durch; am 200. Tag wird noch einmal eine Warnung ausgesprochen. Die Vermittlungsaktion hat in diesem Fall erst etwa einen Monat, nachdem sämtliche negative Interaktion eingestellt worden ist, Aussichten auf größeren Erfolg.

Solange es also noch von einer Seite oder sogar von beiden Seiten eines Konflikts negative Interaktion, also feindliches Verhalten gibt, dürfte es außerordentlich schwierig sein, kooperative Beziehungen herzustellen. Selbst für den Fall, daß dies wie in den beiden vorhergehenden Beispielen von Abb. 7.17. und Abb. 7.18. gelingen sollte, wird die Dynamik des Rüstungswettlaufs, die sich immer parallel zum Ablauf des eigentlichen Konflikts entwickelt, nicht tangiert. Man steht vielmehr vor der paradoxen Situation, daß gerade die Kräfte, die für eine rasche Beendigung des Konflikts sorgen und durch die Verhinderung weiterer negativer Interaktion die Vermittlung erst ermöglichen, auf der anderen Seite den Rüstungswettlauf beschleunigen. Im Scenario von Abb. 7.19. kann beobachtet werden, daß die Variablen R und S, die das Rüstungspotential der beiden Parteien des Konflikts angeben, parallel zu den Variablen P und Q verlaufen, die wachsende kooperative Beziehungen zwischen den Akteuren aufzeigen. Erst lang andauernde gute Beziehungen werden die Konfliktparteien davon abbringen, aus Sicherheitserwägungen jede sich bietende Gelegenheit zur Verstärkung der eigenen Rüstungs auszunutzen.

7.3. Die langfristige Dynamik des Modells und die Möglichkeiten der Beeinflussung von außen

Die Vorgänge im politischen und ökonomischen Subsystem der am Konflikt beteiligten Parteien sind nicht wie der Konflikt selbst kurzfristige Phänomene, die in wenigen Tagen bis zu mehreren Monaten ablaufen; es handelt sich vielmehr um Entwicklungen in Zeiträumen von mehreren Monaten bis zu einigen Jahren. Diese Entwicklungen haben nur einen indirekten Einfluß auf den außenpolitischen

Entscheidungsprozeß, der jedoch struktureller Art und damit umso nachhaltiger ist. Eine <u>Konfliktlösung</u> zielt langfristig auf die Beseitigung dieser <u>strukturellen Gründe</u> des Konfliktes ab. Es muß also versucht werden, das politische und ökonomische Subsystem der Akteure so umzugestalten, daß aus ihnen möglichst keine weiteren Impulse auf den außenpolitischen Entscheidungsprozeß ausgehen können. Zwischen dem ökonomischen und politischen System einerseits und den Mechanismen des zwischenstaatlichen Konflikts andererseits bestehen komplizierte Rückkopplungsbeziehungen. Hinzu kommt, daß die Prozesse innerhalb der Subsysteme jeweils auf verschiedenen zeitlichen Ebenen ablaufen und daher schwer zu durchschauende Zeitverzögerungs-Effekte auftreten.

Abb. 7.20. zeigt in einem stark vereinfachten Flußdiagramm, wie die verschiedenen zentralen Komponenten dieser Prozesse ineinandergreifen. In seinem unteren Teil wird der außenpolitische Bereich skizziert, der die wichtigsten Variablen des Teilmodells von Abb. 3.8. auf S.42 enthält. Die Rückkopplungsbeziehung zwischen der negativen Interaktion eines Staates und der seines Gegners kann Prozesse von großer Dynamik hervorrufen, die in Zeiträumen von wenigen Tagen ablaufen. Diese Prozesse regulieren sich insofern selbst, als die wachsende Angst, die sich zwangsläufig in der Folge eines Konflikts entwickelt, mit der Zeit eine bremsende Wirkung auf den Prozeß ausübt.

Sofortige Folge großer negativer Interaktion, also eines intensiven Konflikts, ist ein Anwachsen der Legitimität des Regimes. Hierdurch kann die Stabilität eines Regimes ebenfalls verbessert oder wenigstens vor einem Absinken bewahrt werden. Das Flußdiagramm zeigt diese Zusammenhänge, die dem politischen Subsystem des Teilmodells von Abb. 4.4. auf S. 56 entnommen sind, im oberen Teil rechts. Der Konflikts sorgt also dann, wenn er sich voll entfalten kann, für einen Abbau eines Teils des Problemdrucks: Er <u>beseitigt</u> <u>also</u> <u>einen</u> <u>Teil</u> <u>seiner</u> <u>Ursachen</u> <u>selbst</u>. Gleichzeitig hinterläßt der Konflikt jedoch zwangsläufig große Spannungen, die nur durch eine sehr lange Periode kooperativer Beziehungen zwischen den Parteien abgebaut werden können. Hohe Spannung hingegen läßt die <u>Rate</u> <u>der</u> <u>Aufrüstung</u> in dem Maße ansteigen, wie die Ressourcen hierfür vorhanden sind. Die hierdurch notwendigen <u>Einsparungen</u> <u>im</u> <u>Bereich</u> <u>des</u> <u>Privatkonsums</u> können sich über die in der Folge zu erwartende Deprivation der Bevölkerung mit einiger Zeitverzögerung negativ auf die Stabilität des Regimes auswirken. Wenn dies erst über den Mechanismus der internen Unruhen möglich ist, wird die Zeitverzögerung noch etwas länger sein. Die Auswirkungen eines Rüstungsschubes erreichen das politische System also erst mit erheblicher zeitlicher Verzögerung und werden erst nach einer weiteren Weile als Stabili-

Abb. 7.20.: Zusammenwirken der zentralen Komponenten des ökonomischen und politischen Subsystems und des zwischenstaatlichen Konflikts

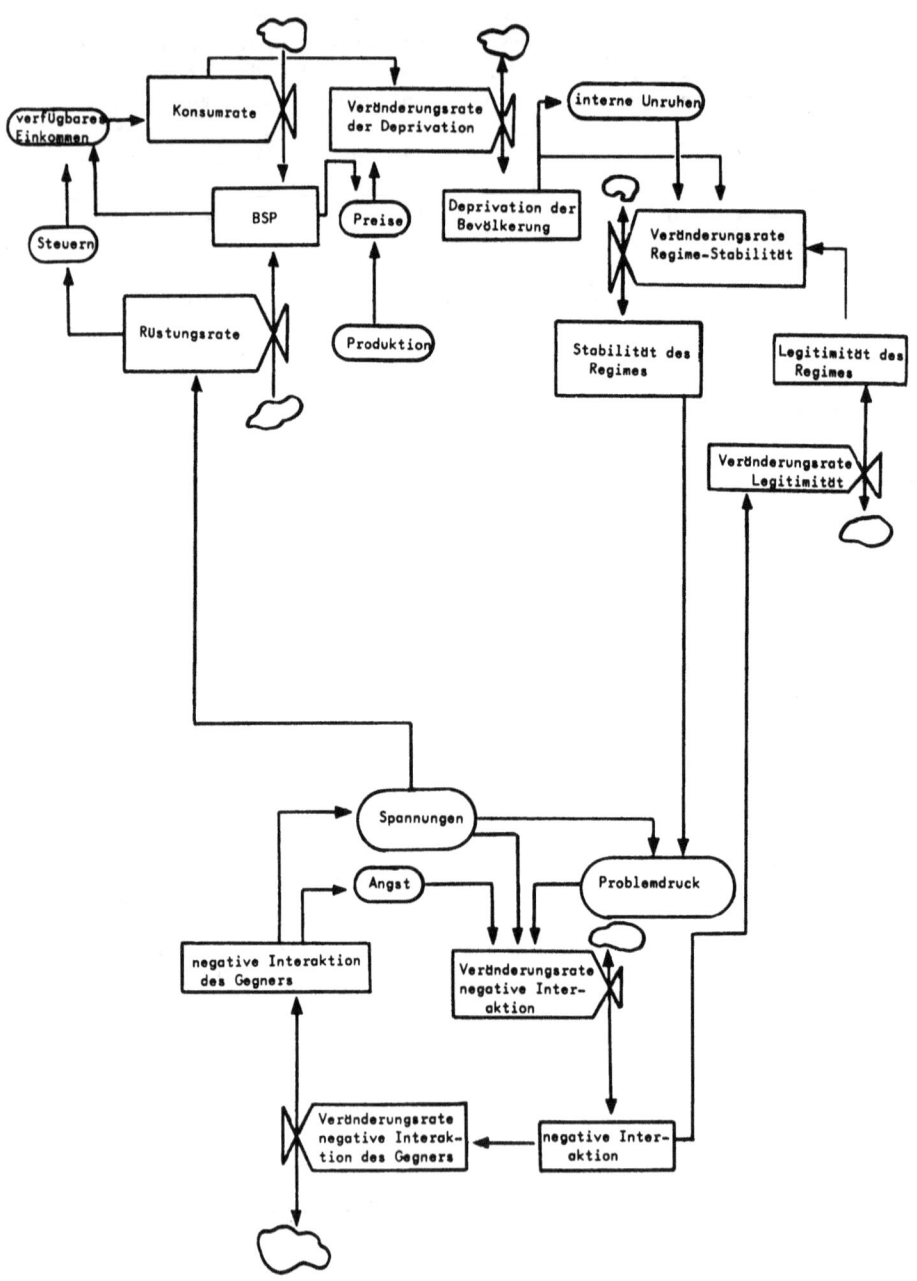

tätsverlust wirksam. Man kann in diesem Fall beobachten, daß
der Legitimierungseffekt des Konflikts genau dann sich abzunützen beginnt, wenn die Auswirkungen des Konfliktes im ökonomischen System - Preissteigerungen, Arbeitslosigkeit, sinkendes Konsumniveau - wirksam werden und auf das politische System
durchschlagen. Es entsteht hierbei neuer Problemdruck, der wiederum als Stimulus neuer Konflikte fungieren kann. Die sukzessiven Kriege des Nahost-Konflikts zeigen in paradigmatischer
Klarheit die Zyklizität des Gesamtsystems, die aus den oben geschilderten Zusammenhängen resultieren kann. Die aus der Abfolge
bewaffneter Konflikte entstehende Spannung, die ansich schon
recht resistent ist und sich selbst nur äußerst langsam abbaut,
wird auf diese Weise ständig reproduziert. Sie wird damit
zum Strukturmerkmal des Konfliktsystems; von hier enthält der
Rüstungswettlauf ständig neue Impulse, die durch keine Sofortmaßnahmen zu beseitigen sind. Permanente hohe Spannung, wie man
sie etwa im Nahen Osten seit fast 30 Jahren registrieren kann,
verleiten die beteiligten Staaten zu Rüstungsanstrengungen, die
den Rahmen des wirtschaftlich tragbaren schnell überschreiten
können.

Da es nicht möglich ist, die Tendenz zur Aufrüstung einer Konfliktpartei an ihrer Wurzel zu beseitigen, muß untersucht werden, durch welche Eingriffe in das ökonomische und politische
System zumindest ein Teil der negativen Auswirkungen beseitigt
werden kann. Die Analyse des Modells hat ferner ergeben, daß
sich in beiden Subsystemen ebenfalls selbständig Prozesse entwickeln können, von denen unter Umständen Impulse auf den zwischenstaatlichen Konflikt ausgehen können.

7.3.1. Die langfristige Dynamik des ökonomischen Systems und
       die Möglichkeiten der exogenen Beeinflussung

Die Auswirkung eines Konflikts im ökonomischen Bereich ist zunächst ein größerer Produktionsausfall, wenn nicht gar die Zerstörung von Produktionsstätten. In unserem Modell wurden diese
Phänomene nicht berücksichtigt. Ein weiteres direktes Resultat des Konflikts ist auch dann, wenn die Eskalation nicht in
den militärischen Bereich vordringt, eine starke Tendenz zur
Aufrüstungs. Allenfalls erlittene Verluste müssen ebenfalls ersetzt werden. Die Finanzierung der Rüstungs wurde in den Konflikten der letzten Zeit - vor allem im Nahen Osten und in
Südost Asien - nicht von den Akteuren selbst, sondern von den
Lieferländern getragen. In den vorangegangenen Beispielen wurde
deshalb zum Teil davon ausgegangen, daß trotz begrenzter finanzieller Mittel die Aufrüstung vorangetrieben wird. Die Zusammenhänge zwischen Waffenlieferung und Rüstungsfinanzierung sind zu
komplex und auch zu wenig empirisch greifbar, als daß es möglich

wäre, sie in diesem Modell abzubilden; wir gehen in diesem
Modell bekanntlich von zwei Akteuren aus und vernachlässigen
im ökonomischen Subsystem den Außenhandel. Es dürfte jedoch
realistisch sein, wenn man annimmt, daß zumindest ein Teil
der Rüstungsbelastungen durch das ökonomische System der Konfliktparteien getragen werden muß. Wie das Beispiel Ägyptens
und Israels zeigt, haben die Sowjekunion und die USA jeweils
dann mit Stützungsaktionen wie langfristigen Krediten und Stundung von Schulden eingegriffen, wenn die Wirtschaft dieser Länder vor dem Zusammenbruch bewahrt werden mußte. Diese Restbelastung ist meist immer noch so groß, daß sie die Dynamik
des ökonomischen Systems erheblich beeinflußt.

Das Modell kann also, soweit der wirtschaftliche Bereich betroffen ist, keine "realistischen" Abläufe reproduzieren; es
können lediglich Grundeigenschaften analysiert werden, die in
tatsächlichen Abläufen in der einen oder anderen Form auftreten
können. Abb. 7.21. zeigt ein Scenario mit langsam ansteigenden
Rüstungsausgaben; es kommt während der ganzen Zeit zu keinem
externen Konflikt, da das labile Gleichgewicht der Abschreckung
nicht aus der Ruhe gebracht wird. Die Stabilität des Systems
wird über ein hohes koerzives Potential abgesichert, sodaß von
den Entscheidungsträgern aus kein Anlaß besteht, auf die Ereignisse im ökonomischen Subsystem durch regulierende Eingriffe zu
reagieren. Die Auswirkungen steigender Rüstungsausgaben können
also in ihrem "idealtypischen" ungestörten Verlauf beobachtet
werden. Die Rüstungsausgaben (vergl. A in Abb. 7.21.) sind
gegen Ende der Simulation genauso hoch wie die Investitionen (I).
Es resultiert hieraus eine inflationäre Situation mit exponentialem Wachstum von Preisen und Löhnen (Variablen P und L in
Abb. 7 21.). Ebenfalls kommt es zu steigender Arbeitslosigkeit
(U). Während die Zahl der Beschäftigten damit gegen Ende der
Simulation sinkt (E), stagniert die anfänglich noch wachsende
- zu Preisen des Basisjahres bewertete - Produktion (R).

Wenn die Stabilität des Regimes nicht über andere Mechanismen
abgesichert werden kann und sich damit die Entwicklungen im
ökonomischen Subsystem voll auf das politische Subsystem auswirken, wird das Regime versuchen, Schwierigkeiten wie die von
Abb. 7.21. durch regulierende Eingriffe zu beseitigen. Das folgende Scenario von Abb. 7.22.1 und Abb. 7.22.2. zeigt, daß die
"regulierenden" Maßnahmen der Entscheidungsträger auch den gegenteiligen Effekt haben können: Die Entwicklung gerät hierbei vollends außer Kontrolle. Das Regime versucht hierbei, die bestehende
hohe Arbeitslosigkeit von über 30%, die als Folge des Rüstungswettlaufes entstehen kann (vergl. U in Abb. 7.22.1. und Abb. 7.22.2.),
durch massive Investitionen (I in Abb 7.22.1.) abzubauen.
Das Resultat ist zwar ein Absinken der Arbeitslosigkeit, die

- 133 -

Abb. 7.21.: Inflationäre Entwicklung, ausgelöst durch steigende Rüstungsausgaben

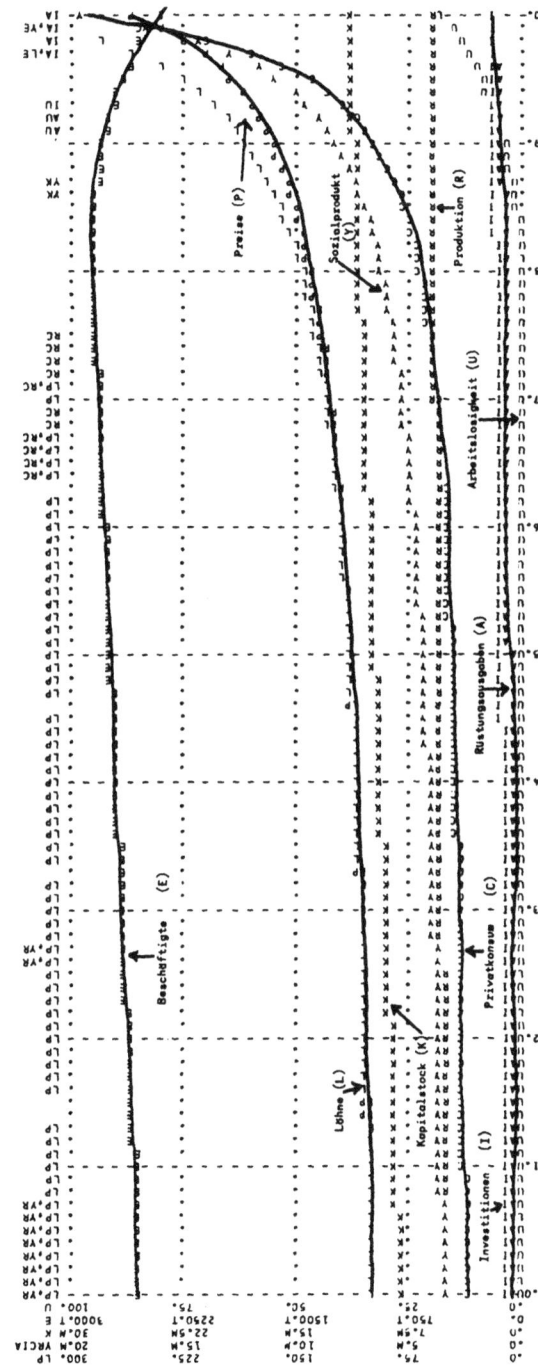

Ende des ersten Jahres nur noch 25 % beträgt; allerdings steigt
gleichzeitig die Inflationsrate auf über 50% an (vergl. V in
Abb. 7.22.2.). Die Produktion stagniert in diesem Zeitraum
(R in Abb. 7.22.1.), und das Wachstum der Bevölkerung führt
zu einer Abnahme des realen per-capita-Konsums (K in Abb.
7.22.2.). In dieser Lage entschließt sich das Regime, seine
Politik zu ändern und auf einen Abbau der Inflation hinzuarbei-
ten. In der Folge entwickelt sich ein Schwingungsverhalten, das
die wichtigsten Variablen des ökonomischen Subsystems erfaßt:
Preissteigerungen, Investitionen, das Sozialprodukt und die Stabilität des Regimes (V in Abb. 7.22.2.; I und Y in Abb. 7.22.1.;
S in Abb. 7.22.2.). Die Arbeitslosenquote gerät ebenfalls in
leicht schwingende Bewegung (vergl. U in Abb. 7.22.1.). Mit
wachsender Stabilität des Regimes sinkt die Amplitude dieser
Schwingungen und die Phasen werden länger.

Bei den gleichen Ausgangsbedingungen wie im Scenario von Abb.
7.22.1 und Abb. 7.22.2. und etwas höherer Stabilität des Regimes zu Anfang der Simulation beträgt die Phasenlänge der
Schwingungen fast 2 1/2 Jahre, wie das Scenario von Abb. 7.23.1.
und 7.23.2. zeigt. In der Realität werden derartige Schwingungen wegen der außerordentlich vielen anderen exogenen Einflüsse
kaum in der Form auftreten, wie sie die vorherigen Beispiele
zeigen. Man wird jedoch den Schluß ziehen können, daß die Eingriffe des Regimes umso stärker ausfallen, je geringer ihre eigene Stabilität ist; das ökonomische System wird umso heftiger
reagieren, je größer diese Eingriffe ausfallen. Bei massiven
Eingriffen in das ökonomische System werden also mit einiger
Zeitverzögerung umso massivere Impulse auf das politische System
zurückwirken. Es wird dann von der Struktur des politischen
Systems abhängen, wie diese Impulse verarbeitet werden.

Es bestehen nicht viele Möglichkeiten, von außen die Dynamik
des ökonomischen Systems entscheidend zu verändern. <u>Kurzfristige
und langfristige finanzielle Hilfen</u> haben lediglich eine <u>auf-
schiebende bzw. abschwächende Wirkung</u>. In gewissen Phasen des
Konfliktablaufs kann dies jedoch ein wichtiger Beitrag sein, um
möglichen <u>Druck von den Entscheidungsträger</u>n abzuwenden. Man wird
jedoch wohl nie völlig verhindern können, daß sich ein Regime
durch eine <u>verfehlte Wirtschaftspolitik selbst Schwierigkeiten
bereitet</u>. Das ökonomische Subsystem ist vielmehr eine ständige
Quelle möglichen Problemdrucks, mit der langfristig zu rechnen
ist. Wir gehen ferner davon aus, daß es einem Vermittler nicht
möglich ist, <u>Waffenlieferungen vollständig zu unterbinden</u>. Und
ein Rüstungswettlauf wird immer zu Schwierigkeiten im ökonomischen Bereich führen; hieran können keine Maßnahmen entscheidend
etwas ändern. Eine dauerhaftere Lösung dieser Probleme muß deshalb bei der <u>Beseitigung der Stimuli des Rüstungswettlaufes</u> an-
setzen.

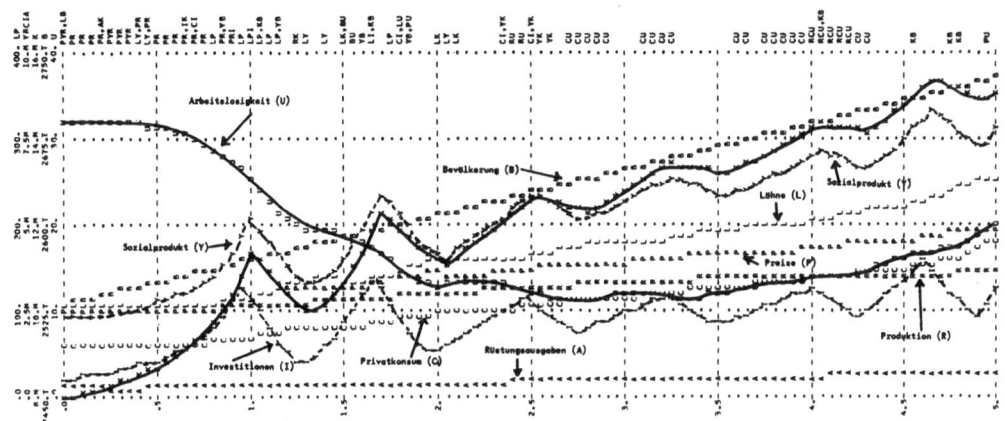

Abb. 7.22.1.: Arbeitslosigkeit und Eingriffe des Regimes

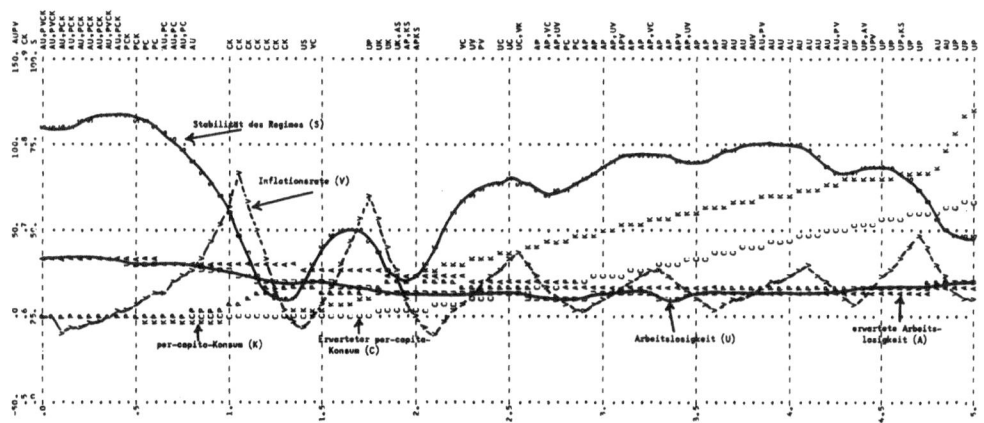

Abb. 7.22.2.: Auswirkungen auf die Stabilität des Regimes

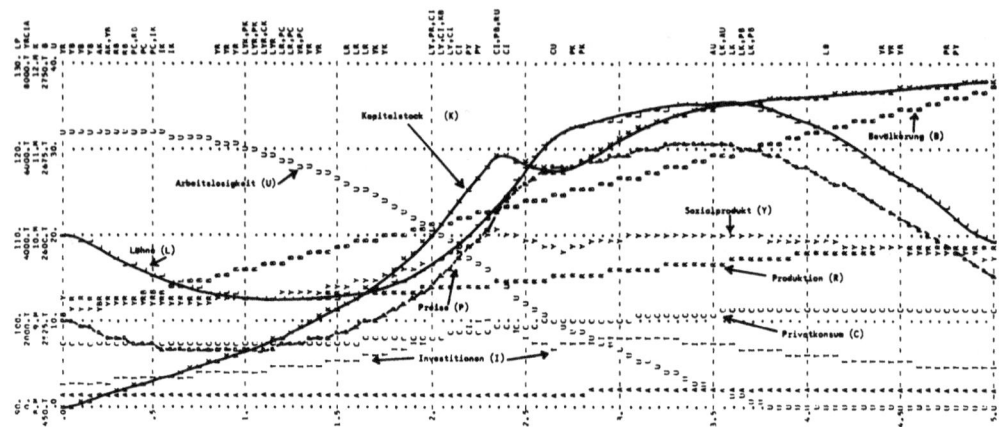

Abb. 7.23.1.: Arbeitslosigkeit und leichte Eingriffe des Regimes

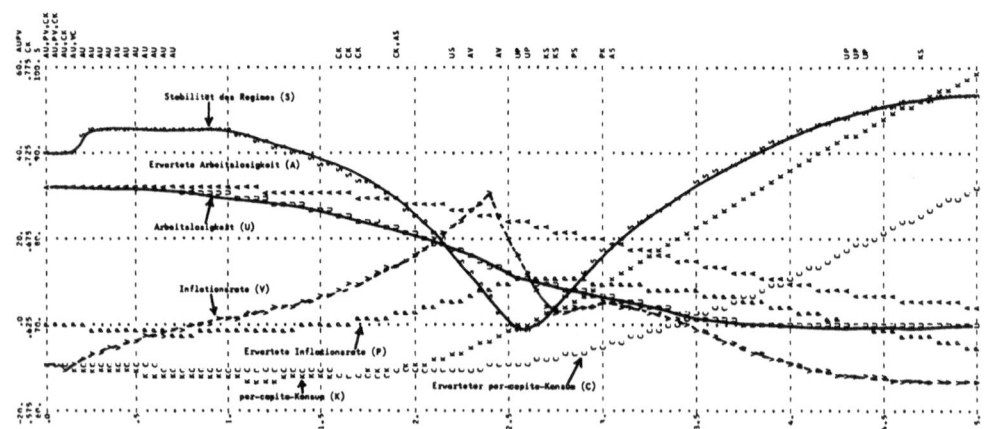

Abb. 7.23.2.: Auswirkungen auf die Stabilität des Regimes

7.3.2. Die langfristige Dynamik des politischen Systems und
ihre Beeinflussung

Das politische System eines Akteurs ist das Bindeglied zwischen
den Prozessen des wirtschaftlichen Bereichs und dem äußeren Konflikt. Die möglicherweise entstehenden Schwierigkeiten können
im Falle von hohen Spannungen zum auslösenden Faktor einer
Eskalation werden. Die Reaktionen des politischen Systems sind
davon abhängig, wie anfällig es gegenüber steigender Deprivation der Bevölkerung ist und wie diese Deprivation verarbeitet
wird. Ein sehr hoch institutionalisiertes politisches System
wird auf die sinkende Zufriedenheit der Bevölkerung sofort mit
einem parallelen Absinken der Stabilität des Regimes reagieren.
Da jedoch in diesen Systemen ein <u>regulärer Transfer der Regierungsgewalt</u> vorgesehen ist, führt der Druck aus dem ökonomischen
System "lediglich" zu einer Neubesetzung der Regierungsposten.
Selbst im Falle langandauernder Krisen kann ein hoch institutionalisiertes politisches System mit den resultierenden Problemen fertig werden, wie die Simulation von Abb. 4.6. auf S. 61
zeigt. Bei weniger institutionell gefestigten politischen Systemen kann unter dem Druck von außen allerdings das gesamte
System zusammenbrechen, wie Abb. 4.5. auf S. 59 zeigt. Es kommt
in diesem Fall zumindest zu Dauerkrisen wie die des Scenarios
von Abb. 7.24., das anschließend beschrieben werden soll.

In der 10. Woche kommt es in diesem Scenario zu einer drastischen
Krise des ökonomischen Systems; hohe Preissteigerungen, ein
Absinken des Konsums und wachsende Arbeitslosigkeit lassen den
Indikator "wirtschaftliche Lage der Bevölkerung" (vergl. E in
Abb. 7.24.) rasch absinken. Es entsteht steigende Deprivation
(D), die wiederum zu sinkender Stabilität des Regimes führt.
Mit einer Zeitverzögerung von etwa 50 Wochen kommt es ebenfalls
zu internen Unruhen. Die steigende Legitimität des Regimes und
der erfolgte Regimewechsel - die Stabilität des Regimes ist bei
hoher Institutionalisierung unter die Marke von 50% geraten -
lassen die Stabilität jedoch wieder ansteigen. Dadurch sinkt
die Deprivation wieder ab und die internen Unruhen lassen nach
(vergl. S, D und C in Abb. 7.24.). Inzwischen ist durch das
Regime auch ein Teil der Institutionalisierung abgebaut worden.
Der Einsatz des koerziven Potentials ist aber nicht mehr notwendig. In der folgenden Zeit kommt es zu periodischen Krisen, indem die Deprivation ansteigt und zu wachsenden Unruhen führt;
daraufhin sinkt die Stabilität des Regimes ab und die Unruhen
lassen nach. Die Länge der Zyklusphasen liegt bei etwa 80 Wochen.

Es ist klar, daß von diesen periodischen Krisen Impulse auf die
Außenpolitik des Akteurs ausgehen können. So kann das Regime versuchen, seine Position durch die Intensivierung eines äußeren

Abb. 7.24.: Krise des ökonomischen Systems und die resultierenden zyklischen Krisen des politischen Systems

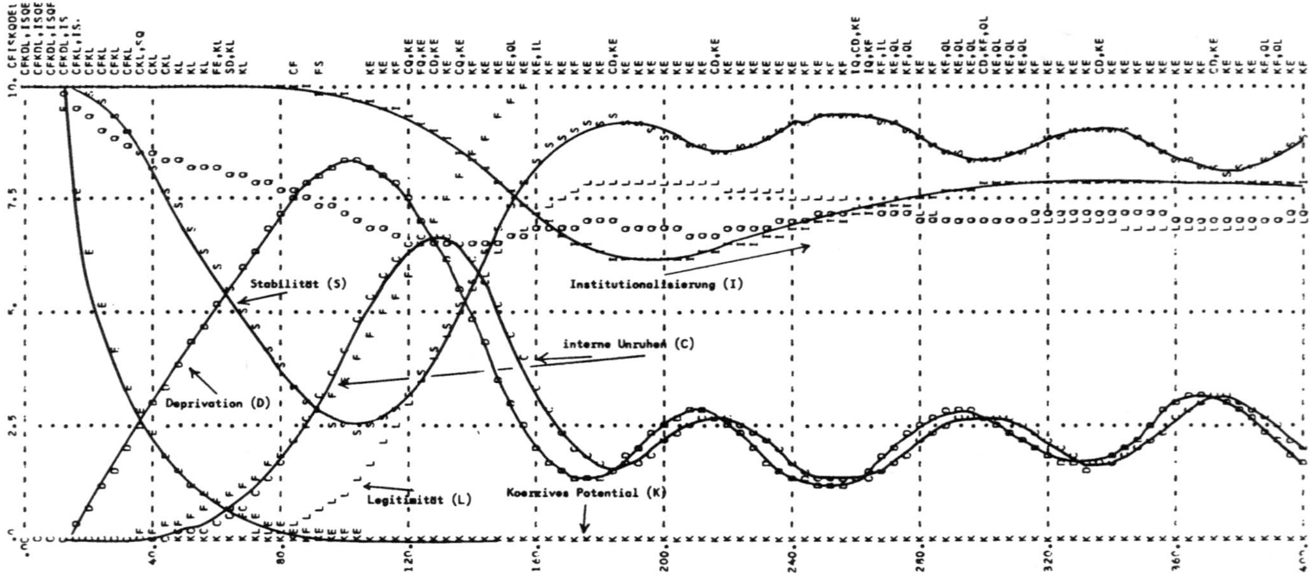

Konfliktes zu verbessern. Ein totalitäres Regime ist gegenüber
großem Druck aus dem ökonomischen System ebenfalls nicht abgesichert. Wie Abb. 7.25. zeigt, kann hierbei das koerzive Potential zwar die Entwicklung verzögern, jedoch nicht vollständig
unter Kontrolle halten. Die Stabilität des Regimes sinkt in
diesem Falle zwar nicht unter die Marke von 50%, aber die vollständige Wiederherstellung der Ausgangssituation dauert über
80 Wochen. Man wird ebenfalls davon ausgehen können, daß für
ein totalitäres Regime eine relativ geringe Instabilität weit
gewichtiger ist als für das Regime eines hoch institutionalisierten Systems. Die Auswirkungen auf den äußeren Konflikt können auch in diesem Falle gravierend sein. Im Falle hoher Spannungen, vor allem aber bei geringer subjektiver Sicherheit des Akteurs, können sich diese Entwicklungen des politischen Systems
leicht in eine Eskalation umsetzen.

Für einen Vermittler gibt es recht wenige Möglichkeiten, krisenartige Entwicklungen des politischen Systems zu beeinflussen,
zumal derartige Krisen auch ohne weitere Anstöße von außen
selbständig ablaufen können und ihre eigene Dynamik entfalten,
wie das Scenario von Abb. 7.24. zeigt. Eine Großmacht hat
immerhin die Möglichkeit, durch massive Interventionen in einen
kleinen Staat die Verhältnisse für den Moment stabiler zu gestalten, indem einem totalitären Regime zur Macht verholfen wird
und ihm beim Aufbau eines Repressionsinstrumentariums geholfen
wird. Diese Beruhigung dürfte jedoch nur zeitweise andauernd.
Vor allem wird hierbei jegliche Möglichkeit für eine zukünftige
evolutionäre Entwicklung verbaut; totalitäre Regime sind gegenüber Versuchen zu ihrer Beseitigung äußerst resistent.

Eine langfristige Strategie muß daraufhin gerichtet sein, ein
instabiles politisches System vor äußerem Druck zu bewahren,
damit es mit der Zeit die notwendige Stabilität und die Mechanismen der Krisenbewältigung selbst entwickelt. Ein äußerer Konflikt wird zwar kurzfristig die interne Stabilität eines Systems
verstärken; aber diese Effekte hat keine strukturelle Wirkung.
Man wird deshalb versuchen müssen, den Konflikt auf andere Art
zu vermeiden helfen. Der Vermittler hat in einem gewissen Rahmen selbst die Möglichkeit, den Legitimierungseffekt des äußeren
Konfliktes zu ersetzen: Die Gespräche mit einem Vermittler, der
große Macht und außerordentliches Prestige besitzt, wird die
Entscheidungsträger eines Landes für einige Zeit von interner
Kritik entlasten, da sie von außen "anerkannt" worden sind.
Im Falle von kurzfristigen Engpässen und Krisen des ökonomischen Systems kann ein starker Partner auch durch finanzielle
Hilfe dafür sorgen, daß sich diese Schwierigkeiten nicht vollständig auf das politische System auswirken und sich damit in
Problemdruck umsetzen.

Abb. 7.25.: Krise des ökonomischen Systems und die Auswirkungen auf ein totalitäres politisches System

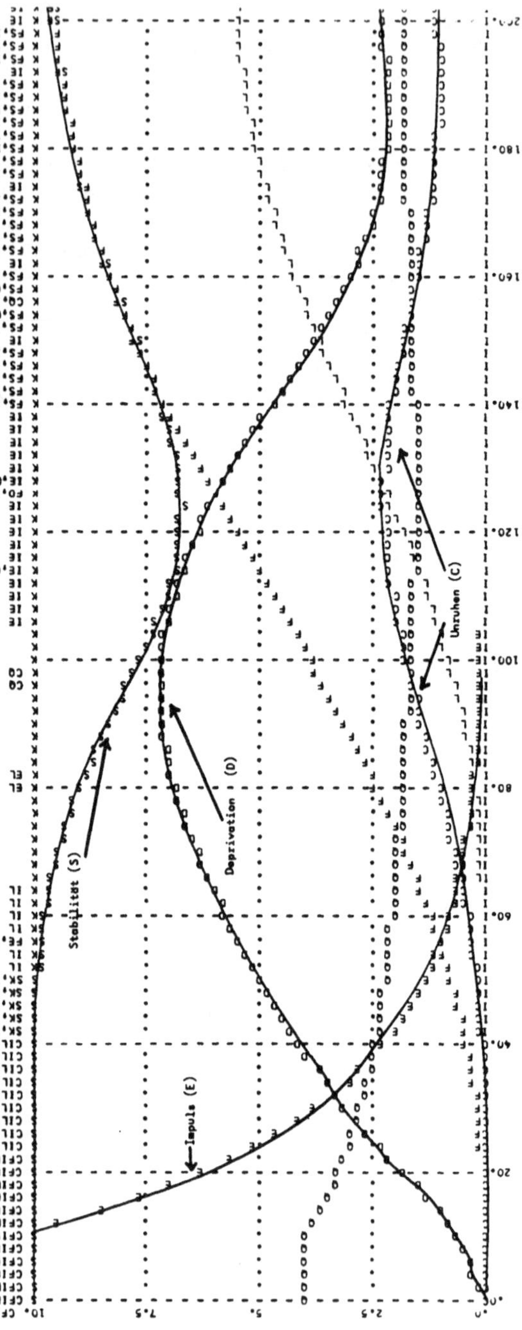

7.4. Vermittlung und Konfliktlösungs-Strategien im Überblick: Steuernde Eingriffe und flankierende Maßnahmen in den verschiedenen Stadien eines Konfliktes durch die Drittpartei

Abschließend sollen die verschiedenen Möglichkeiten der Vermittlung und ihre Koordinierung, wie sie in den vorhergehenden Abschnitten dieses Kapitels beschrieben werden, überblickend zusammengefaßt werden. Wie die Analyse des Modells zeigt, gibt es keine alleinige Optimal-Strategie, sondern jeweils ein Bündel von Maßnahmen, das auf die aktuelle Situation des Konfliktes zugeschnitten sein muß und koordiniert eingesetzt wird. Da es meist notwendig ist, eine Fülle von Randbedingungen zu kontrollieren, muß der Vermittler seine Aktionen mit flankierenden Maßnahmen absichern. Diese können entweder von ihm selbst oder von anderen Akteuren durchgeführt werden.

Wir unterscheiden verschiedene Phasen eines Konfliktes, für die jeweils ein derartiges Bündel von Maßnahmen durchzuführen ist. Wie die Beispiele dieses Kapitels zeigen, durchläuft ein Konflikt meist nacheinander 4 verschiedene Stationen, die genau unterschieden werden können. Die Zeit kurz vor dem offenen Aus-

Abb. 7.26.: Ablaufschema eines zwischenstaatlichen Konflikts

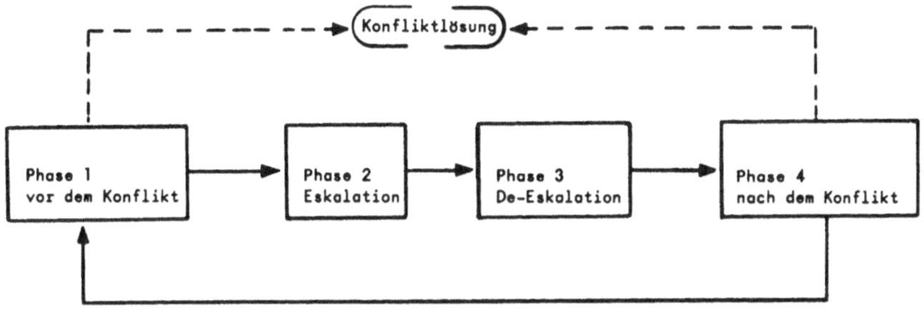

bruch des Konflikts ist durch hohe Spannungen zwischen den Konfliktparteien und die Erwartung des baldigen Ausbruchs offener Feindseligkeiten gekennzeichnet. Es folgt darauf meist die Eskalation mit der nachfolgenden De-Eskalation; danach kann der Konflikt entweder in das 4. Stadium eintreten, oder aber es erfolgt eine neuerliche Eskalation. Phase 4 unterscheidet sich von Phase 1 vor allem dadurch, daß hier der voraufgegangene Konflikt in verschiedener Weise nachwirkt. Dieses Schema ent-

spricht also weitgehend dem Modell von Barringer in Abb. 2.9.
auf S. 19. Wir gehen jedoch davon aus, daß eine Konfliktlösung
nur aus den Phasen 1 und 4 heraus möglich ist; dabei ist die
Wahrscheinlichkeit größer, daß die Konfliktlösung von der
Phase 4 ausgeht, oder aber völlig unterbleibt. In diesem Falle
geht Phase 4 wiederum in Phase 1 über, wobei die Trennlinie
natürlich nicht scharf gezogen werden kann. Die anzuwendenden
Maßnahmen sollen in chronologischer Reihenfolge besprochen werden. Sie sind alle zusammen noch einmal übersichtlich in Abb.
7.27. aufgeführt.

7.4.1. Vermittlung vor dem Konflikt: Strategie und flankierende Maßnahmen in Phase 1

Die Situation vor dem Konflikt kann als labiles Gleichgewicht
gekennzeichnet werden. Es bestehen hohe Spannungen zwischen den
Konfliktparteien; sie enthalten die notwendige "Energie", die
dem Konflikt seine große Dynamik verleihen kann. Es fehlen momentan jedoch noch die Impulse, durch die eine derartige Entwicklung ausgelöst werden könnte. Wenn die Entscheidungsträger
unter großem Problemdruck stehen, kann dieser Stimulus, der die
Eskalation auslöst, durch ein Zufallsereignis erzeugt werden.
In diesem Fall wird der erste Schritt auf der Eskalationsleiter
sofort weitere Aktionen des gegnerischen Akteurs nach sich ziehen.

Die Hauptstrategie des Vermittlers muß in zwei Richtungen gehen:
Langfristig muß versucht werden, durch Herstellung indirekter Kommunikation zwischen den Konfliktparteien zunächst einen Prozeß
wechselseitiger kooperativer Interaktion in Gang zu bringen;
kurzfristig muß der Vermittler versuchen, die anstehende Eskalation zu verhindern. Denn für den Fall, daß dies nicht gelingt,
besteht für die langfristige Strategie keine Aussicht auf Erfolg, wie die Scenarios von Abb. 7.15. und Abb. 7.16. auf den
Seiten 122 und 123 zeigen. Der Vermittler muß daher zunächst
von beiden Konfliktparteien die Zusicherung einholen, daß sie
selbst nicht den ersten Schritt einer Eskalation tun werden.

Flankierende Maßnahmen müssen vor allem die zweite kurzfristige Strategie absichern; denn da sich "erste Schritte", die verhindert werden sollen, als solche meist nicht genau identifizieren lassen, besteht immer die Gefahren einer sukzessiven Eskalation, eines "Hineinschlitterns". Die Beseitigung oder Kontrolle von Zufallsereignissen ist nicht möglich. Der Vermittler
kann jedoch versuchen, den Problemdruck auf die Akteure zu vermindern, der diesen Zufallsereignissen erst ihr volles Gewicht
gibt. Wenn es sich um Sicherheitsprobleme handelt, muß versucht
werden, die militärische Parität zwischen den Konfliktparteien

wiederherzustellen oder zu bewahren. Dies wird vermutlich nur
einer Supermacht möglich sein. Da es jedoch auf die subjektive
Einschätzung der Machtverhältnisse durch die Akteure des Konfliktes ankommt, fällt dem Vermittler, der ohne großes Sanktionspotential im Hintergrund agieren muß, auch eine wichtige Rolle
hierbei zu: Er muß die Konfliktparteien von der ausgeglichenen
militärischen Lage überzeugen. Wenn die Akteure unter innenpolitischem Druck stehen, kann ein Vermittler, der über großes
Prestige oder über große Macht verfügt, durch Verhandlungen
mit den Entscheidungsträgern diese "legitimieren" und damit von
einem Teil des Druckes entlasten. Wenn der Problemdruck aus
wirtschaftlichen Gründen entstanden ist, kann finanzielle Hilfe
eines Staates ebenfalls dazu beitragen, den Problemdruck abzubauen. Einer Supermacht steht auf jeden Fall noch die Option
offen, den Konfliktparteien oder der stärkeren Konfliktpartei
unmißverständlich klar zu machen, daß sie eine Eskalation unter
keinen Umständen dulden wird.

In den meisten Fällen wird es jedoch trotz dieser Maßnahmen
zu einer Eskalation kommen, denn die Lösung des Konfliktes
durch Kompromisse wird von den Akteuren solange nur als zweitrangig angesehen, wie sie noch auf einen vollständigen militärischen oder diplomatischen Sieg hoffen können. Dies wird besonders dann der Fall sein, wenn sich die Kräfte beider Seiten
etwa die Waage halten (7). Dennoch ist der Einfluß des Vermittlers in dieser Phase des Konflikts dann am größten, wenn die
Machtdifferenz zwischen den Parteien gering ist (8). Ein starkes Machtgefälle dagegen wird die schwächere Partei zum Präventivschlag verführen; die stärkere Partei wird versuchen, den
Konflikt militärisch zu beseitigen (9). Der Vermittler kann hier
nur sehr wenig ausrichten. Durch die Vermittlung wird auf jeden
Fall Zeit gewonnen (10), denn die Einschaltung einer Drittpartei allein erzeugt gewisse Hemmungen (11): Die Gegner sind zumindest aus taktischen Gründen gezwungen, dem Vermittler eine
Chance einzuräumen. Diese Zeit kann dazu genutzt werden, die
oben skizzierten Maßnahmen wenigstens Teilweise durchzuführen.

7.4.2. Vermittlung in der Eskalationsphase des Konflikts

Wenn der Konflikt in das Stadium der Eskalation übergegangen
ist, kann die langfristige Strategie der vorherigen Phase,
die auf eine Herstellung kooperativer Beziehungen abzielt, als
gescheitert betrachtet werden; dies zeigt das Scenario der Abb.
7.15. und 7.16. auf S. 122 und S. 123. Die Akteure sind nun gezwungen, die bisherige Kosten-Nutzen-Einschätzung zu rationalisieren (12). Durch die Eskalation klären sich aber die Ziele der Parteien (13), vor allem der Kostenfaktor rückt mehr in das Bewußtsein. Hier liegt die Chance für den Vermittler.

Eine kurzfristige Strategie besteht also darin, die Konfliktparteien für die Kosten des Konfliktes zu sensibilisieren. Tatsächlich ist es in Krisenzeiten eher möglich, die Perzeption von Kosten und Nutzen zu manipulieren (14); wie das Beispiel von Abb. 7.5. auf S. 102 zeigt, kann der Abschreckungseffekt, den diese Strategie unter Umständen auslöst, den Konflikt unterhalb der militärischen Schwelle halten. Die Vermittlung ist also umso erfolgreicher, je besser es dem Vermittler gelingt, die Parteien zu einer realistischen Einschätzung der Lage und vor allem der Kosten des Konfliktes zu bringen (15).

Der "idealtypische" Ablauf einer Eskalation, wie ihn das Scenario von Abb. 7.1.1. und Abb. 7.1.2. auf S. 97 zeigt, wird vor allem von der Reaktivität in Gang gehalten. Die zweite Hauptstrategie des Vermittlers muß also darin bestehen, diese Reaktivität zu unterbrechen. Ein Weg dazu ist der Versuch, die Konfliktparteien zu überreden, selbst demonstrativ auf eine Reaktion bei der nächsten Aktion des Gegners zu verzichten. Auch in dieser Phase des Konfliktes müssen eine Reihe von Randbedingungen kontrolliert werden, damit die Maßnahmen des Vermittlers greifen. Es ist jedoch in diesem Stadium nicht notwendig, die Parteien von internem Problemdruck zu entlasten; der Konflikt hat dies während der Eskalation durch seine "legitimierende" Wirkung schon selbst besorgt. Wichtig ist jedoch die Kontrolle der militärischen Stärke der Konfliktparteien, um möglichen Präventiv- und Prä-emptivaktionen vorzubeugen. Denn im Falle von militärischen Ungleichgewichten wirkt die Sensibilisierung der Akteure für die Kosten des Konfliktes geradezu kontraproduktiv: In diesem Falle wird die militärische Lösung als "low-cost-option" umso attraktiver erscheinen (vergl. die Ausführungen auf S. 120).

Die Lösung des Konflikts im Sinne einer Beseitigung der Ursachen und Herstellung kooperativer Beziehungen ist in diesem Stadium des Konfliktablaufs durch die Vermittlung nicht zu erreichen. Durch das hohe Niveau des Konfliktaustrags werden die vorhandenen Distanzen zwischen den Parteien weiter verstärkt (16), und so kann mit einem Abbau dieser Distanzen solange kaum gerechnet werden, wie die Intensität des Konfliktaustrags weiter ansteigt (17). Als Folge der Abschreckungsstrategie kommt es zu hohen Kosten, mit denen nach Ende des Konfliktes zu rechnen ist. Vor allem wird der Rüstungswettlauf intensiviert. Man kann jedoch argumentieren, daß diese Impulse keinesfalls größer sind als diejenigen, die von einem voll eskalierten Konflikt zu erwarten sind. Einer Supermacht steht in diesem Stadium des Konfliktes noch die Möglichkeit einer Intervention auf einer Seite oder einer Polizeiaktion offen. Die Gefahr einer solchen Strategie ist eine Verlägerung oder Ausweitung des Konflikts.

7.4.3. Vermittlung in der De-Eskalationsphase des Konflits

Wenn durch die Maßnahmen des Vermittler in der vorhergehenden Phase des Konfliktes die Trendumkehr eingeleitet worden ist und Präventivaktionen unterbunden werden konnten, muß in diesem Stadium der <u>Erfolg</u> <u>der</u> <u>vorangegangenen</u> <u>Aktionen</u> <u>gewahrt</u> <u>bleiben</u> und die De-Eskalation beschleunigt werden. Hauptstrategie des Vermittlers ist es deshalb, die Parteien zu <u>Schritten</u> <u>in</u> <u>Richtung</u> <u>auf</u> <u>eine</u> <u>Détente</u> <u>zu</u> <u>ermuntern</u>; er kann hierbei auf das Phänomen der Reaktivität rechnen, indem ein erster Schritt weitere De-Eskalation nach sich ziehen wird. Meist kommt jedoch die De-Eskalation völlig selbständig in Gang, sodaß es dem Vermittler vor allem darum gehen muß, die <u>günstigen</u> <u>Randbedingungen</u>, die eine De-Eskaltion ermöglichen, zu erhalten.

Durch flankierende Maßnahmen muß verhindert werden, daß sich ein <u>militärisches</u> <u>Ungleichgewicht</u> entwickelt, das zu einem Wiederaufleben der Eskalation führen könnte und schließlich eine <u>Topdog-Underdog-Situation</u> hinterläßt, die nicht mehr negotiabel ist (vergl. Abb. 7.8. auf S. 109). Ein weiterer gefährlicher Nebeneffekt der De-Eskalation ist das Nachlassen der legitimierenden Wirkung des Konfliktes. Die Entscheidungsträger können also sukzessive unter internen Druck kommen, der ihnen eine weitere De-Eskalation unmöglich erscheinen läßt. In der Folge kann sich ein gefährlicher Dauerkonflikt entwickeln, wie Beispiele zeigen (Vergl. Abb. 7.7. auf S. 107); oder eine Partei, die ihre negative Haltung aufgrund interner Schwierigkeiten nicht aufgibt (vergl. Abb. Abb. 7.12. auf S. 115), blockiert dauerhaft alle weiteren Versuche einer Konfliktlösung. Hier kann der Vermittler wie schon in der ersten Phase versuchen, die Entscheidungsträger durch öftere <u>spektakuläre</u> <u>Konsultationen</u> zu "legitimieren". Es können aber auch ganz manifeste Aktionen wie etwa <u>wirtschaftliche</u> <u>Hilfe</u> notwendig werden, um die Entscheidungsträger von Problemdruck zu entlasten. Man wird hierbei versuchen müssen, ob sich entsprechendes außenpolitisches Wohlverhalten "erkaufen" läßt. Wenn allerdings die Zufuhr von Rüstungsgütern in dieses Land nicht kontrolliert wird, so wird eine derartige Hilfe lediglich indirekt die Aufrüstung "subventionieren".

7.4.4. Vermittlung nach dem Konflikt: Strategie und flankierende Maßnahmen in Phase 4

In dieser Phase des Konflikts kann der Vermittler mit dem Abbau der hohen Distanz zwischen den Konflikparteien beginnen, indem er die Kommunikation zwischen ihnen in Gang bringt (18), wie es Abb. 7.17. auf S. 125 zeigt. Der Vermittler muß dabei die Parteien jeweils vom Willen der Gegenseite zur Entspannung überzeugen und sie zu <u>Vorleistungen</u> in der Art von <u>ersten kleinen Schritten</u> bewegen. Der dabei im Idealfall in Gang kommende reaktive Prozeß steigender positiver Interaktion wird langsam zu einem Abbau der Distanzen führen, wenn er nicht wieder unterbrochen wird.

Diese Phase ist für die Vermittlung deshalb günstig, weil der Konflikt in seinen Folgen noch bewußt ist und nachwirkt; hierdurch wird die Situation "reif" (19) für die Vermittlung. Die <u>offensichtliche Patt-Situation</u> (20), die in diesem Stadium entsteht, und die hohen Kosten des vorangegangenen Konflikts (21) lassen die Vermittlung als momentan optimalen modus vivendi erscheinen (22). Diese günstigen Randbedingungen, die nach dem Konflikt die Situation kurzfristig stabilisieren, müssen vom Vermittler allerdings sorgfältig überwacht und geschützt werden.

Wie schon während der De-Eskalation muß der Vermittler die Entscheidungsträger weitgehend von <u>interner Kritik entlasten</u> (23). Solange nämlich die Parteien unter internem Druck stehen, kann die Vermittlung außerordentlich schwierig werden (24). In diesem Fall kann eine Fortführung des Konfliktes "in kleinem Rahmen" (vergl. Abb. 7.7. auf S. 107) für die Akteure insgesamt geringere "Kosten" mit sich bringen als eine Annahme des Vermittlungsangebotes. Vor allem dann wird eine neuerliche Eskalation unvermeidlich, wenn sich ein militärisches Ungleichgewicht entwickelt (25). Da der voraufgegangene Konflikt und die Wirkung einer Abschreckungsstrategie zweifellos den Rüstungswettlauf in Gang halten (vergl. Abb. 7.19. auf S. 127), kann dieser Fall sehr leicht eintreten. Der Vermittler muß also entweder die <u>Rüstungsentwicklung</u> selbst <u>kontrollieren</u> können, oder aber einer oder beiden Parteien <u>Garantien geben</u> können.

Die Stabilisierung der Situation nach dem Konflikt und die Kontrolle der Rüstungsdynamik erfolgen nicht nur aus kurzfristigem Interesse; eine <u>langfristige Beseitigung</u> des strukturellen Konfliktpotentials im außenpolitischen Bereich und im inneren der Konfliktparteien braucht vor allem eine längere Periode äußerer Ruhe ohne die Sonderbelastung hoher Rüstungsausgaben. Nur so kann eine Stabilisierung der ökonomischen und politischen Subsysteme der Akteure erreicht werden, die damit <u>resistenter gegenüber Krisen gemacht werden</u>; und nur so kann die hohe Distanz zwischen den Akteuren abgebaut werden und durch kooperative Beziehungen ersetzt werden.

7.5. Die Vermittlung: Ihr Stellenwert als Technik des Konflikt-Managements bei der Konfliktlösung

Die Vermittlung kann die eigentliche Konflikt-"Lösung" dann herbeiführen, wenn "offensichtliche" Lösungen bestehen, die "nur" implementiert werden müssen. Dem gegenüber steht die Vermittlung als Technik des Konflikt-Managements: Hier kommt es darauf an, den Ausbruch offener Feindseligkeiten zwischen den Konfliktparteien entweder zu verhindern, oder aber abzukürzen und zu beenden. Der zweite Schritt muß sich dann damit befassen, die Kommunikation zwischen den Konfliktparteien in Gang zu bringen und möglichst viele kooperative "links" zu installieren.

Wir glauben nicht an ein "spill over" dieser "links", also ein Übergreifen kooperativen Verhaltens auf andere Bereiche: Es ist nicht einzusehen, weshalb eine Kooperation auf wirtschaftlichem Gebiet unbedingt auf den politischen Bereich überschlagen sollte. Meist ist geradezu das Gegenteil der Fall, nämlich eine ideologische "Aufrüstung", die das "spill over" verhindern soll. Aber eine große Zahl von Bindungen schafft eine Umwelt, in der die zwangsläufig immer wieder auftretenden zwischenstaatlichen Probleme in geregelter Form und ohne Gewalt gelöst werden können. Wenn es zwischen Staaten eine Maximalzahl von Bindungen gibt, dann ist der Spielraum für den Konfliktaustrag größer als ohne diese Bindungen. Um einen Protest zu bekunden oder ein Zeichen zu setzen, können die Akteure sukzessive Teile dieser Bindungen demontieren, ohne sofort eine Eskalation mit Drohungen und größeren Feindseligkeiten einleiten zu müssen. In den meisten Fällen reicht eine geringe Demontage von Bindungen bereits aus, um den Parteien die Kosten einer weiteren Fortführung des Konflikts bewußt zu machen. Die Zeit und der Spielraum für den Vermittler und die durch ihn geleiteten Verhandlungen werden damit entscheidend vergrößert. Die Schaffung eines "friedlichen" internationalen Systems, also die Beseitigung der strukturellen Ursachen zwischenstaatlicher Konflikt ein für allemal, ist eine Utopie, die alle Sachzwänge und bestehenden Realitäten ignoriert. Die Instabilität im wirtschaftlichen Bereich und in den politischen Systemen der Mehrzahl der heute existierenden Staaten kann nicht durch Patentrezepte, schon garnicht durch Gewalt, beseitigt werden. Hierzu ist vor allem viel Zeit und eine ruhige Entwicklung notwendig. Der Konflikt als soziales Phänomen tritt auf allen Ebenen gesellschaftlicher Organisation auf - von der Familie über Gruppen und Parteien bis zu Staaten und internationalen Systemen. Man wird ihn als solchen nicht beseitigen können. Allein im internationalen System ist es bisher nur ungenügend gelungen, Regeln des Konfliktaustrags zu institutionalisieren. Staaten erkennen über sich keine übergeordnete Autorität, keine bindenden Normen und keine legitime Sanktionsmacht mit dem entsprechenden koerzi-

ven Potential (26). Das internationale System verhält sich wie
ein "primitives politisches System" (27), das keine geregelten
Formen des Konfliktaustrags kennt, das also den Konflikt noch
nicht institutionell im Griff und damit unschädlich gemacht hat.

Es ist die Haupteigenschaft des zwischenstaatlichen Konflikts,
daß er in kürzester Frist mehr zerstört, als in langer Zeit wieder aufgebaut werden kann. Wichtiger noch ist, daß vom zwischenstaatliche Konflikt in ganz kurzer Zeit Impulse ausgehen und
Strukturen geprägt werden, die kurzfristig nicht beseitigt werden können und langfristig eine Dynamik im politischen und wirtschaftlichen Bereich auslösen, die für unabsehbare Zeit den
Charakter des Gesamtsystems bestimmen kann. Entwicklungen, die
strukturelle Gegensätze abbauen und Krisenherde beseitigen sollen, müssen ungestört ablaufen können; ein Konflikt, der während
dieser Zeit ausbricht, wird alle Erfolge in kurzer Zeit zunichte
machen.

Abb. 7.27.: Der Konflikt als System positiver
Rückkopplung

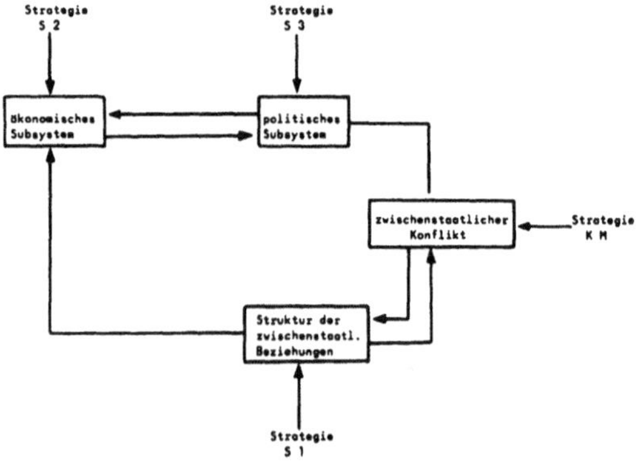

Der Stellenwert der Vermittlung als Technik des Konflikt-Managements ist bei der langfristigen Absicherung kooperativer Beziehungen nicht hoch genug einzuschätzen. Die Vermittlung ist ein
erster Schritt in Richtung auf eine institutionelle Regulierung
des Konfliktaustrags im internationalen System, das einen Interessenausgleich ohne Gewaltanwendung zum Ziel hat. Vermittlungsstrategien, wie sie in Abb. 7.28. noch einmal zusammengefaßt sind,
haben auch bei der langfristigen Strategie einer Beseitigung der
strukturellen Ursachen von Konflikten eine zentrale Bedeutung.
Das Konfliktsystem, wie es in Abb. 7.27. skizziert worden ist,
besteht vor allem aus einer großen Schleife positiver Rückkopplung. Die Impulse gehen hierbei vom Konflikt selbst aus. Die
Strategie, strukturelle Verbesserungen im Bereich der Beziehungen zwischen den Staaten durchzusetzen, hat offensichtlich
nur dann Erfolg, wenn sich ein Konflikt verhindern läßt, der

Abb. 7.28.: Vermittlungs-Strategie und Vermittlungs-Zeitpunkt - Die Ergebnisse der Studie im Überblick

Konflikt-Phase/Strategie Nr.*	Strategie	P	IO	St	SM
Vor dem Konflikt (Phase 1)					
V1. A.1.	langfristig: verstärkte Kommunikation und Kooperation in Gang bringen	X	X		
V1. A.2.	kurzfristig: Zusicherung aushandeln, daß die Partei nicht den ersten Schlag durchführt	X			
V1. B.1.	Beseitigung militärischen Ungleichgewichts			X	X
V1. B.2.	Garantien dem Schwächeren geben				X
V1. B.3.	Kommunikation der militärischen Lage Bewußtmachung der Patt-Situation	X	X		
V1. B.4.	"Legitimierung" der Entscheidungsträger	X			X
V1. B.5.	Wirtschaftliche Hilfe (zur Beseitigung von Problemdruck)			X	X
V1. C.1.	Drohung, daß Eskalation unter keinen Umständen zugelassen wird				X
Eskalation (Phase 2)					
V2. A.1.	Parteien beeinflussen, anstehende Reaktionen zu unterlassen	X	X		
V2. A.2.	Kosten des Konflikts bewußt machen "Abschreckungsstrategie"	X	X		
V2. B.1.	Kontrolle der Rüstungsentwicklung				X
V2. C.1.	Intervention auf Seiten des Schwächeren (Gefahr: Ausweitung des Konflits)				X
V2. C.2.	Polizeiaktion (Gefahr: hohe Kosten)		X		X
De-Eskalation (Phase 3)					
V3. A.1.	Parteien beeinflussen, de-eskalierende Schritte ohne Vorleistungen durchzuführen	X			
V3. B.1.	"Legitimierung" der Entscheidungsträger	X			X
V3. B.2.	"Erkaufen" außenpolitischen Wohlverhaltens			X	X
V3. B.3.	wirtschaftliche Unterstützung			X	X
V3. B.4.	Kontrolle der Rüstung				X
Nach dem Konflikt (Phase 4)					
V4. A.1.	Abbau von Distanz durch verstärkte "indirekte" Kommunikation	X			
V4. A.2.	Politik der kleinen Schritte und Vorleistungen implementieren	X	X		
V4. B.1.	Entlastung der Entscheidungsträger von interner Kritik	X			X
V4. B.2.	Kontrolle der Rüstung (kurz- und langfristig)		X		X
V4. B.3.	Garantien geben, falls das militärische Gleichgewicht nicht aufrecht erhalten werden kann				X
V4. B.4.	Wirtschaftliche Hilfe (kurz- und langfristig)		X	X	X

* A = Hauptvermittlungsstrategie
B = flankierende Maßnahmen
C = Pazifizierungs-Strategie

** P = Person (mit Prestige, Einfluß und ev. kleineren Sanktionsmitteln)
IO = Internationale (regionale/überregional Organisation)
ST = Staat
SM = Supermacht

alles Erreichte sofort revidieren kann. Dasselbe gilt für die
Strategien S2 und S3, die nur dann erfolgreich sein können,
wenn keine Störungen von außen erfolgen. Dennoch wird der
wirtschaftliche Bereich und vor allem der politische Bereich
besonders in wenig entwickelten und jungen Staaten ständig und
auf unabsehbare Zeit ein Quelle von Störungen sein, die immer
im Falle von Spannungen einen Konflikt auslösen können. Die
Strategie KM bietet damit fast die einzige Möglichkeit, die
positive sich verstärkende Rückkopplungsbeziehung zwischen
Konflikt und unterliegender Struktur zu durchbrechen; nur auf
diese Weise läßt sich die Zeit gewinnen, die zur Durchführung
längerfristig angesetzter Reformstrategien notwendig ist.

8. **Anhang 1 und Anhang 2; Anmerkungen und Fundstellen;**
   Literaturliste

8.1. Anhang 1 - Operationalisierung

8.1.1. Operationalisierung der Variablen "Konflikt - Intensität"

Das Ausmaß der negativen und positiven Interaktion, das in Kapitel 6 die zentrale Variable ist, wurde in der nachfolgend beschriebenen Weise ermittelt. Wir gehen hierbei grundsätzlich wie in der Skizze von Abb. 8.1. vor. Negative und positive Interaktion bilden jeweils ein Kontinuum, das von der maximalen Stärke (Wert 10) bis zur minimalen Stärke (Wert 0) reicht. Beide Formen der Interaktion können natürlich parallel zueinander vorkommen. Die weitere Ausarbeitung dieses Konzepts ist nicht

Abb. 8.1.: Grundansatz einer Operationalisierung des Interaktions-Konzeptes

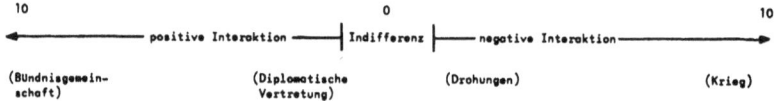

einfach; es sollen ja nicht nur bestimmte Aspekte von Konflikt und Kooperation erfaßt werden. Vielmehr soll das Gesamtphänomen meßbar gemacht werden. Die Konfliktintensität und die Kooperationsintensität als hoch aggregierte Variablen lassen sich jedoch nicht mehr anhand von wenigen und einfachen Indikatoren erfassen. Die Skizze von Abb. 8.1. weist in die hier anvisierte Richtung einer Lösung. Es ist in unserem Falle unumgänglich, die Operationalisierung direkt an Ereignissen festzumachen. Das Problem besteht nun darin, Ereignisse dem quantitativen Zugriff verfügbar zu machen. Dazu muß zunächst eine Typologie von Ereignissen entwickelt werden, die dann einzeln zu bewerten wären.

Wir greifen hierbei auf die Arbeit der Ereignisanalyse zurück. Es geht also darum, Ereignisse der verschiedensten Art möglichst genau hinsichtlich ihrer Konfliktivität oder Kooperativität einzuschätzen. Ziel ist zunächst eine <u>Rangfolge</u> <u>konfliktiver und kooperativer Ereignisse</u>, die aus der Menge der eingeschätzten Ereignisse zu gewinnen ist. Eine derartige Rangfolge erlaubt es dann, empirische Ereignisse, die aus einer Quelle wie z.B. einer Zeitung gewonnen sind, durch Assoziation mit einem entsprechenden Ereignis der Rangfolge einzuschätzen und ihnen einen Wert zuzumessen.

Wir folgen hierbei der Analyse von Corson (1). Aus über 200
Ereignis-Typen der internationalen Politik, die aus der Fach-
literatur und vor allem aus dem Kontext des Ost-West-Konflikts
gewonnen wurden, stellte Corson 54 tendenziell konfliktive und
38 tendenziell kooperative Ereignisse zusammen. Diese wurden
zwecks Einschätzung ihrer konfliktiven bzw. kooperativen Wirkung einer größeren Anzahl von Personen vorgelegt - durchweg
Spezialisten der internationalen Politik aus Wissenschaft, Verwaltung und Militär. Jedes der in willkürlicher Reihenfolge
präsentierten Ereignisse mußte in seiner Intensität festgelegt
werden, indem ihm ein numerischer Wert zugeordnet wurde. Dieses
Vorgehen basiert auf der Methode des "Magnitude Estimation";
eine Reihe von aufeinanderfolgenden Stimuli, also in diesem Fall
Ereignissen, erzeugt eine Reihe von Wahrnehmungsreaktionen, die
folgende Eigenschaft haben: das Verhältnis der jeweiligen Stimuli untereinander entspricht dem Verhältnis entsprechender
Wahrnehmungsreaktionen, ähnlich dem Strahlensatz der Geometrie
über die Propotionalität von Streckenabschnitten (vergl. Abb.
8.2.).

Abb. 8.2.: Die Methode des "Magnitude Estimation"

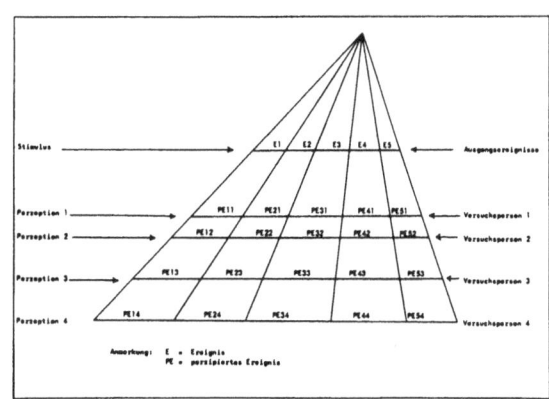

Man erhält auf diese Weise zwar keine absoluten Angaben über
die Intensität von Ereignissen, aber eine Reihe von relativen
Werten. Durch die Berechnung der Mittelwerte für jedes Ereignis läßt sich nun eine Rangfolge der Ereignisse hinsichtlich
ihrer Intensität ermitteln. Dieselbe Prozedur wurde mit weiteren ausgewählten Ereignissen durchgeführt und ebenfalls durch
Berechnung des geometrischen Mittels für jedes Ereignis eine
Intensität gewonnen, die in eine Rangfolge aufgenommen werden
konnte. Die restlichen Ereignisse, die zu Anfang ausgewählt und
geschätzt worden waren, wurden in diese letzte Rangskala durch

Interpolation aufgenommen. Die so ermittelte Skala der Intensitäten wurde auf den Wertebereich von 1 - 600 normiert.

Diese Intensitäts-Skala eignet sich für den Zweck der Analyse anderer Konflikte nur begrenzt, da sie vor allem auf den Fall des Kalten Krieges zugeschnitten ist. Corson hat es ebenfalls unterlassen, seine Ereignis-Typen nach Dimensionen zu ordnen. Dies geschah vermutlich deshalb nicht, weil eine ex ante-Ordnung des Materials natürlich den Prozeß der Rangermittlung durch die Versuchspersonen erheblich beeinflußt hätte. Im Rahmen dieser Arbeit wurde darauf verzichtet, die Einschätzung von Ereignissen vollständig mit neuen Versuchspersonen zu wiederholen (2). Das weitere Vorgehen besteht vielmehr darin, die Ereignisse von Corson so zu bearbeiten, daß sie für eine systematische Datenerhebung zum Falle des Nahost-Konfliktes zu gebrauchen sind.

Aus der Menge der von Corson in seiner Intensitäts-Skala aufgeführten Ereignisse wurden vier Dimensionen von Konfliktintensitäten und drei Dimensionen von Kooperationsintensitäten gebildet, wobei jedes Ereignis dieser einzelnen Dimensionen durch Corsons Berechnungen in seinem Wert bestimmt ist. Um nun jede Dimension auf das praktischere Maß von 0 - 10 zu normieren, wurden die Ereignisintensitäten jeder einzelnen Skala mit einem logarithmischen Faktor multipliziert. Daraus resultieren die folgend aufgeführten 7 Skalen. Einzelne spezielle Ereignisse, die von Corson aus dem Kontext des Kalten Krieges gewonnen worden waren, wurden durch entsprechende allgemeinere Ereignisse ersetzt (3).

Anhand dieser Intensitäts-Skalen sind Ereignisse des Typs "Akteur - Ereignis - Ziel" in ihrer Intensität genau zu bestimmen. Weitere Schwierigkeiten resultieren, wenn aus einer Abfolge von täglich beobachteten Ereignissen eine Zeitreihe des Verlaufs der Konfliktintensität zusammengesetzt werden soll. Wir gehen hierbei wie folgend vor: Ereignisse haben prinzipiell verschiedene Dauer. Wir teilen sie grob in die Dichtomie "punktuelle Ereignisse", die nur bis zu einem Tag andauern, und "kontinuierliche Ereignisse", die länger als einen Tag andauern, ein. Es kommen ferner Beobachtungstage vor, an denen kein Ereignis oder nur kein neues Ereignis auftritt. Es gibt ebenfalls Tage, an denen sich die Ereignisse kumulieren. Alle diese Probleme hängen natürlich von der Wahl der Beobachtungseinheit ab, seien es mehrere Stunden, ein Tag, eine Woche, ein Monat oder ein Jahr. Sie treten jedoch prinzipiell immer auf. Vor allem entsteht die Frage, was für den Fall passieren soll, wenn innerhalb eines Beobachtungszeitraumes mehrere Ereignisse stattfinde. In dieser Studie ist es unbedingt notwendig, die Beobachtungseinheit mög-

Abb. 8.3.1.: Konfliktintensität -
militärische Dimension

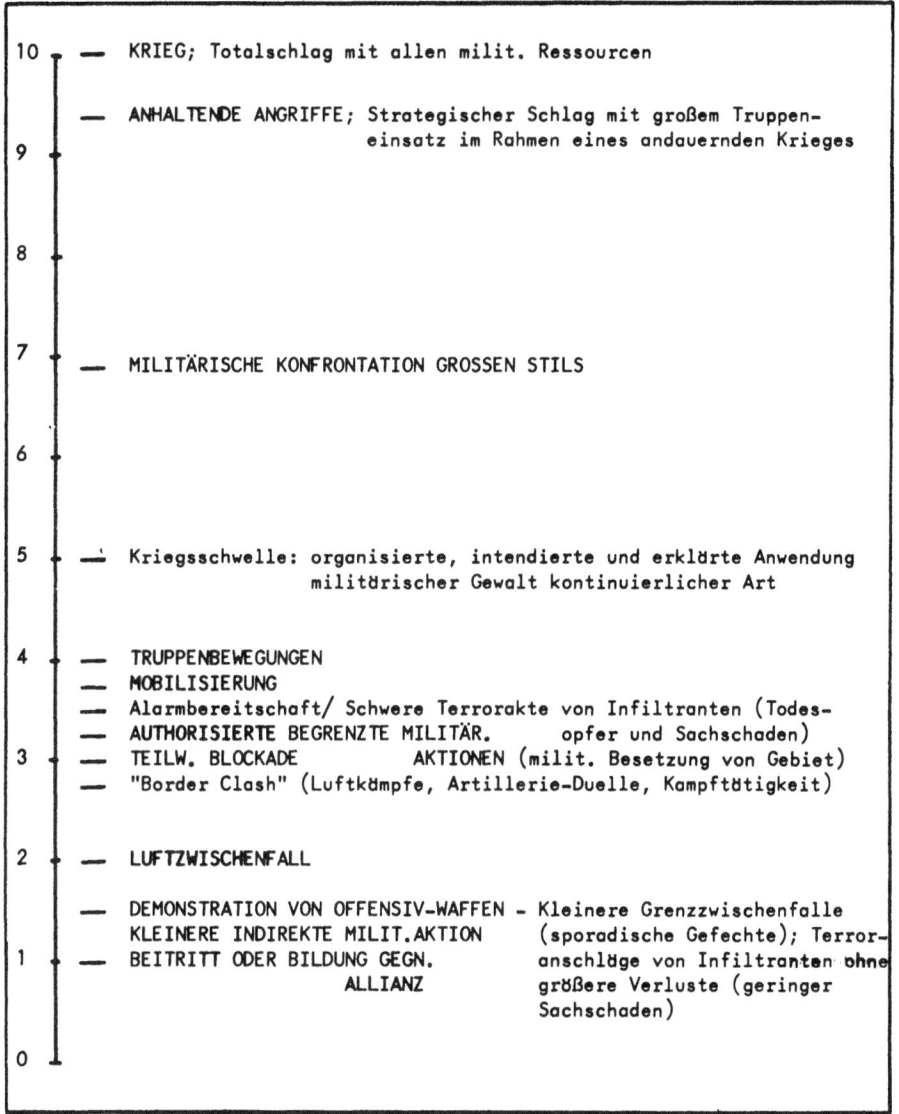

Abb. 8.3.2.: Konfliktintensität -
verbale Dimension

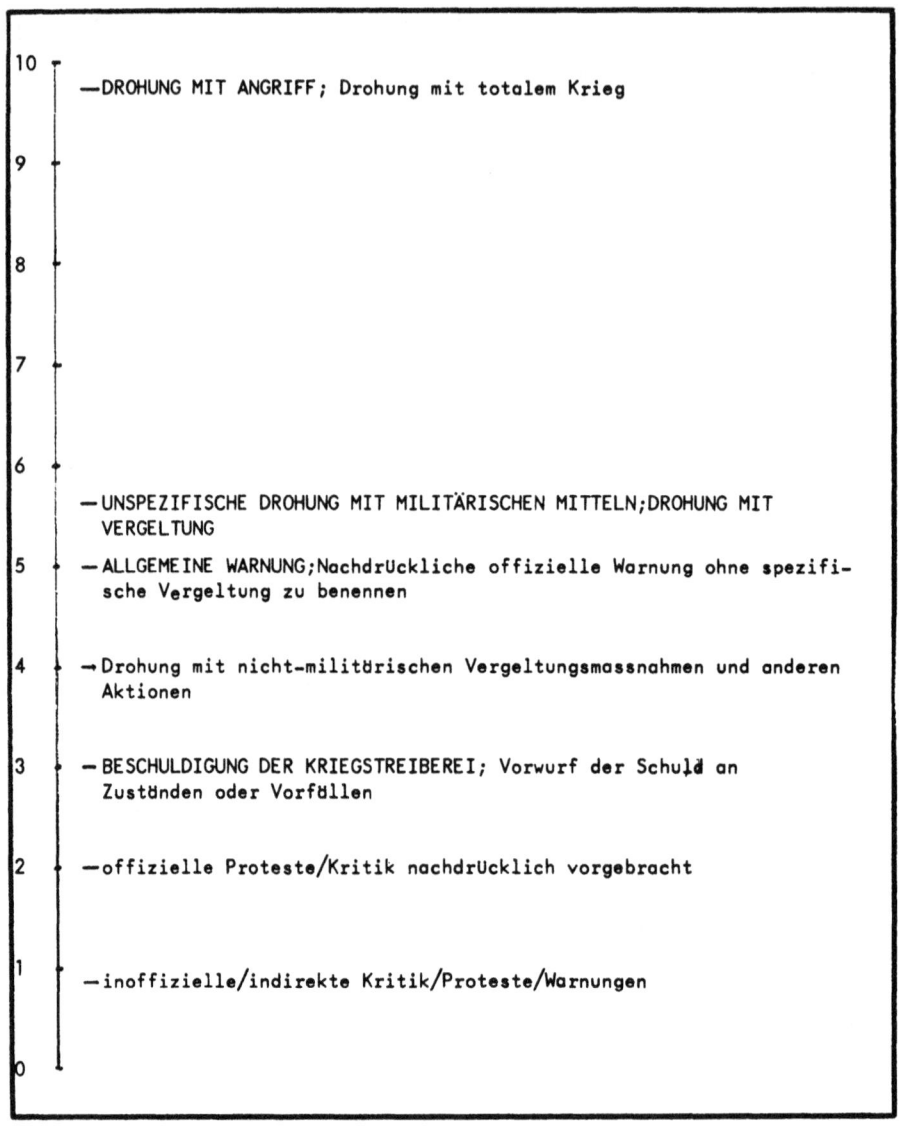

Abb. 8.3.3.: Konfliktintensität -
diplomatische Dimension

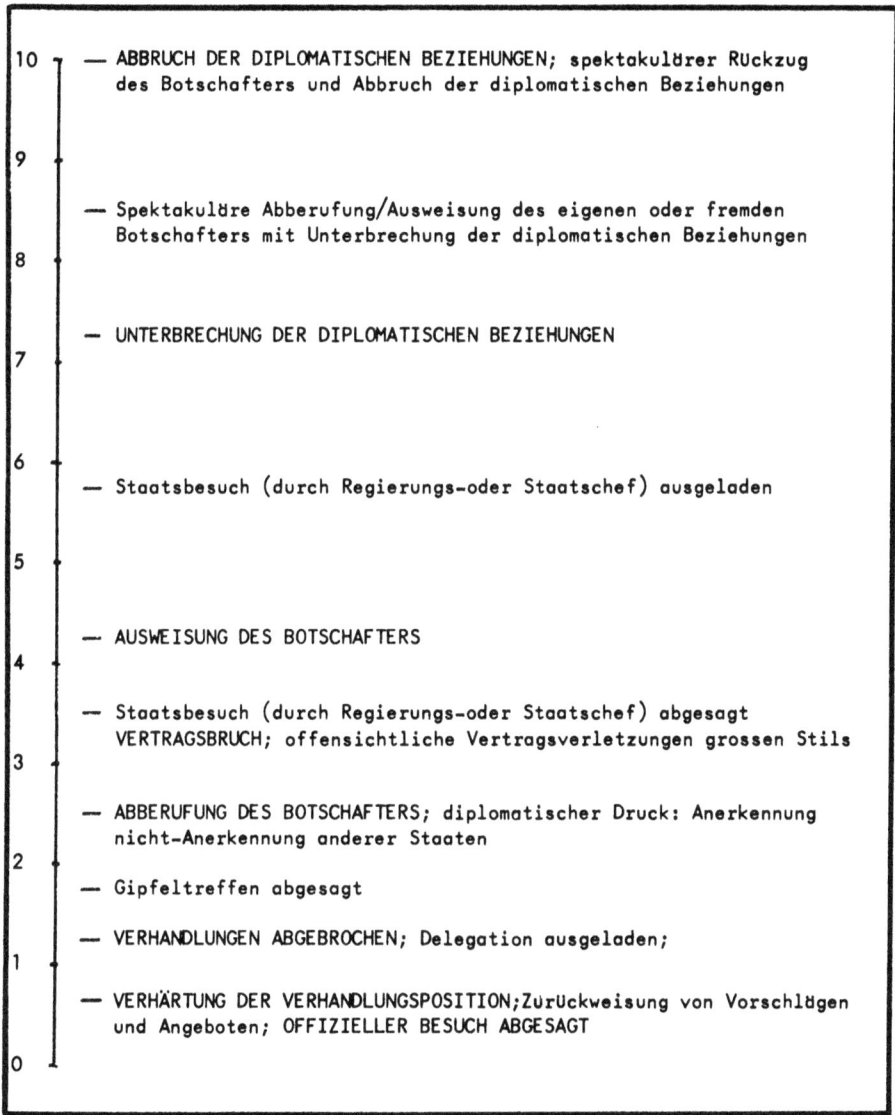

Abb. 8.3.4.: Konfliktintensität - wirtschaftliche Dimension

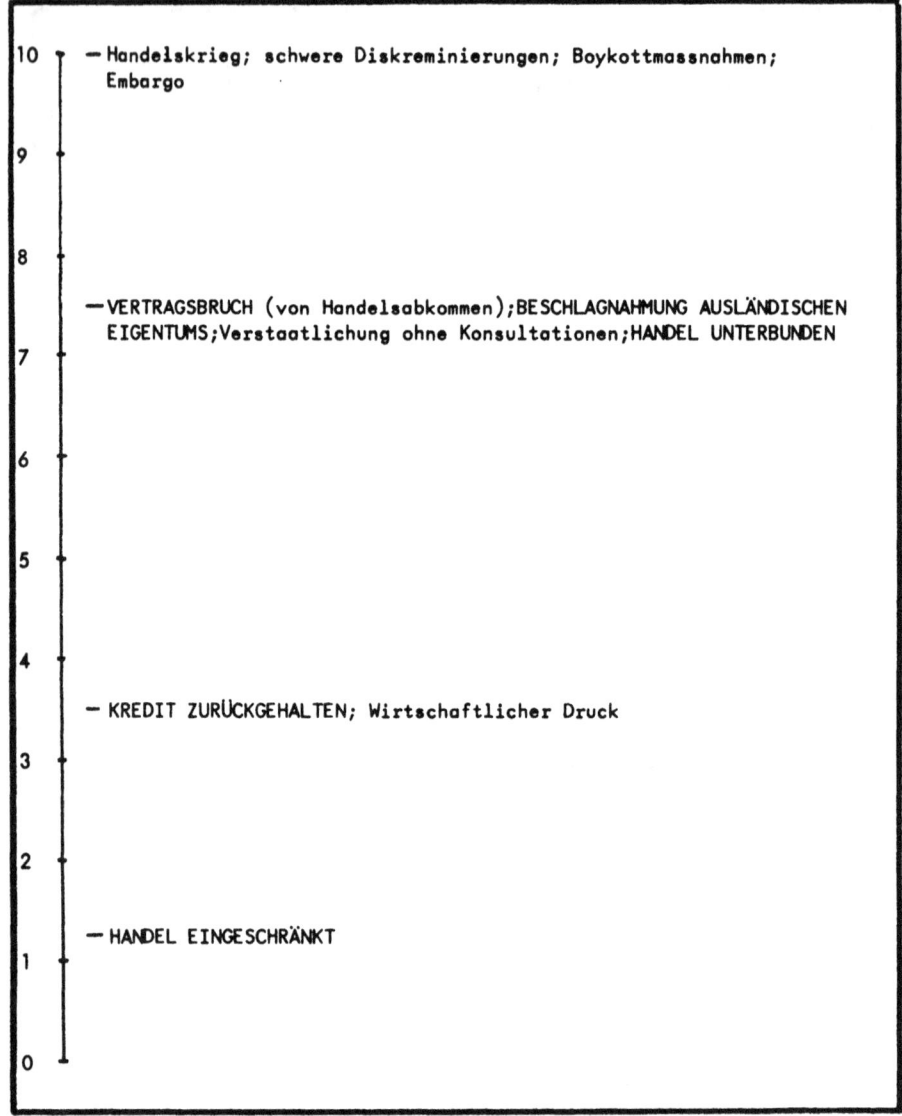

Abb. 8.3.5.: Kooperationsintensität -
militärische Dimension

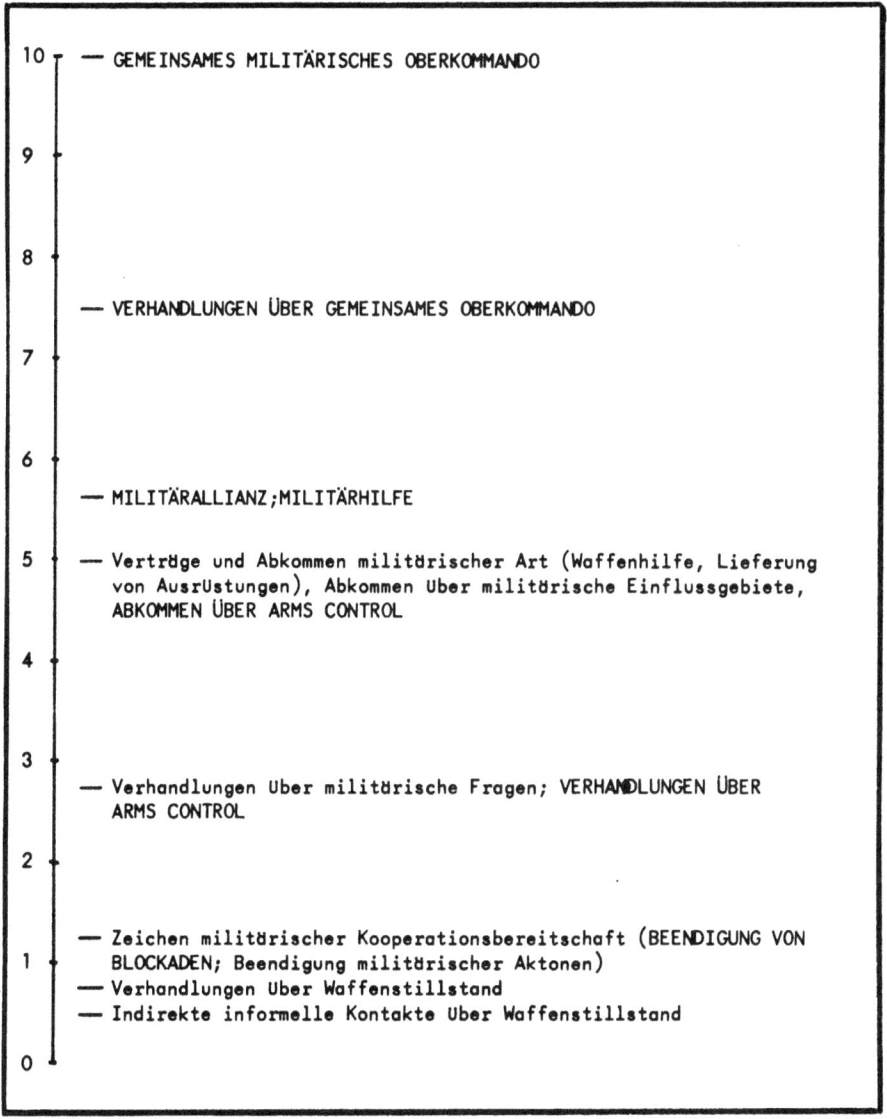

Abb. 8.3.6.: Kooperationsintensität -
politisch-diplomatische Dimension

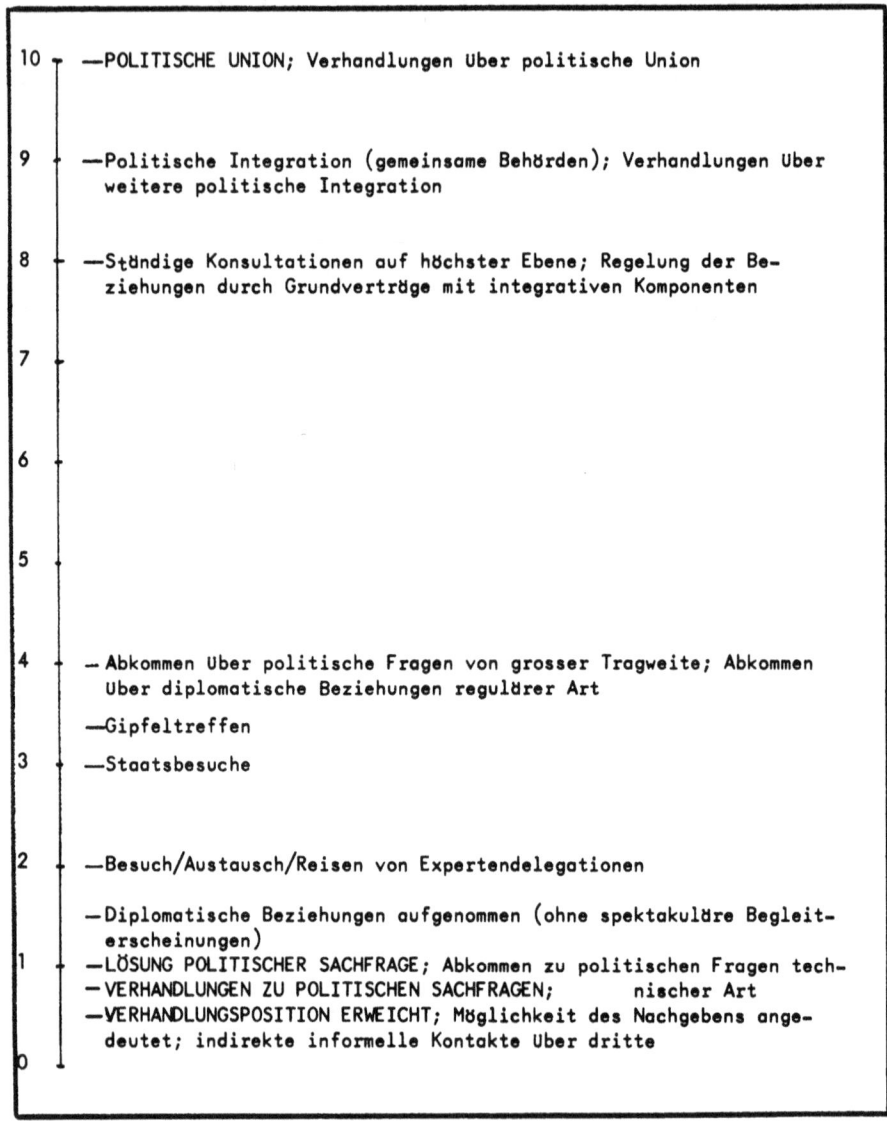

10 — POLITISCHE UNION; Verhandlungen über politische Union

9 — Politische Integration (gemeinsame Behörden); Verhandlungen über weitere politische Integration

8 — Ständige Konsultationen auf höchster Ebene; Regelung der Beziehungen durch Grundverträge mit integrativen Komponenten

7

6

5

4 — Abkommen über politische Fragen von grosser Tragweite; Abkommen über diplomatische Beziehungen regulärer Art
— Gipfeltreffen
3 — Staatsbesuche

2 — Besuch/Austausch/Reisen von Expertendelegationen

— Diplomatische Beziehungen aufgenommen (ohne spektakuläre Begleiterscheinungen)
1 — LÖSUNG POLITISCHER SACHFRAGE; Abkommen zu politischen Fragen tech-
— VERHANDLUNGEN ZU POLITISCHEN SACHFRAGEN;   nischer Art
— VERHANDLUNGSPOSITION ERWEICHT; Möglichkeit des Nachgebens angedeutet; indirekte informelle Kontakte über dritte
0

Abb. 8.3.7.: Kooperationsintensität -
wirtschaftliche Dimension

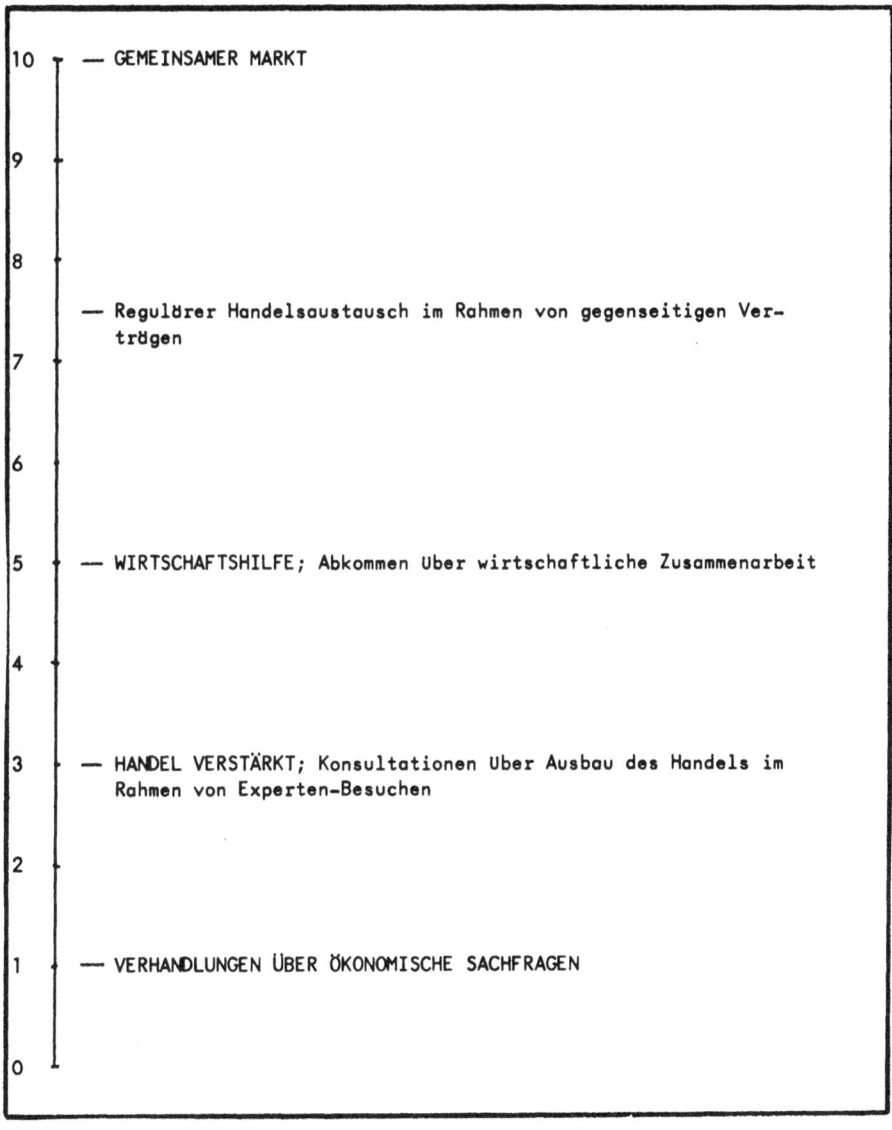

lichst klein zu halten, da sich die Abläufe des zwischenstaatlichen Konflikts in Zeitperioden von wenigen Tagen abspielen können. Deshalb ist die Lösung von Corson, die Intensitäten der Ereignisse innerhalb eines Analyse-Zeitraumes zu addieren, nicht gangbar. Vor allem aber sind die impliziten theoretischen Annahmen nicht haltbar. Es ist nicht einzusehen, warum sich die Intensität kooperativer oder konfliktiver Ereignisse einfach addieren sollte. Die Zusammenhänge sind wohl komplexer, können jedoch hier nicht untersucht werden. Wenn man von der Hypothese ausgeht, daß Politiker das intensivste Ereignis jeweils am meisten werten (4) und jedes Ereignis fast immer im Zusammenhang von flankierenden Maßnahmen steht, so wäre es völlig unsinnig, diese Nebenaktionen mit in die Bewertung einzubeziehen. Es läßt sich etwa sehr darüber streiten, ob die Mobilmachung von Truppenteilen <u>ohne gleichzeitige Ankündigung und Warnung</u> weniger gewichtig ist als ein derartiges Ereignis mit den begleitenden Aktionen. Eine vorerst praktikable Lösung ist wohl die Bewertung des <u>intensivsten Ereignisses</u>. Hierbei werden ebenfalls kontinuierliche Ereignisse berücksichtigt.

Es stellt sich ferner die Frage, was für den Fall passieren soll daß kein einziges Ereignis während einer Zeiteinheit der Untersuchungsperiode zu beobachten ist. Dies ist bei einer Tag-für-Tag-Beobachtung nicht allzu selten anzutreffen. Es ist vermutlich sinnlos, hier die Intensität auf den Wert von null absinken zu lassen: Dies entspricht den Tatsachen kaum. Die Folge wären wild oszillierende Kurven, die kaum vernünftig zu interpretieren wären. Es spricht ebenfalls einiges dafür, daß derartige Zeitreihen kaum dem durch die Akteure des Ereignisses intendierten Sachverhalt noch der Perzeption des Adressaten dieses Ereignisses entspricht. Man wird vielmehr davon ausgehen können, daß Ereignisse immer eine andauernde Wirkung haben und dies auch intendiert ist. Wir haben zur Lösung dieses Problems angenommen, daß sich die Wirkung eines Ereignisses asymptotisch dem Werte null nähert, falls kein anderes Ereignis mit größerer Intensität auftritt. Wenn man also annimmt, daß sich ein Ereignis von der Intensität 10.0 jeweils um 10% in seiner Wertung jeden weiteren Tag vermindert, so ist diese Intensität am 10. Tag auf einen Wert von ca. 3.8. gesunken. Dies setzt natürlich voraus, daß es sich um kein kontinuierliches, sondern um ein punktuelles Ereignis handelt; ferner darf in der Zwischenzeit kein intensiveres Ereignis als der augenblickliche Wert des anfänglichen Ereignisses zu beobachten sein.

Zur Berechnung der Konflikt- und Kooperationsintensität läßt sich also eine Differenzengleichung verwenden (vergl. Abb. 8.4.). Hierbei ist MAX eine Funktion, die das Maximum der durch Kommata abgetrennten Argumente auswählt. E sind Ereignisse, von denen

Abb. 8.4.: Berechnung laufender Konflikt-
und Kooperationsintensitäten

$$B_{t+1} = \text{MAX} ((B_t - 0.1\, B_t),\, E_t^1,\, E_t^2,\, \ldots,\, E_t^n)$$

innerhalb eines Zeitraumes t maximal bis zu n Ereignissen auftreten können. Diese Ereignisse, deren Intensität zunächst anhand der Skalen in Abb. 8.3.1. bis Abb. 8.3.4. für konfliktive, und in Abb. 8.3.5. bis 8.3.7. für kooperative Ereignisse ermittelt werden muß, werden noch mit einer Gewichtung multipliziert, die in Abb. 8.5. angegeben ist und eine "Verrechnung" der verschiedenen Dimensionen ermöglicht. Die fortlaufenden Werte von B ergeben dann jeweils eine Zeitreihe für die Kooperationsintensität und die Konfliktintensität. $B_{t=0}$ ist die Anfangsintensität.

Abb. 8.5.: Gewichtung der Ereignisse E *

Abb.	Dimension	Multiplikationsfaktor
8.3.1.	Konflikt militärisch	1.0
8.3.2.	Konflikt verbal	0.5
8.3.3.	Konflikt diplomatisch	0.25
8.3.4.	Konflikt ökonomisch	0.2
8.3.5.	Kooperation militärisch	0.8
8.3.6.	Kooperation diplomatisch	1.0
8.3.7.	Kooperation ökonomisch	0.7

*Ermittelt nach den Angaben von Corson

8.1.2. Operationalisierung der militärischen Macht

Die Bewertung der militärischen Stärke eines Landes ist ein äußerst schwieriges Problem, bei dem man sich auf unsicherem Boden bewegt. Es wäre hier kaum möglich, eine akzeptable Operationalisierung zu finden, die auf der subjektiven Einschätzung von Experten beruht, wie dies bei der Konfliktintensität der Fall ist; die Suche nach "objektiven" Indikatoren ist fast ebenso unmöglich. Die offiziell angegebenen Militärausgaben eines Landes können als Indikator aus verschiedenen Gründen nicht herangezogen werden. Sie geben zudem nur ungenau ein Bild davon, in welchem Ausmaß ein Land seine Ressourcen für militärische Zwecke verwendet. Der Rückschluß von diesen Ressourcen auf das Rüstungspotential und die militärische Stärke ist noch weit schwieriger. Die Kosten des Unterhalts von Mannschaften und Material sind in keinem Land ähnlich. Vor allem beeinflußt die Struktur der Streitkräfte, die wiederum durch ihre strategische Aufgabe bestimmt ist, die Kostenfunktion erheblich. Es dürfte schwierig sein, Dimensionen zu finden, die einen Vergleich der militärischen Stärke verschiedener Länder basierend auf ihren Rüstungsausgaben möglich machen könnten.

Wir haben hier versucht, in Richtung auf eine __pragmatische Lösung__ hin zu arbeiten, die sich an den Bedürfnissen der Validierungsstudie ausrichtet. Die militärische Stärke eines Landes soll prinzipiell an der "hardware" seiner Streitkräfte festgemacht werden. Auch hierbei gilt es, sich auf wenige Indikatoren zu beschränken: Die Truppenzahl inklusive der schnell zu mobilisierenden Reserven; der technischen Ausrüstung dieser Truppen.

Auch diese Lösung wirft noch große Probleme auf. Es versteht sich, daß eine derartige Operationalisierung sinnvoll auch nur für den Vergleich der Streitkräfte einer bestimmten Region oder eines bestimmten strategischen Zusammenhanges geleistet werden kann. Vor allem dürfte es kaum möglich sein, das militärische Potential eines Kleinstaates auf derselben Dimension zu messen wie die Overkill-Kapazitäten einer Großmacht. Ferner ist zu bedenken, daß wichtige Faktoren der Einschätzung der militärischen Stärke eines Staates im außermilitärischen Bereich liegen. Zunächst wird man an die strategischen und taktischen Aufgaben denken, die eine Armee zu erfüllen hat. Diese stammen aus dem politischen Kontext und sind für jeden Staat sehr verschieden. So kann es sein, daß eine Ausrüstung, die für den einen Staat völlig ausreichend ist, innerhalb seines Gebietes einen Auftrag zu erfüllen, unter anderen Umständen völlig unzureichend ist. Übereistimmung dieser komplizierten Faktoren findet man nur bei Staaten, die in derselben Region angesiedelt sind und ähnliche strategische und taktische Erfordernisse an ihre Armeen stellen. Dies ist etwa im Nahen Osten der Fall. Man wird hier davon ausgehen können, daß ein Kampf vor allem durch Panzerbewegungen, Luftunterstützung der Kämpfe und Luftkämpfe geprägt sein wird. Der hier entwickelte Indikator der militärischen Stärke, der für den Validierungsfall des Nahost-Krieges von 1967 wohl ausreichend ist, kann natürlich nicht für andere Gebiete und Konflikte gelten. Ebenfalls können technologische Entwicklungen diesen Indikator veralten lassen.

Abb.8.6.: Einige Indikatoren der am Nahost-Krieg von 1967 beteiligten Ländern und Vergleichsstaaten mittlerer Größe

(Quellen: Taylor/Hudson und Military Balance 68/69, IISS, London)

Land	Rang*	Truppenstärke in 1000	Anzahl Truppen pro 1000 arbeitsf. Bev.	Verteidigungs- ausgaben in Mill. US$	Flugzeuge	Tanks	BSP/cc in US$
Schweiz	1	700	177.3	415	400	650	2333
Israel	2	275	163.9	628	270	800	1422
Vietnam Süd	4	410	66.4	312	125	400	150
Jordan.	7	55	40.6	81	20	230	256
Vietnam Nord	10	440	35.9	500	128	400	100
Portugal	18	128	25.7	302	100	100	450
Syrien	20	60.5	23.1	137	150	400	212
Irak	24	82	19.2	197	215	525	231
Niederlande	26	128	17.0	750	145	600	1554
Belgien	27	75	16.6	501	140	330	1804
VAR	41	211	11.3	690	400	700	159

* Bezieht sich auf die Rangfolge aller Staaten hinsichtlich der Anzahl Truppen pro 1000 arbeitsfähiger Bevölk

Ein Blick auf Abb.8.6. zeigt zunächst, daß die Höhe der Militärausgaben außerordentlich wenig hinsichtlich Truppenstärke und Ausstattung mit technischem Gerät aussagt. Besonders ein Vergleich Israel - Schweiz zeigt, daß Strukturunterschiede stark auf die Rüstungsausgaben durchschlagen. Spekulationen über die Gründe hierfür sind quantitativen nur äußerst schwer zu fassen. Einige weitere ad hoc einleuchtende Überlegungen erweisen sich als wenig stichhaltig: Man könnte etwa annehmen, daß relativ arme

Staaten ihre Armee weniger technisieren und eher auf eine starke aber preiswerte Infantrie zurückgreifen. Ferner könnte man die Hypothese vertreten, daß bevölkerungsarme aber stärker industrialisierte und reiche Staaten mehr hochwertiges kapitalintensives Kriegsgerät anschaffen, das von weniger Personal zu bedienen ist. Beide Hypothesen erweisen sich als falsch. Sowohl Israel als auch das strukturell sehr verschiedene Ägypten haben ein Verhältnis (Truppen in Tausenden : Tanks), das bei ca. 1 : 3 liegt. Bei den Kampfflugzeugen leistet sich das bevölkerungsreiche und relativ arme Ägypten eine Relation (Truppen in Tausend : Kampfflugzeugen) von fast 1 : 2; Israel hat hier nur ein Verhältnis von 1 : 1 aufzuweisen. Jordanien, das Jahr für Jahr einen Großteil seines Haushaltes nur über ausländische Hilfe finanzieren kann, leistet sich ein Verhältnis (Truppen in Tausend : Tanks), das mit 1 : 4 noch über dem Israels liegt.

Hohe Technisierung ist anscheinend Standard und relativ unabhängig von ökonomischen Faktoren. Maßgebend hierfür sind mehrere Gründe: Staaten, die in Konflikte verwickelt sind, werdem immer versuchen, möglichst viel an technischem Gerät zu kaufen; die Finanzierung ist vor allem im Nahen Osten meist gewährleistet. Die Lieferländer, die auch die Kosten der Waffen übernehmen, scheinen das stabilisierende Element zu sein. Wie das Beispiel der beiden Vietnam zeigt, ist anscheinend ein Ziel die militärische Parität. Ein anderer Grund dafür, daß ökonomische Faktoren die Struktur der Streitkräfte kaum beeinflussen, wäre im arabischen Raum vor allem darin zu suchen, daß die Armeen traditionell Prestigeobjekte sind; hinzu kommt, daß in den meisten Ländern dieser Region Militärs an der Macht sind. Man wird also beim Vergleich der militärischen Stärke der Staaten des Nahen Ostens nicht-militärische Faktoren weitgehend unberücksichtigt lassen können.

Die Ermittlung eines Technisierungs-Indikators müßte streng genommen alle Waffen der zu vergleichenden Armeen umfassen. Deren Effizienz wäre zu bestimmen und gegebenenfalls gegeneinander aufzurechnen. Da die Unterlagen jedoch kaum zugänglich sind und die Feinheiten für unsere Zwecke keine große Rolle spielen, haben wir uns auf zwei Waffentypen beschränkt: Kampfpanzer und Kampfflugzeuge. Der Indikator muß nun aus einem Vergleich der Staaten und ihrer Stärke hinsichtlich Truppen, Panzern und Flugzeugen hervorgehen. Die Schwierigkeit besteht darin, daß als Ziel der Analyse bekanntlich Unterschiede zwischen diesen Staaten anhand des zu entwickelnden Indikators festzustellen sind. Ein Vergleich muß jedoch Ähnlichkeiten unterstellen. Es wurde in diesem Falle angenommen, daß es in bestimmten Grenzen eine optimale Relation zwischen Truppen, Panzern und Kampfflugzeugen gibt, die aus militärischen Gründen gilt. Diese Hypothese läßt sich umso leichter aufstellen, als wir gesehen haben, daß nicht-militärische Faktoren dieses Kalkül in der Region des Nahen Ostens kaum beeinflussen. Die Abb. 8.7. und 8.9. zeigen, daß die Hypothese für die Region des Nahen Ostens und einige Vergleichsstaaten einigermaßen zutrifft. Die Schweiz und die beiden Vietnam scheinen hingegen Sonderfälle zu sein.

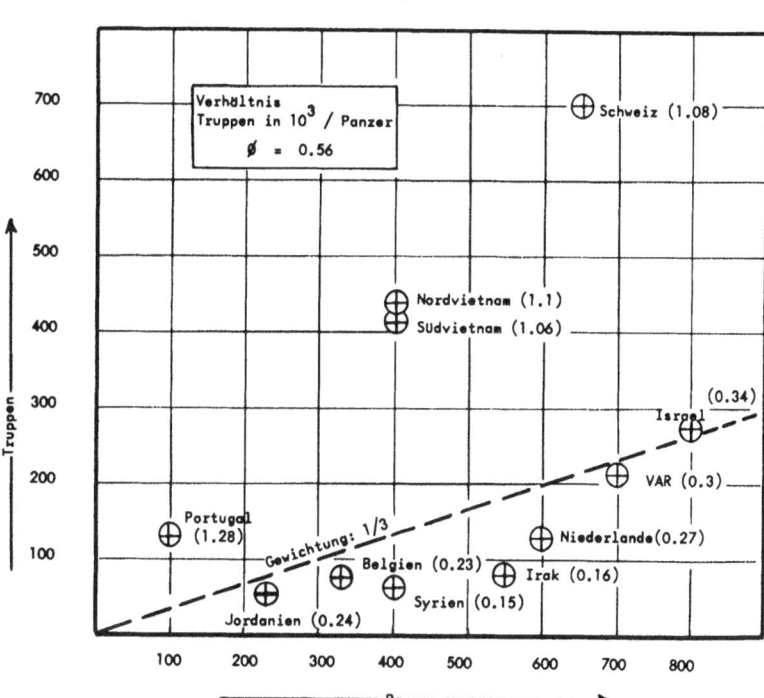

Abb. 8.7.: Das Verhältnis Truppen : Panzer für die Staaten des Nahen Ostens und einige Vergleichsländer

Als Gewichtung bietet sich die Steigung der Regressions-Linie an. Die Operationalisierung der militärischen Stärke basiert damit auf folgender Gleichung:

Abb.8.8.: Operationalisierung der militärischen Stärke

$$S = ((\text{Truppenstärke in } 10^3) + (1.0 \times \text{Kampfflugzeuge}) + (0.33 \times \text{Tanks}))/3$$

Abb. 8.9.: Das Verhältnis Truppen : Kampfflugzeuge für die Staaten des
Nahen Ostens und einige Vergleichsländer

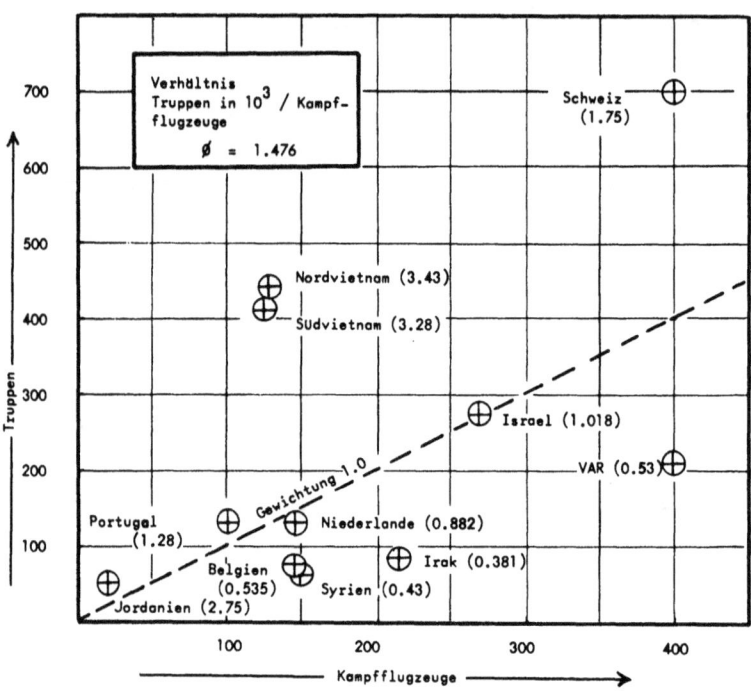

8.2. Anhang 2 - Auflistung des Computer - Modells*

* Zu den Konventionen s. Pugh 1973

```
*    MODELL DES ZWISCHENSTAATLICHEN DYADISCHEN KONFLIKTS  *************************
NOTE*********************************************************************************
NOTE                                                                                *
NOTE                                                                                *
NOTE              DIETER RULOFF                                                     *
NOTE              UNIVERSITAET ZUERICH                                              *
NOTE                                                                                *
NOTE                                                                                *
NOTE*********************************************************************************
NOTE*********************************************************************************
NOTE                                                                                *
NOTE                                                                                *
NOTE              DEFINITIONEN  *****************************************************
NOTE                                                                                *
NOTE                                                                                *
NOTE*********************************************************************************
NOTE                                                                                *
NOTE                                                                                *
NOTE  ANMERKUNG** DIE INDIZES 1 UND 2 IN DEN VARIABLEN DES PROGRAMMES KENN-         *
NOTE  ZEICHNEN JEWEILS DIE ZUGEHOERIGKEIT ZU STAAT 1 UND STAAT 2. DIESE SIND        *
NOTE  IN DEN DEFINITIONEN WEGGELASSEN. *********************************************
NOTE                                                                                *
NOTE                                                                                *
NOTE*********************************************************************************
NOTE                                                                                *
NOTE                                                                                *
NOTE  VARIABLEN DES AUSSENPOLITISCHEN PROZESSES  ************************************
NOTE                                                                                *
NOTE                                                                                *
NOTE*********************************************************************************
NOTE   AFN        =  PARAMETER                                                      *
NOTE   ABPR       =  PARAMETER                                                      *
NOTE   AIN        =  AUSWIRKUNG DER ANGST AUF DIE NEGATIVE INTERAKTION              *
NOTE   AKF        =  PARAMETER                                                      *
NOTE   APNR       =  PARAMETER                                                      *
NOTE   APPR       =  PARAMETER                                                      *
NOTE   ANG        =  AUF POSITIVE INTERAKTION WIRKENDE ANGST                        *
NOTE   ASIE       =  EINSCHAETZUNG DER EIGENEN STAERKE                              *
NOTE   APPR       =  ANPASSUNGSRATE VON RP AN DEN SOLLWERT                          *
NOTE   PP         =  POSITIVE PSYCHISCHE DISTANZ, "FREUNDBILD"                      *
NOTE   PIN        =  EINFLUSS NEGATIVER INTERAKTION AUF "FEINDBILD"                 *
NOTE   PIP        =  EINFLUSS POS. INTERAKTION AUF "FREUNDBILD"                     *
NOTE   PN         =  NEGATIVE PSYCHISCHE DISTANZ  "FEINDBILD"                       *
NOTE   BNR        =  VERAENDERUNGSRATE VON BN                                       *
NOTE   FNPAP      =  EINFLUSS VON "FREUNDBILD" AUF "FEINDBILD"                      *
NOTE   RPR        =  VERAENDERUNGSRATE VON RP                                       *
NOTE   PPRAP      =  EINFLUSS VON "FREUNDBILD" AUF "FEINDBILD"                      *
NOTE   BSIR       =  EINSCHAETZUNG DER STAERKE DES GEGNERS                          *
NOTE   DIFIN      =  DIFFERENZ IM INTERAKTIONSNIVEAU                                *
NOTE   DIFIP      =  DIFFERENZ IN DER POSITIVEN INTERAKTION                         *
NOTE   DHN        =  DIFFERENZ NEG. POL. DIST. / VERZOEGERTE HOSTILITAET            *
NOTE   DHP        =  DIFFERENZ HOSTILITAET - POSITIVE POLITISCHE DISTANZ            *
NOTE   DPNR       =  DIFFERENZ AKTUELLER - POTENTIELLER NEG. POL. DISTANZ           *
NOTE   DPPR       =  DIFFERENZ AKTUELLE - POTENTIELLE POLITISCHE DISTANZ            *
NOTE   DPR        =  DEPRIVATION DES REGIMES                                        *
NOTE   DPB        =  DEPRIVATION NACH UEBERSCHREITUNG DES SCHWELLWERTES             *
NOTE   DRK        =  KURZFRISTIGE DEPRIVATION DES REGIMES                           *
NOTE   DRL        =  LANGFRISTIGE DEPRIVATION DES REGIMES                           *
```

NOTE	ERF	=	ERFOLG (SUBJEKTIVE EINSCHAETZUNG)
NOTE	EVENT	=	ZUFALLSEREIGNISSE
NOTE	FEAR	=	ANGST
NOTE	GD	=	GESAMTDISTANZ
NOTE	H	=	GEWICHTUNG DER RANGDIMENSIONEN
NOTE	HN	=	HOSTILITAET (NEGATIVE ATTITUEDE)
NOTE	HP	=	"POSITIVE" HOSTILITAET (POSITIVE ATTITUEDE)
NOTE	IN	=	NEGATIVE INTERAKTION
NOTE	IND	=	INDUSTRIALISIERUNG
NOTE	INN	=	ERWARTETE NEGATIVE INTERAKTION DES GEGNERS
NOTE	INR	=	HILFSRATE BEI DER BERECHNUNG DER RATE VON IN
NOTE	IP	=	POSITIVE INTERAKTION
NOTE	IPR	=	VERAENDERUNGSRATE DER POSITIVEN INTERAKTION
NOTE	IR	=	VERAENDERUNGSRATE DER NEGATIVEN INTERAKTION
NOTE	KFAN	=	KURZFRISTIGE ANGST
NOTE	LFAN	=	LANGFRISTIGE ANGST
NOTE	MP	=	MILITAERPOTENTIAL
NOTE	MR	=	MILITAERISCHER RANG
NOTE	N	=	ZUFALLSZAHLEN (BEREICH 0 - 10)
NOTE	PAIN	=	PARAMETER
NOTE	PANG	=	PARAMETER
NOTE	PBN	=	PARAMETER
NOTE	PBNR	=	PARAMETER
NOTE	PBPR	=	PARAMETER
NOTE	PD	=	POLITISCHE DISTANZ
NOTE	PDIF	=	ANPASSUNGSGESCHWINDIGKEIT DER POSITIVEN INTERAKTION
NOTE	PDIFIN	=	ANPASSUNGSGESCHWINDIGKEIT DER INTERAKTIONEN
NOTE	PIF	=	PARAMETER
NOTE	PIR	=	PARAMETER
NOTE	PM	=	UEBERLEGENHEITS-QUOTE IN ABH. VOM "FEINDBILD"
NOTE	PN	=	NEGATIVE POLITISCHE DISTANZ
NOTE	PNR	=	VERAENDERUNGSRATE DER NEGATIVEN POL. DISTANZ
NOTE	PNZERO	=	NEGATIVE OBJEKTIVE POLITISCHE DISTANZ
NOTE	PP	=	POSITIVE POLITISCHE DISTANZ
NOTE	PPNP	=	PARAMETER
NOTE	PPPP	=	PARAMETER
NOTE	PPR	=	RATE DER POSITIVEN POLITISCHEN DISTANZ
NOTE	PPZERO	=	OBJEKTIVE POSITIVE POLITISCHE DISTANZ
NOTE	PS	=	PSYCHOLOGISCHE DISTANZ
NOTE	PSIR	=	EINSCHAETZUNG NEGATIVER INTERAKTION DES GEGNERS
NOTE	PSPN	=	PARAMETER
NOTE	PSPP	=	PARAMETER
NOTE	RP	=	RUESTUNGSPOTENTIAL
NOTE	RPR	=	VERAENDERUNGSRATE VON RP
NOTE	S	=	SUMME DER GEWICHTUNGEN DER RANGDIMENSIONEN
NOTE	SI	=	SICHERHEIT
NOTE	SIR	=	VERAENDERUNGSRATE SICHERHEIT
NOTE	SPN	=	NEGATIVE SPANNUNG
NOTE	SPP	=	POSITIVE SPANNUNG
NOTE	SRP	=	SOLLWERT VON RP
NOTE	STIM	=	STIMULI DER NEGATIVEN INTERAKTION
NOTE	TABVER	=	VERLUSTQUOTEN
NOTE	TDN	=	NEGATIVE GESAMTDISTANZ
NOTE	TDP	=	POSITIVE GESAMTDISTANZ
NOTE	V	=	VERLUSTDIFFERENZ ZWISCHEN EIGN. UND GEGN. VERLUSTEN
NOTE	VERL	=	VERLUSTRATEN TRUPPEN (NACH TABELLE)
NOTE	VERLF	=	VERLUSTQUOTE (NACH TABELLE)
NOTE	VRL	=	REALE UND ERWARTETE VERLUSTE

```
NOTE  VRLR        =  VERLUSTRATE (REAL UND ERWARTET)
NOTE  VRPEXP      =  ERWARTETE VERLUSTE
NOTE  VERM        =  VERMITTLUNGSIMPULSE, EINFLUSS AUF "FEINDBILD"
NOTE  VRP         =  TATSAECHLICHE VERLUSTE
NOTE
NOTE*************************************************************
NOTE
NOTE
NOTE  VARIABLEN DES POLITISCHEN SYSTEMS ******************************
NOTE
NOTE
NOTE*************************************************************
NOTE  CS          =  INTERNE UNRUHE
NOTE  CSR         =  VERAENDERUNGSRATE DER INTERNEN UNRUHE
NOTE  DP          =  GESAMTDEPRIVATION DER BEVOELKERUNG
NOTE  DPK         =  KURZFRISTIGE DEPRIVATION DER BEVOELKERUNG
NOTE  DPL         =  LANGFRISTIGE (STRUKTURELLE) DEPRIVATION DER BEVOELKERUNG
NOTE  FA          =  STRUKTURELLE VORAUSSETZUNGEN DER INTERNEN UNRUHE
NOTE  FAR         =  VERAENDERUNGSRATE VON FA
NOTE  FO1         =  INTERNE SICHERHEIT
NOTE  FO2         =  REPRESSIVITAETSFREIHEIT DES POLITISCHEN SYSTEMS
NOTE  FOR2        =  VERAENDERUNGSRATE DER REPRESSIVITAETSFREIHEIT
NOTE  G           =  GEWICHTUNGEN DER RANGDIMENSIONEN
NOTE  IS          =  INSTITUTIONALISIERUNG DES POLITISCHEN SYSTEMS
NOTE  ISR         =  VERAENDERUNGSRATE DER INSTITUTIONALISIERUNG
NOTE  KO          =  KOERZIVES POTENTIAL DES REGIMES
NOTE  KOR         =  VERAENDERUNGSRATE DES KOERZIVEN POTENTIALS (KO)
NOTE  KR          =  REPRESSIVITAET DES POLITISCHEN SYSTEMS
NOTE  LE          =  LEGITIMITAET DES REGIMES ODER DER REGIERUNG
NOTE  LER         =  VERAENDERUNGSRATE DER LEGITIMITAET ( LE )
NOTE  PK          =  ZWISCHENGROESSE
NOTE  QL          =  LEBENSQUALITAET
NOTE  RA          =  GEWICHTETES RANGUNGLEICHGEWICHT
NOTE  S           =  SUMME DER GEWICHTUNGEN DER RANGDIMENSIONEN
NOTE  ST          =  STABILITAET DES REGIMES ODER DER REGIERUNG
NOTE  STR         =  VERAENDERUNGSRATE DER STABILITAET DES REGIMES ( ST )
NOTE*************************************************************
NOTE
NOTE
NOTE  VARIABLEN DES OEKONISCHEN SYSTEMS ******************************
NOTE
NOTE
NOTE*************************************************************
NOTE  AB          =  ZWISCHENWERT BEI DER BERECHNUNG VON ARBL
NOTE  ANT         =  ANTEIL ARBEITSFAEHIGER AN DER BEVOELKERUNG
NOTE  APST        =  PARAMETER
NOTE  APZ         =  PARAMETER ( ANPASSUNGSZEIT VON BES AN BEDARF )
NOTE  ARB         =  ZWISCHENWERT BEI DER BERECHNUNG VON ARBL
NOTE  ARBL        =  ARBEITSLOSIGKEIT
NOTE  B           =  ZWISCHENWERT BEI DER BERECHNUNG VON BES
NOTE  BS          =  ZWISCHENWERT BEI DER BERECHNUNG VON BES
NOTE  BES         =  BESCHAEFTIGTE
NOTE  BESR        =  VERAENDERUNGSRATE DER BESCHAEFTIGTEN
NOTE  BEV         =  BEVOELKERUNG
NOTE  BEVV        =  BEVOELKERUNGSVERAENDERUNG
NOTE  C           =  PRIVATER KONSUM
NOTE  CDRST       =  DIREKTE STEUERN
NOTE  DFC1        =  PRIORITAET DER BEKAEMPFUNG VON PREISSTEIGERUNGEN
```

NOTE	CEC2	=	PRIORITAET DER BEKAEMPFUNG VON ARBEITSLOSIGKEIT
NOTE	CPRAB	=	VERAENDERUNGSRATE DER PRODUKTIVITAET
NOTE	EARBL	=	ERWARTUNGSNIVEAU DER ARBEITSLOSIGKEIT
NOTE	EARBLV	=	VERAENDERUNGSRATE DER ARBEITSLOSIGKEITSERWARTUNG
NOTE	EKV	=	VERFUEGBARES EINKOMMEN
NOTE	EKC	=	ERWARTETER PER CAPITA KONSUM
NOTE	EKCV	=	ERWARTETE KONSUMVERAENDERUNGSRATE
NOTE	EWPREV	=	ERWARTUNGSNIVEAU DER PREISVERAENDERUNGSRATE
NOTE	EWPV	=	VERAENDERUNGSRATE DER PREISVERAENDERUNGSERWARTUNG
NOTE	EXO	=	EXOGENE EINFLUESSE AUF STLAU (MILITAERAUSGABEN)
NOTE	INGES	=	GESAMTE INVESTITIONEN
NOTE	K	=	KAPITALSTOCK
NOTE	KSV	=	VERAENDERUNGSRATE DES KAPITALSTOCKS
NOTE	LOE	=	LOEHNE
NOTE	LOEV	=	LOHNVERAENDERUNGSRATE
NOTE	PAB	=	INITIALISIERUNG VON PRAB
NOTE	PAR	=	PARAMETER
NOTE	PCBSP	=	PER CAPITA SOZIALPRODUKT
NOTE	PC	=	PARAMETER
NOTE	PCC	=	PER CAPITA KONSUM
NOTE	PPRV	=	PARAMETER
NOTE	PRAB	=	PRODUKTIVITAET DER ARBEIT
NOTE	PRE	=	PREISE
NOTE	PREV	=	VERAENDERUNGSRATE DER PREISE (INFLATIONSRATE)
NOTE	PPIN	=	PRIVATINVESTITIONEN
NOTE	PROD	=	PRODUKTION
NOTE	P1	=	PARAMETER
NOTE	P2	=	PARAMETER
NOTE	P3	=	PARAMETER
NOTE	P4	=	ABSCHREIBUNGSPARAMETER
NOTE	P5	=	PARAMETER
NOTE	P6	=	PARAMETER
NOTE	P7	=	PARAMETER
NOTE	P8	=	PARAMETER
NOTE	P10	=	PARAMETER
NOTE	P11	=	PARAMETER
NOTE	P12	=	PARAMETER
NOTE	P13	=	PARAMETER
NOTE	P15	=	PARAMETER
NOTE	APROD	=	INITIALISIERUNG VON PROD
NOTE	RABB	=	PARAMETER
NOTE	RARBL	=	REAKTION DES REGIMES AUF ARBEITSLOSIGKEIT
NOTE	RPREV	=	REAKTION DES REGIMES AUF PREISSTEIGERUNGEN
NOTE	RPROD	=	VERAENDERUNGSRATE DER PRODUKTION
NOTE	RST	=	VERAENDERUNGSRATE DER STABILITAET DES REGIMES
NOTE	RSTLAU	=	VERAENDERUNGSRATE DER STAATLICHEN AUSGABEN
NOTE	RSTLIN	=	VERAENDERUNGSRATE DER STAATLICHEN INVESTITIONEN
NOTE	RSTV	=	REAKTION DES REGIMES AUF STABILITAETSVERLUSTE
NOTE	RY	=	VERAENDERUNGSRATE DES SOZIALPRODUKTS
NOTE	R1	=	ZWISCHENWERT BEI DER BERECHNUNG VON RST
NOTE	R2	=	ZWISCHENWERT BEI DER BERECHNUNG VON RST
NOTE	R3	=	ZWISCHENWERT BEI DER BERECHNUNG VON RST
NOTE	SPREV	=	PARAMETER
NOTE	ST	=	STABILITAET DES REGIMES
NOTE	STLAU	=	STAATLICHE AUSGABEN
NOTE	STLIN	=	STAATLICHE INVESTITIONEN
NOTE	WR	=	WACHSTUMSRATE
NOTE	Y	=	SOZIALPRODUKT

```
NOTE                                                                            *
NOTE                                                                            *
NOTE                                                                            *
NOTE                                                                            *
NOTE****************************************************************************
NOTE****************************************************************************
NOTE****************************************************************************
NOTE                                                                            *
NOTE                                                                            *
NOTE                   MAKROS   ************************************************
NOTE                                                                            *
NOTE                                                                            *
NOTE****************************************************************************
NOTE****************************************************************************
NOTE****************************************************************************
MACRO NORM(VAR,RATE)
A    NORM.K=CLIP($VAR1.K,$VAR2.K,RATE.K,$BASE.K)                                *
A    $VAR1.K=(10-VAR.K)                                                         *
A    $VAR2.K=VAR.K                                                              *
A    $BASE.K=0.                                                                 *
MEND                                                                            *
MACRO  OR(W3,W4)                                                                *
A    OR.K=SQRT((W3.K-W4.K)*(W3.K-W4.K))                                         *
MEND                                                                            *
MACRO QQ(W1,W2,S)                                                               *
A    QQ.K=SQRT((W1.K/S.K)*(W2.K/S.K))                                           *
MEND                                                                            *
MACRO RNKDIS5(A1,A2,A3,A4,A5,SUM,G1,G2,G3,G4,G5)                                *
A    RNKDIS5.K=$RN.K                                                            *
A    $RN.K=                                                                     *
X    OR(A1.K,A2.K)*QQ(G1.K,G2.K,SUM.K)+                                         *
X    OR(A1.K,A3.K)*QQ(G1.K,G3.K,SUM.K)+                                         *
X    OR(A1.K,A4.K)*QQ(G1.K,G4.K,SUM.K)+                                         *
X    OR(A1.K,A5.K)*QQ(G1.K,G5.K,SUM.K)+                                         *
X    OR(A2.K,A3.K)*QQ(G2.K,G3.K,SUM.K)+                                         *
X    OR(A2.K,A4.K)*QQ(G2.K,G4.K,SUM.K)+                                         *
X    OR(A2.K,A5.K)*QQ(G2.K,G5.K,SUM.K)+                                         *
X    OR(A3.K,A4.K)*QQ(G3.K,G4.K,SUM.K)+                                         *
X    OR(A3.K,A5.K)*QQ(G3.K,G5.K,SUM.K)+                                         *
X    OR(A4.K,A5.K)*QQ(G4.K,G5.K,SUM.K)                                          *
MEND                                                                            *
MACRO  RNKDIS6(A1,A2,A3,A4,A5,A6,SUM,G1,G2,G3,G4,G5,G6)                         *
A    RNKDIS6.K=$RN.K                                                            *
A    $RN.K=                                                                     *
X    OR(A1.K,A2.K)*QQ(G1.K,G2.K,SUM.K)+                                         *
X    OR(A1.K,A3.K)*QQ(G1.K,G3.K,SUM.K)+                                         *
X    OR(A1.K,A4.K)*QQ(G1.K,G4.K,SUM.K)+                                         *
X    OR(A1.K,A5.K)*QQ(G1.K,G5.K,SUM.K)+                                         *
X    OR(A1.K,A6.K)*QQ(G1.K,G6.K,SUM.K)+                                         *
X    OR(A2.K,A3.K)*QQ(G2.K,G3.K,SUM.K)+                                         *
X    OR(A2.K,A4.K)*QQ(G2.K,G4.K,SUM.K)+                                         *
X    OR(A2.K,A5.K)*QQ(G2.K,G5.K,SUM.K)+                                         *
X    OR(A2.K,A6.K)*QQ(G2.K,G6.K,SUM.K)+                                         *
X    OR(A3.K,A4.K)*QQ(G3.K,G4.K,SUM.K)+                                         *
X    OR(A3.K,A5.K)*QQ(G3.K,G5.K,SUM.K)+                                         *
X    OR(A3.K,A6.K)*QQ(G3.K,G6.K,SUM.K)+                                         *
X    OR(A4.K,A5.K)*QQ(G4.K,G5.K,SUM.K)+                                         *
X    OR(A4.K,A6.K)*QQ(G4.K,G6.K,SUM.K)+                                         *
```

```
X     OR(A5.K,A6.K)*OO(G5.K,G6.K,SUM.K)                                        *
MEND                                                                           *
MACRO NORM10(FK1)                                                              *
A     NRM10.K=((10-FK1.K)*FK1.K)/25                                            *
MEND                                                                           *
NOTE                                                                           *
NOTE                                                                           *
NOTE                                                                           *
NOTE              MODELL DER ZWISCHENSTAATLICHEN BEZIEHUNGEN ******************
NOTE                                                                           *
NOTE                                                                           *
NOTE                                                                           *
NOTE****************************************************************************
NOTE****************************************************************************
NOTE                                                                           *
NOTE                                                                           *
NOTE              POSITIVE INTERAKTION                                         *
NOTE                                                                           *
NOTE                                                                           *
NOTE****************************************************************************
L     IP1.K=IP1.J+DT*IPR1.JK*NORM(IP1.J,IPR1.JK)*PIP1.J                        *
L     IP2.K=IP2.J+DT*IPR2.JK*NORM(IP2.J,IPR2.JK)*PIP2.J                        *
A     PIP1.K=                                                                  *
A     PIP2.K=                                                                  *
R     IPR1.KL=SPP1.K+ANG1.K+DIFIP1.K                                           *
R     IPR2.KL=SPP2.K+ANG2.K+DIFIP2.K                                           *
A     SPP1.K=(HP1.K-IP1.K)*PSPP1.K                                             *
A     SPP2.K=(HP2.K-IP2.K)*PSPP2.K                                             *
A     PSPP1.K=                                                                 *
A     PSPP2.K=                                                                 *
A     ANG1.K=FEAR1.K*IN2.K*PANG1.K                                             *
A     ANG2.K=FEAR2.K*IN1.K*PANG2.K                                             *
A     PANG2.K=                                                                 *
A     PANG1.K=                                                                 *
A     DIFIP1.K=((IP2.K-IP1.K)-IN2.K)*PDIF1.K                                   *
A     DIFIP2.K=((IP1.K-IP2.K)-IN1.K)*PDIF2.K                                   *
A     PDIF1.K=QDIF+(DPR1.K*0.1)                                                *
A     PDIF2.K=QDIF+(DPR2.K*0.1)                                                *
C     QDIF=                                                                    *
N     IP2=OIP2                                                                 *
N     IP1=OIP1                                                                 *
C     OIP1=                                                                    *
C     OIP2=                                                                    *
NOTE****************************************************************************
NOTE                                                                           *
NOTE                                                                           *
NOTE              NEGATIVE INTERAKTION                                         *
NOTE                                                                           *
NOTE                                                                           *
NOTE****************************************************************************
L     IN1.K=IN1.J+DT*IR1.JK                                                    *
L     IN2.K=IN2.J+DT*IR2.JK                                                    *
R     IR1.KL=INR1.JK*NORM(IN1.K,INR1.JK)*PIR1.K                                *
R     IR2.KL=INR2.JK*NORM(IN2.K,INR2.JK)*PIR2.K                                *
A     PIR1.K=                                                                  *
A     PIR2.K=                                                                  *
R     INR1.KL=SPN1.K*STIM1.K-AIN1.K+DIFIN1.K                                   *
R     INR2.KL=SPN2.K*STIM2.K-AIN2.K+DIFIN2.K                                   *
```

```
A    SPN1.K=(HN1.K-IN1.K)*PSPN1.K
A    SPN2.K=(HN2.K-IN2.K)*PSPN2.K
A    PSPN1.K=
A    PSPN2.K=
A    STIM1.K=(DPB1.K+EVENT1.K*DPR1.K)
A    STIM2.K=(DPB2.K+EVENT2.K*DPR2.K)
A    DPB1.K=CLIP(DPR1.K,0,DPR1.K,Z1.K)*(10-SI1.K)
A    DPB2.K=CLIP(DPR2.K,0,DPR2.K,Z2.K)*(10-SI2.K)
A    AIN1.K=FEAR1.K*PAIN1.K
A    AIN2.K=FEAR2.K*PAIN2.K
A    PAIN1.K=
A    PAIN2.K=
A    DIFIN1.K=((IN2.K-IN1.K)-IP2.K)*PDIFIN1.K
A    DIFIN2.K=((IN1.K-IN2.K)-IP1.K)*PDIFIN2.K
A    PDIFIN1.K=OPDIFIN+(DPR1.K*0.1)
A    PDIFIN2.K=OPDIFIN+(DPR2.K*0.1)
A    EVENT1.K=CLIP(10,0,N1.K,E)*OEV
A    EVENT2.K=CLIP(10,0,N2.K,E)*OEV
C    OEV=
A    N1.K=(NOISE()+0.5)*10
A    N2.K=(NOISE()+0.5)*10
N    IN1=OIN1
N    IN2=OIN2
C    E=
A    Z1.K=SI1.K
A    Z2.K=SI2.K
C    OPDIFIN=
C    OIN1=
C    OIN2=
NOTE***********************************************************
NOTE
NOTE
NOTE              POSITIVE POLITISCHE DISTANZ
NOTE
NOTE
NOTE***********************************************************
A    PPZERO1.K=OPPZ1
A    PPZERO2.K=OPPZ2
L    PP1.K=PP1.J+DT*PPR1.JK
L    PP2.K=PP2.J+DT*PPR2.JK
R    PPR1.KL=DPPR1.K+DHP1.K
R    PPR2.KL=DPPR2.K+DHP2.K
A    DPPR1.K=APPR1.K*(PPZERO1.K-PP1.K)
A    DPPR2.K=APPR2.K*(PPZERO2.K-PP2.K)
A    APPR1.K=
A    APPR2.K=
A    DHP1.K=PPPR1.K*((DELAY1(HP1.K,21))-PP1.K)
A    DHP2.K=PPPR2.K*((DELAY1(HP2.K,21))-PP2.K)
A    PPPR1.K=0.05
A    PPPR2.K=0.05
N    PP2=OPP2
N    PP1=OPP1
C    OPP1=
C    OPP2=
C    OPPZ1=
C    OPPZ2=
NOTE***********************************************************
NOTE
```

```
NOTE                                                              *
NOTE              NEGATIVE POLITISCHE DISTANZ                     *
NOTE                                                              *
NOTE                                                              *
NOTE*************************************************************
A   PNZERO1.K=QPNZ1                                               *
A   PNZERO2.K=QPNZ2                                               *
L   PN1.K=PN1.J+DT*PNR1.JK                                        *
L   PN2.K=PN2.J+DT*PNR2.JK                                        *
R   PNR1.KL=DPNR1.K+DHN1.K                                        *
R   PNR2.KL=DPNR2.K+DHN2.K                                        *
A   DPNR1.K=APNR1.K*(PNZERO1.K-PN1.K)                             *
A   DPNR2.K=APNR2.K*(PNZERO2.K-PN2.K)                             *
A   APNR1.K=                                                      *
A   APNR2.K=                                                      *
A   DHN1.K=PPNR1.K*((DELAY1(HN1.K,21))-PN1.K)                     *
A   DHN2.K=PPNR2.K*((DELAY1(HN2.K,21))-PN2.K)                     *
A   PPNR1.K=                                                      *
A   PPNR2.K=                                                      *
N   PN1=QPN1                                                      *
N   PN2=QPN2                                                      *
C   QPN1=                                                         *
C   QPN2=                                                         *
C   QPNZ1=                                                        *
C   QPNZ2=                                                        *
NOTE*************************************************************
NOTE                                                              *
NOTE                                                              *
NOTE              POSITIVE PSYCHISCHE DISTANZ                     *
NOTE                                                              *
NOTE                                                              *
NOTE*************************************************************
L   BP1.K=BP1.J+DT*BPR1.JK                                        *
L   BP2.K=BP2.J+DT*BPR2.JK                                        *
R   BPR1.KL=BIP1.K-BPRAB1.K                                       *
R   BPR2.KL=BIP2.K-BPRAB2.K                                       *
A   BIP1.K=PBPR1.K*(DELAY1(IP2.K,30)*(10-BP1.K))                  *
A   BIP2.K=PBPR2.K*(DELAY1(IP1.K,30)*(10-BP2.K))                  *
A   PBPR1.K=                                                      *
A   PBPR2.K=                                                      *
A   BPRAB1.K=ABPP1.K*BN1.K*BP1.K                                  *
A   BPRAB2.K=ABPR2.K*BN2.K*BP2.K                                  *
A   ABPR1.K=                                                      *
A   ABPR2.K=                                                      *
N   BP1=QBP1                                                      *
N   BP2=QBP2                                                      *
C   QBP1=                                                         *
C   QBP2=                                                         *
NOTE*************************************************************
NOTE                                                              *
NOTE                                                              *
NOTE              NEGATIVE PSYCHISCHE DISTANZ                     *
NOTE                                                              *
NOTE                                                              *
NOTE*************************************************************
L   BN1.K=BN1.J+DT*BNR1.JK                                        *
L   BN2.K=BN2.J+DT*BNR2.JK                                        *
A   PBN1.K=QPBN                                                   *
```

```
A    PBN2.K=CPBN
R    BNR1.KL=(BIN1.K-BNRAB1.K)*PBN1.K
R    PNR2.KL=(PIN2.K-BNRAB2.K)*PBN2.K
A    PIN1.K=PBNR1.K*(DELAY1(IN2.K,7)*(10-BN1.K))
A    PIN2.K=PBNR2.K*(DELAY1(IN1.K,7)*(10-BN2.K))
A    PBNR1.K=
A    PBNR2.K=
A    PNRAB1.K=ABNR1.K*BP1.K*BN1.K
A    PNRAB2.K=ABNR2.K*BP2.K*BN2.K
A    ABNR1.K=
A    ABNR2.K=
N    PN1=OPN1
N    BN2=OBN2
C    OPBN=
C    OBN1=
C    OBN2=
NOTE****************************************************************
NOTE                                                                 *
NOTE                                                                 *
NOTE             NEGATIVE UND POSITIVE GESAMTDISTANZ (HOSTILITAET)  *
NOTE                                                                 *
NOTE                                                                 *
NOTE****************************************************************
A    TOP1.K=(PF1.K+PP1.K+IP2.K+SCP1.K)/4
A    TOP2.K=(PP2.K+BP2.K+IP1.K+SDP2.K)/4
A    TON1.K=(PN1.K+BN1.K+IN2.K+SDN1.K)/4
A    TON2.K=(PN2.K+BN2.K+IN1.K+SDN2.K)/4
A    HP1.K=TOP1.K
A    HP2.K=TOP2.K
A    HN1.K=TON1.K
A    HN2.K=TON2.K
A    PC1.K=PN1.K-PP1.K
A    PD2.K=PN2.K-PP2.K
A    PS1.K=BN1.K-BP1.K
A    PS2.K=BN2.K-BP2.K
A    GD1.K=TON1.K-TOP1.K
A    GD2.K=TON2.K-TOP2.K
NOTE****************************************************************
NOTE                                                                 *
NOTE                                                                 *
NOTE             NEGATIVE UND POSITIVE SICHERHEITSDISTANZ           *
NOTE                                                                 *
NOTE                                                                 *
NOTE****************************************************************
A    SD1.K=SDN1.K-SDP1.K
A    SD2.K=SDN2.K-SDP2.K
L    SDP1.K=SDP1.J+DT*SDPR1.JK*NORM(SDP1.J,SDPP1.JK)
L    SDN1.K=SDN1.J+DT*SDNR1.JK*NORM(SDN1.J,SDNR1.JK)
L    SDP2.K=SDP2.J+DT*SDPR2.JK*NORM(SDP2.J,SDPR2.JK)
L    SDN2.K=SDN2.J+DT*SDNR2.JK*NORM(SDN2.J,SDNR2.JK)
N    SDP1=
N    SDP2=
N    SDN1=
N    SDN2=
R    SDNR1.KL=MP2.K*GD1.K*(IN2.K-IP2.K)
R    SDNR2.KL=MP1.K*GD2.K*(IN1.K-IP1.K)
R    SDPR1.KL=MP2.K*-GD1.K*(IP2.K-IN2.K)
R    SDPR2.KL=MP1.K*-GD2.K*(IP1.K-IN1.K)
```

```
NOTE************************************************************
NOTE                                                             *
NOTE                                                             *
NOTE             SICHERHEIT                                      *
NOTE                                                             *
NOTE                                                             *
NOTE************************************************************
L   SI1.K=SI1.J+DT*SIR1.JK*NORM(SI1.J,SIR1.JK)                   *
L   SI2.K=SI2.J+DT*SIR2.JK*NORM(SI2.J,SIR2.JK)                   *
R   SIR1.KL=(ASIR1.K-BSIR1.K)*PSIR1.K                            *
R   SIR2.KL=(ASIR2.K-BSIR2.K)*PSIR2.K                            *
A   ASIR1.K=MP1.K+ERF1.K                                         *
A   ASIR2.K=MP2.K+ERF2.K                                         *
A   PSIR1.K=IN2.K*OPSIR                                          *
A   PSIR2.K=IN1.K*OPSIR                                          *
A   BSIR1.K=MF2.K*PM21.K                                         *
A   BSIR2.K=MF1.K*PM12.K                                         *
A   PM21.K=(PS1.K*C.1)                                           *
A   PM12.K=(PS2.K*0.1)                                           *
L   ERF1.K=ERF1.J+DT*0.01*(VRP2.J-VRP1.J)                        *
L   ERF2.K=ERF2.J+DT*0.01*(VRP1.J-VRP2.J)                        *
A   V1.K=VRL2.K-VRL1.K                                           *
A   V2.K=VRL1.K-VRL2.K                                           *
N   SI1=OSI1                                                     *
N   SI2=OSI2                                                     *
C   OPSIR=                                                       *
C   OSI1=                                                        *
C   OSI2=                                                        *
C   AT1=                                                         *
C   AT=                                                          *
N   ERF2=V2                                                      *
N   ERF1=V1                                                      *
NOTE************************************************************
NOTE                                                             *
NOTE                                                             *
NOTE             RUESTUNGSPOTENTIAL                              *
NOTE                                                             *
NOTE                                                             *
NOTE************************************************************
L   RP1.K=RP1.J-DT*(VRP1.J-RPR1.JK)                              *
L   RP2.K=RP2.J-DT*(VPP2.J-RPR2.JK)                              *
R   RPR1.KL=(2*(10-SI1.K)-(RPREV1.K*0.1))*ZAC.K                  *
R   RPR2.KL=(2*(10-SI2.K)-(RPREV2.K*0.1))*ZAC.K                  *
C   ORP1=                                                        *
C   ORP2=                                                        *
N   RP1=ORP1                                                     *
N   RP2=ORP2                                                     *
NOTE************************************************************
NOTE                                                             *
NOTE                                                             *
NOTE             ANGST                                           *
NOTE                                                             *
NOTE                                                             *
NOTE************************************************************
A   FEAR1.K=KFAN1.K+LFAN1.K                                      *
A   FEAR2.K=KFAN2.K+LFAN2.K                                      *
A   KFAN1.K=(RP2.K-RP1.K)*AKF1.K*DELAY1(IN2.K,14)                *
A   KFAN2.K=(RP1.K-RP2.K)*AKF2.K*DELAY1(IN1.K,14)                *
```

```
A    AKF1.K=AKF                                                              *
A    AKF2.K=AKF                                                              *
A    LFAN1.K=VRL1.K*PALF                                                     *
A    LFAN2.K=VRL2.K*PALF                                                     *
C    AKF=                                                                    *
C    PALF=                                                                   *
NOTE*************************************************************************
NOTE                                                                         *
NOTE                                                                         *
NOTE                    VERLLSTE                                             *
NOTE                                                                         *
NOTE                                                                         *
NOTE*************************************************************************
L    VRL1.K=VRL1.J+DT*VRLR1.JK                                               *
L    VRL2.K=VRL2.J+DT*VRLR2.JK                                               *
R    VRLR1.KL=VERL1.K*RP1.K+VRPEXP1.K                                        *
R    VRLR2.KL=VERL2.K*RP2.K+VRPEXP2.K                                        *
A    VRPEXP1.K=(VERLF1.K)*RP1.K                                              *
A    VRPEXP2.K=(VERLE2.K)*RP2.K                                              *
A    INN2.K=DELAY1((IN2.K+2),7)                                              *
A    INN1.K=DELAY1((IN1.K+2),7)                                              *
A    VERLF1.K=TABHL(TABVER,INN2.K,0,10,1)*MP2.K*ATV                          *
A    VERLF2.K=TABHL(TABVER,INN1.K,0,10,1)*MP1.K*ATV                          *
A    VRP1.K=RP1.K*VERL1.K                                                    *
A    VRP2.K=RP2.K*VERL2.K                                                    *
N    VRL2=OVRL2                                                              *
N    VRL1=OVRL1                                                              *
C    OVRL2=                                                                  *
C    OVRL1=                                                                  *
A    VERL1.K=TABHL(TABVER,IN2.K,0,10,1)*MP2.K*ATV                            *
A    VERL2.K=TABHL(TABVER,IN1.K,0,10,1)*MP1.K*ATV                            *
T    TABVER=                                                                 *
C    ATV=                                                                    *
NOTE*************************************************************************
NOTE                                                                         *
NOTE                                                                         *
NOTE                    DEPRIVATION                                          *
NOTE                                                                         *
NOTE                                                                         *
NOTE*************************************************************************
L    DPR1.K=DPR1.J+DT*(DRL1.J-DPR1.J)*AT+DRK1.J*NORM(DPR1.J,DRK1.J)*AT1      *
L    DPR2.K=DPR2.J+DT*(DRL2.J-DPR2.J)*AT+DRK2.J*NORM(DPR2.J,DRK2.J)*AT1      *
A    DRK1.K=-STR1.JK-SIR1.JK                                                 *
A    DRK2.K=-STR2.JK-SIR2.JK                                                 *
A    MP1.K=RP1.K/10                                                          *
A    MP2.K=RP2.K/10                                                          *
A    DRL2.K=RNKDIS5(ST2.K,RDPCC2.K,RPCBSP2.K,SI2.K,MR2.K,S12.K,              *
X    H11.K,H21.K,H31.K,H41.K,H51.K)                                          *
A    DRL1.K=RNKDIS5(ST1.K,RDPCC1.K,RPCBSP1.K,SI1.K,MR1.K,S11.K,              *
X    H12.K,H22.K,H32.K,H42.K,H52.K)                                          *
A    RDPCC1.K=TABHL(TABPCC,PCC1.K,0,2000,200)                                *
A    RDPCC2.K=TABHL(TABPCC,PCC2.K,0,2000,200)                                *
T    TABPCC=0/4/5.5/6.75/7.5/8/8.5/9/9.1/9.5/10                              *
A    RPCBSP2.K=TABHL(TABBSP,PCBSP2.K,0,3000,250)                             *
A    RPCBSP1.K=TABHL(TABBSP,PCBSP1.K,0,3000,250)                             *
T    TABBSP=                                                                 *
A    MR1.K=                                                                  *
A    MR2.K=                                                                  *
```

```
A    S11.K=H11.K+H21.K+H31.K+H41.K+H51.K
A    S12.K=H12.K+H22.K+H32.K+H42.K+H52.K
A    H11.K=
A    H12.K=
A    H21.K=
A    H22.K=
A    H31.K=
A    H32.K=
A    H41.K=
A    H42.K=
A    H51.K=
A    H52.K=
N    DPR1=DRL1
N    DPR2=DRL2
NOTE****************************************************************
NOTE****************************************************************
NOTE
NOTE
NOTE
NOTE          SUB-MODELL POLITISCHES SYSTEM  ******************************
NOTE
NOTE
NOTE
NOTE****************************************************************
NOTE****************************************************************
NOTE****************************************************************
NOTE
NOTE
NOTE          INTERNE UNRUHEN
NOTE
NOTE
NOTE****************************************************************
L    CS1.K=CS1.J+DT*ZAP.J*CSR1.JK
L    CS2.K=CS2.J+DT*ZAP.J*CSR2.JK
R    CSR1.KL=FA1.K*AT*(DP1.K-CS1.K)-(KR1.K*AT*CS1.K)
R    CSR2.KL=FA2.K*AT*(DP2.K-CS2.K)-(KR2.K*AT*CS2.K)
A    FO11.K=(10-CS1.K)
A    FO12.K=(10-CS2.K)
L    FA1.K=FA1.J+DT*ZAP.J*FAR1.JK
L    FA2.K=FA2.J+DT*ZAP.J*FAR2.JK
R    FAR1.KL=DELAY1((AT*(EXC1+DP1.K+CS1.K)),10)-(AT1*FA1.K)
R    FAR2.KL=DELAY1((AT*(EXC2+DP2.K+CS2.K)),10)-(AT1*FA2.K)
N    CS1=OCS1
N    CS2=OCS2
C    OCS1=
C    OCS2=
N    FA1=OFA1
N    FA2=OFA2
C    OFA1=
C    OFA2=
C    EXC1=
C    EXC2=
NOTE****************************************************************
NOTE
NOTE
NOTE          LEGITIMITAET DES REGIMES
NOTE
NOTE
```

```
NOTE**********************************************************************
L   LE1.K=LE1.J+DT*ZAP.J*LER1.JK                                          *
L   LF2.K=LF2.J+DT*ZAP.J*LER2.JK                                          *
R   LER1.KL=(CELAY1((CS1.K+(10-IN1.K)),80)*AT*(10-LE1.K))-                *
X   AT*CELAY1(LE1.K,40)                                                   *
R   LER2.KL=(CELAY1((CS2.K+(10-IN2.K)),80)*AT*(10-LE2.K))-                *
X   AT*CELAY1(LF2.K,40)                                                   *
N   LE1=OLE1                                                              *
N   LF2=OLF2                                                              *
C   OLE1=                                                                 *
C   OLF2=                                                                 *
NOTE**********************************************************************
NOTE                                                                      *
NOTE                                                                      *
NOTE                KOERZIVES POTENTIAL                                   *
NOTE                                                                      *
NOTE                                                                      *
NOTE**********************************************************************
L   KO1.K=KO1.J+DT*ZAP.J*KOR1.JK*NORM(KR1.J,KOR1.JK)                      *
L   KO2.K=KO2.J+DT*ZAP.J*KOR2.JK*NORM(KP2.J,KOR2.JK)                      *
R   KOR1.KL=(1.25*CS1.K-IS1.K)*AT*KO1.K                                   *
R   KOR2.KL=(1.25*CS2.K-IS2.K)*AT*KO2.K                                   *
L   FO21.K=FO21.J+(FOR21.JK-FO21.J)                                       *
L   FO22.K=FO22.J+(FOR22.JK-FO22.J)                                       *
R   FOR22.KL=(10-KR2.K)                                                   *
R   FOR21.KL=(10-KR1.K)                                                   *
N   FO21=FOR21                                                            *
N   FO22=FOR22                                                            *
A   KR1.K=TABHL(TAB1,KO1.K,0,1000,100)                                    *
A   KR2.K=TABHL(TAB1,KO2.K,0,1000,100)                                    *
T   TAB1=                                                                 *
N   KO1=OKO1                                                              *
N   KO2=OKO2                                                              *
NOTE**********************************************************************
C   OKO1=                                                                 *
C   OKO2=                                                                 *
NOTE                                                                      *
NOTE                                                                      *
NOTE                STABILITAEIT DES REGIMES                              *
NOTE                                                                      *
NOTE                                                                      *
NOTE**********************************************************************
L   ST1.K=ST1.J+DT*ZAP.J*STR1.JK                                          *
L   ST2.K=ST2.J+DT*ZAP.J*STR2.JK                                          *
R   STR2.KL=AT*LF2.K*(10-ST2.K)-(IS2.K+CS2.K)*AT*(ST2.K-(10-DP2.K))       *
R   STR1.KL=AT*LE1.K*(10-ST1.K)-(IS1.K+CS1.K)*AT*(ST1.K-(10-DP1.K))       *
N   ST1=OST1                                                              *
N   ST2=OST2                                                              *
C   OST1=                                                                 *
C   OST2=                                                                 *
NOTE**********************************************************************
NOTE                                                                      *
NOTE                                                                      *
NOTE                INSTITUTICNALISIERUNG                                 *
NOTE                                                                      *
NOTE                                                                      *
NOTE**********************************************************************
L   IS1.K=IS1.J+DT*ZAP.J*ISR1.JK                                          *
```

```
L    IS2.K=IS2.J+DT*ZAP.J*ISR2.JK
R    ISR1.KL=AT1*(10-IS1.K)-DELAY3((AT2*CS1.K),80)*IS1.K
R    ISR2.KL=AT1*(10-IS2.K)-DELAY3((AT2*CS2.K),80)*IS2.K
C    AT2=
N    IS1=OIS1
N    IS2=OIS2
C    OIS1='
C    OIS2=
NOTE*****************************************************
NOTE                                                     *
NOTE                                                     *
NOTE              DEPRIVATION DER BEVOELKERUNG           *
NOTE                                                     *
NOTE                                                     *
NOTE*****************************************************
A    DPL1.K=DELAY1(RN1.K,10)
A    DPL2.K=DELAY1(RN2.K,10)
A    RN1.K=RNKDIS6(FQ11.K,FQ21.K,RDPCC1.K,RDPV1.K,RDARBL1.K,IS1.K,S1.K,
X    G11.K,G21.K,G31.K,G41.K,G51.K,G61.K)
A    RN2.K=RNKDIS6(FQ12.K,FQ22.K,RDPCC2.K,RDPV2.K,RDARBL2.K,IS2.K,S2.K,
X    G12.K,G22.K,G32.K,G42.K,G52.K,G62.K)
A    G12.K=
A    G11.K=
A    G21.K=
A    G22.K=
A    G31.K=
A    G32.K=
A    G41.K=
A    G42.K=
A    G51.K=
A    G52.K=
A    G61.K=
A    G62.K=
A    S1.K=G11.K+G21.K+G31.K+G41.K+G51.K+G61.K
A    S2.K=G12.K+G22.K+G32.K+G42.K+G52.K+G62.K
A    DPK1.K=CSR1.JK-ISR1.JK-FQR21.JK-R11.K-R21.K-R31.K
A    DPK2.K=CSR2.JK-ISR2.JK-FQR22.JK-R12.K-R22.K-R32.K
L    DP1.K=DP1.J+DT*ZAP.J*(DPL1.J-DP1.J)*AT+DPK1.J*AT3*NORM(DP1.J,DPK1.J)-
X    AT*DT*ZAP.J*LF1.J*DP1.J
L    DP2.K=DP2.J+DT*ZAP.J*(DPL2.J-DP2.J)*AT+DPK2.J*AT3*NORM(DP2.J,DPK2.J)-
X    AT*DT*ZAP.J*LE2.J*DP2.J
C    AT3=
N    DP1=ODP1
N    DP2=ODP2
A    RDARPL1.K=TABHL(TABPV,ARPL1.K,0,50,10)
A    RDARPL2.K=TABHL(TABPV,ARBL2.K,0,50,10)
A    RDPV1.K=TABHL(TABPV,PREV1.K,0,50,10)
A    RDPV2.K=TABHL(TABPV,PREV2.JK,0,50,10)
T    TABPV=
NOTE*****************************************************
NOTE*****************************************************
NOTE                                                     *
NOTE                                                     *
NOTE                                                     *
NOTE              OEKONOMISCHES SYSTEM   ****************
NOTE                                                     *
NOTE                                                     *
NOTE*****************************************************
```

```
NOTE***********************************************************
NOTE                                                            *
NOTE                                                            *
NOTE                                                            *
NOTE                                                            *
NOTE***********************************************************
NOTE                                                            *
NOTE                                                            *
NOTE              KAPITALSTOCK                                  *
NOTE                                                            *
NOTE                                                            *
NOTE***********************************************************
L    K2.K=K2.J+DT*ZAO.J*KSV2.JK                                 *
L    K1.K=K1.J+DT*ZAO.J*KSV1.JK                                 *
R    KSV1.KL=(INGES1.K*100/PRE1.K)-P41.K*K1.K                   *
R    KSV2.KL=(INGES2.K*100/PRE2.K)-P42.K*K2.K                   *
A    P41.K=                                                     *
A    P42.K=                                                     *
N    K1=OK1                                                     *
N    K2=CK2                                                     *
C    OK1=                                                       *
C    CK2=                                                       *
NOTE***********************************************************
NOTE                                                            *
NOTE                                                            *
NOTE              PRODUKTION                                    *
NOTE                                                            *
NOTE                                                            *
NOTE***********************************************************
L    PROD1.K=PROD1.J+DT*ZAO.J*RPROD1.JK                         *
L    PROD2.K=PROD2.J+DT*ZAO.J*RPROD2.JK                         *
A    NPROD1.K=(EXP(P11.K*LOGN(K1.K))*EXP((1-P11.K)*LOGN(BES1.K)))*
A    NPROD2.K=(EXP(P12.K*LOGN(K2.K))*EXP((1-P12.K)*LOGN(BES2.K)))*
R    RPROD1.KL=(EXP(P11.K*LOGN(K1.K))*EXP((1-P11.K)*LOGN(BES1.K)))-PROD1.K *
R    RPROD2.KL=(EXP(P12.K*LOGN(K2.K))*EXP((1-P12.K)*LOGN(BES2.K)))-PROD2.K *
N    PROD1=NPROD1                                               *
N    PROD2=NPROD2                                               *
NOTE***********************************************************
NOTE                                                            *
NOTE                                                            *
NOTE              BESCHAEFTIGTE                                 *
NOTE                                                            *
NOTE                                                            *
NOTE***********************************************************
A    BS1.K=(((1-P11.K)*PRE1.K)/LOE1.K)                          *
A    BS2.K=(((1-P12.K)*PRE2.K)/LOE2.K)                          *
A    P11.K=                                                     *
A    P12.K=                                                     *
A    B1.K=K1.K*EXP((1/P11.K)*LOGN(BS1.K))                       *
A    B2.K=K2.K*EXP((1/P12.K)*LOGN(BS2.K))                       *
L    BES1.K=BES1.J+DT*ZAO.J*BESR1.JK                            *
L    BES2.K=BES2.J+DT*ZAO.J*BESR2.JK                            *
R    BESR1.KL=APZ1*(B1.K-BES1.K)*STP1.K                         *
R    BESR2.KL=APZ2*(B2.K-BES2.K)*STP2.K                         *
C    APZ1=                                                      *
C    APZ2=                                                      *
N    BES1=B1                                                    *
N    BES2=B2                                                    *
```

```
A    STP1.K=CLIP(0.1,BES1.K,BEV1.K)
A    STP2.K=CLIP(0.1,BES2.K,BEV2.K)
NOTE****************************************************************
NOTE
NOTE
NOTE                BEVOELKERUNG
NOTE
NOTE
NOTE****************************************************************
L    BEV1.K=BEV1.J+DT*ZAC.J*BEVV1.JK
L    BEV2.K=BEV2.J+DT*ZAC.J*BEVV2.JK
R    BEVV1.KL=bR1*BEV1.K
R    BEVV2.KL=bR2*BEV2.K
N    BEV1=OBEV1
N    BEV2=OBEV2
C    OBEV1=
C    OBEV2=
C    bR1=
C    bR2=
NOTE****************************************************************
NOTE
NOTE
NOTE                ARBEITSLOSE
NOTE
NOTE
NOTE****************************************************************
A    AB1.K=(ANT1*BEV1.K)-BES1.K
A    AB2.K=(ANT2*BEV2.K)-BES2.K
A    ARB1.K=CLIP(AB1.K,0,AB1.K,0)
A    ARB2.K=CLIP(AB2.K,0,AB2.K,0)
A    ARPL1.K=(ARB1.K*100)/(BEV1.K*ANT1)
A    ARBL2.K=(ARB2.K*100)/(BEV2.K*ANT2)
C    ANT1=
C    ANT2=
NOTE****************************************************************
NOTE
NOTE
NOTE                ARBEITSPRODUKTIVITAET
NOTE
NOTE
NOTE****************************************************************
L    PRAB2.K=PRAB2.J+DT*ZAC.J*DPRAB2.JK
L    PRAB1.K=PRAB1.J+DT*ZAC.J*DPRAB1.JK
N    PRAB1=PAB1
N    PRAB2=PAB2
A    PAB1.K=(PROD1.K/BES1.K)
A    PAB2.K=(PROD2.K/BES2.K)
R    DPRAB1.KL=((PROD1.K/BES1.K)-PRAB1.K)/DT
R    DPRAB2.KL=((PROD2.K/BES2.K)-PRAB2.K)/DT
NOTE****************************************************************
NOTE
NOTE
NOTE                BRUTTOSOZIALPRODUKT
NOTE
NOTE
NOTE****************************************************************
L    Y1.K=Y1.J+DT*(RY1.JK-Y1.J)
L    Y2.K=Y2.J+DT*(RY2.JK-Y2.J)
```

```
R    RY1.KL=(STLIN1.K+STLAU1.K+C1.K+PRIN1.K)/DT
R    RY2.KL=(STLIN2.K+STLAU2.K+C2.K+PRIN2.K)/DT
N    Y1=PPRD1
N    Y2=PRCD2
NOTE****************************************************************
NOTE
NOTE
NOTE                  INVESTITIONEN
NOTE
NOTE
NOTE****************************************************************
L    PRIN1.K=PRIN1.J+DT*ZAC.J*(RPRIN1.JK-PRIN1.J)
L    PRIN2.K=PRIN2.J+DT*ZAO.J*(RPRIN2.JK-PRIN2.J)
R    RPRIN1.KL=P21+P31*Y1.K
R    RPRIN2.KL=P22+P32*Y2.K
N    PRIN1=RPRIN1
N    PRIN2=RPRIN2
C    P21=
C    P22=
C    P31=
C    P32=
A    INGES1.K=RPRIN1.JK+RSTLIN1.JK
A    INGES2.K=RPRIN2.JK+RSTLIN2.JK
NOTE****************************************************************
NOTE
NOTE
NOTE                  VERFUEGBARES EINKOMMEN
NOTE
NOTE
NOTE****************************************************************
A    EKV2.K=Y2.K-DIRST2.K
A    EKV1.K=Y1.K-DIRST1.K
NOTE****************************************************************
NOTE
NOTE
NOTE                  KCNSUM
NOTE
NOTE
NOTE****************************************************************
L    C1.K=C1.J+DT*ZAC.J*(CRP1.JK-C1.J)
L    C2.K=C2.J+DT*ZAO.J*(CRP2.JK-C2.J)
R    CRP1.KL=CLIP(CMIN1.K,CP1.K,CMIN1.K,CR1.K)
R    CRP2.KL=CLIP(CMIN2.K,CP2.K,CMIN2.K,CR2.K)
A    CMIN1.K=0.6*Y1.K
A    CMIN2.K=0.6*Y2.K
A    CR1.K=EKV1.K*0.9+((RSTV1.K-RPREV1.K*0.1+LCEV1.JK)*EKV1.K/100)
A    CR2.K=EKV2.K*0.9+((RSTV2.K-RPREV2.K*0.1+LCEV2.JK)*EKV2.K/100)
A    RSTV1.K=(100-ST1.K)*CRSTV1.K
A    RSTV2.K=(100-ST2.K)*CRSTV2.K
A    CRSTV1.K=CLIP(0.1,ST1.K,40)
A    CRSTV2.K=CLIP(0.1,ST2.K,40)
N    C1=CRP1
N    C2=CRP2
NOTE****************************************************************
NOTE
NOTE
NOTE                  PREISE
NOTE
```

```
NOTE
NOTE************************************************************
C    P101=                                                      *
C    P102=                                                      *
C    P111=                                                      *
C    P112=                                                      *
C    P121=                                                      *
C    P122=                                                      *
N    PRE1=OPRE1                                                 *
N    PRE2=OPRE2                                                 *
L    PRE1.K=PRE1.J+DT*ZAC.J*PREV1.JK                            *
L    PRE2.K=PRE2.J+DT*ZAC.J*PREV2.JK                            *
R    PREV1.KL=((P71-P81*DPRAP1.JK)+(Y1.K*100/PROD1.K))-PRE1.K   *
R    PREV2.KL=((P72-P82*DPRAP2.JK)+(Y2.K*100/PROD2.K))-PRE2.K   *
C    P71=                                                       *
C    P72=                                                       *
C    PA2=                                                       *
C    P81=                                                       *
C    OPRE1=                                                     *
C    OPRE2=                                                     *
NOTE************************************************************
NOTE                                                            *
NOTE                                                            *
NOTE              LOEHNE                                        *
NOTE                                                            *
NOTE                                                            *
NOTE************************************************************
L    LOE1.K=LOE1.J+DT*ZAC.J*LOEV1.JK                            *
L    LOE2.K=LOE2.J+DT*ZAC.J*LOEV2.JK                            *
R    LOEV1.KL=((P101+P111*PREV1.JK-P121*ARBL1.K)*LOE1.K)        *
R    LOEV2.KL=((P102+P112*PREV2.JK-P122*ARBL2.K)*LOE2.K)        *
N    LOE1=OLOE1                                                 *
N    LOE2=OLOE2                                                 *
C    OLOE1=                                                     *
C    OLOE2=                                                     *
NOTE************************************************************
NOTE                                                            *
NOTE                                                            *
NOTE              ERWARTETES KONSUMNIVEAU                       *
NOTE                                                            *
NOTE                                                            *
NOTE************************************************************
L    EWC1.K=EWC1.J+DT*ZAC.J*EWCV1.JK                            *
L    EWC2.K=EWC2.J+DT*ZAC.J*EWCV2.JK                            *
R    EWCV1.KL=((P131*EWC1.K)+((1-P131)*PCC1.K))-EWC1.K          *
R    EWCV2.KL=((P132*EWC2.K)+((1-P132)*PCC2.K))-EWC2.K          *
N    EWC1=PCC1                                                  *
N    EWC2=PCC2                                                  *
C    P132=                                                      *
C    P131=                                                      *
NOTE************************************************************
NOTE                                                            *
NOTE                                                            *
NOTE              ERWARTUNG DER PREISBEWEGUNG                   *
NOTE                                                            *
NOTE                                                            *
NOTE************************************************************
L    EWPREV2.K=EWPREV2.J+DT*ZAC.J*EWPV2.JK                      *
```

```
L    EWPREV1.K=EWPREV1.J+DT*ZAO.J*EWPV1.JK                                      *
R    EWPV1.KL=((1-P141)*PREV1.JK+P141*EWPREV1.K)-EWPREV1.K                      *
R    EWPV2.KL=((1-P142)*PREV2.JK+P142*EWPREV2.K)-EWPREV2.K                      *
N    EWPREV1=PREV1                                                              *
N    EWPREV2=PREV2                                                              *
C    P141=                                                                      *
C    P142=                                                                      *
NOTE*************************************************************************
NOTE                                                                           *
NOTE                                                                           *
NOTE                    ERWARTUNG DER ARBEITSLOSIGKEIT                         *
NOTE                                                                           *
NOTE                                                                           *
NOTE*************************************************************************
L    EARBL1.K=EARBL1.J+DT*ZAO.J*EARBLV1.JK                                      *
L    EARBL2.K=EARBL2.J+DT*ZAO.J*EARBLV2.JK                                      *
R    EARBLV1.KL=(((1-P151)*ARBL1.K)+(P151*EARBL1.K))-EARBL1.K                   *
R    EARBLV2.KL=(((1-P152)*ARBL2.K)+(P152*EARBL2.K))-EARBL2.K                   *
N    EARBL1=ARBL1                                                               *
N    EARBL2=ARBL2                                                               *
C    P151=                                                                      *
C    P152=                                                                      *
NOTE*************************************************************************
NOTE                                                                           *
NOTE                                                                           *
NOTE                    POLITISCHE FAKTOREN                                    *
NOTE                                                                           *
NOTE                                                                           *
NOTE*************************************************************************
A    STLAU1.K=TABHL(TABRA,RP1.K,0,350,50)*1000000                               *
A    STLAU2.K=TABHL(TABRA,RP2.K,0,350,50)*1000000                               *
T    TABRA=I                                                                    *
L    STLIN1.K=STLIN1.J+DT*ZAO.J*(RSTLIN1.JK-STLIN1.J)                           *
L    STLIN2.K=STLIN2.J+DT*ZAO.J*(RSTLIN2.JK-STLIN2.J)                           *
R    RSTLIN1.KL=(RARBL1.K-RPREV1.K)*(STLIN1.K/100)+0.1*Y1.K                     *
R    RSTLIN2.KL=(RARBL2.K-RPREV2.K)*(STLIN2.K/100)+0.1*Y2.K                     *
N    STLIN1=NSTLIN1                                                             *
N    STLIN2=NSTLIN2                                                             *
A    NSTLIN1.K=0.1*Y1.K                                                         *
A    NSTLIN2.K=0.1*Y2.K                                                         *
A    RPREV1.K=(PREV1.JK*SPREV1)*(100-ST1.K)*DEC11.K                             *
A    RPREV2.K=(PREV2.JK*SPREV2)*(100-ST2.K)*DEC12.K                             *
C    SPREV1=                                                                    *
C    SPREV2=                                                                    *
A    RARBL1.K=(ARBL1.K*RARB1)*(100-ST1.K)*DEC21.K                               *
A    RARBL2.K=(ARBL2.K*RARB2)*(100-ST2.K)*DEC22.K                               *
C    RARB1=                                                                     *
C    RARB2=                                                                     *
A    DEC11.K=CLIP(0,1,ARBL1.K*1.5,PREV1.JK)                                     *
A    DEC12.K=CLIP(0,1,ARBL2.K*1.5,PREV2.JK)                                     *
A    DEC21.K=CLIP(1,0,ARBL1.K*1.5,PREV1.JK)                                     *
A    DEC22.K=CLIP(1,0,ARBL2.K*1.5,PREV2.JK)                                     *
L    DIRST1.K=DIRST1.J+DT*ZAO.J*(RDIRST1.JK-DIRST1.J)                           *
L    DIRST2.K=DIRST2.J+DT*ZAO.J*(RDIRST2.JK-DIRST2.J)                           *
R    RDIRST1.KL=RSTLIN1.JK+RSTLAU1.JK+((RPREV1.K-RARBL1.K)*RINT*                *
X    (DIRST1.K/100))                                                            *
R    RDIRST2.KL=RSTLIN2.JK+RSTLAU2.JK+((RPREV2.K-RARBL2.K)*RINT*                *
X    (DIRST2.K/100))                                                            *
```

```
C  PINT=
A  ODIRST1.K=RSTLIN1.JK+STLAU1.K                                        *
A  ODIRST2.K=RSTLIN2.JK+STLAU2.K                                        *
N  DIRST1=ODIRST1                                                       *
N  DIRST2=ODIRST2                                                       *
A  R11.K=(PCC1.K-EWC1.K)*PC1                                            *
A  R12.K=(PCC2.K-EWC2.K)*PC2                                            *
A  R21.K=(FWPREV1.K-PREV1.JK)*PPRV1                                     *
A  R22.K=(FWPREV2.K-PREV2.JK)*PPRV2                                     *
A  R31.K=(FARBL1.K-ARBL1.K)*PAR1                                        *
A  R32.K=(FARBL2.K-ARBL2.K)*PAR2                                        *
C  PC1=                                                                 *
C  PC2=                                                                 *
C  PPRV1=                                                               *
C  PPRV2=                                                               *
C  PAR1=                                                                *
C  PAR2=                                                                *
A  PCC1.K=(C1.K*100)/(PRE1.K*BEV1.K)                                    *
A  PCC2.K=(C2.K*100)/(PRE2.K*BEV2.K)                                    *
A  PCBSP1.K=(Y1.K*100)/(PRE1.K*BEV1.K)                                  *
A  PCBSP2.K=(Y2.K*100)/(PRE2.K*BEV2.K)                                  *
NOTE*******************************************************************
NOTE*******************************************************************
NOTE                                                                    *
NOTE                                                                    *
NOTE                                                                    *
NOTE                                                                    *
NOTE              STEUERKARTEN                                          *
NOTE                                                                    *
NOTE                                                                    *
NOTE                                                                    *
NOTE                                                                    *
NOTE*******************************************************************
A  ZAP.K=                                                               *
A  ZAO.K=                                                               *
PRINT                                                                   *
PLOT                                                                    *
SPEC                                                                    *
RUN                                                                     *
```

Anmerkungen zu 1. Einleitung

* In dieser Arbeit werden zwei inhaltliche und zwei methodische Ziele allgemein verfolgt. Es wird versucht, möglichst konkrete und trotzdem generell verwertbare Hinweise auf die Vermittlung als Verfahren des Konflikt-Managements und der Konfliktlösung und die Bedingungen des erfolgreichen Einsatzes dieses Instrumentes zu geben. Ferner wird der Stellenwert des Vermittlungsverfahrens als Instrument des Konflikt-Managements im Zusammenhang einer langfristigen Strategie der Beseitigung der strukturellen Ursachen von Konflikten sichtbar. Es zeigt sich hierbei, daß die Verhinderung oder zumindest der sukzessive Abbau offener Gewalt keineswegs lediglich ein Kurieren an Symptomen ist. Ohne ein funktionierendes Konflikt-Management sind langfristige Strategien der Konfliktbeseitigung überhaupt nicht durchzuführen.

Auf methodischer Ebene wird versucht, eine vermittelnde Strategie zwischen den geistes- und sozialwissenschaftlich orientierten Disziplinen und den mehr technischen und Naturwissenschaften zu verfolgen. Wissenschaftler aus den mehr technischen Disziplinen sollen für die methodischen Probleme des Sozialwissenschaftlers interessiert werden. Zweitens wird versucht, Sozialwissenschaftler und Geisteswissenschaftler für den Einsatz des verfügbaren technischen Instrumentariums zu interessieren, ohne das ein weiterer Fortschritt in ihren Disziplinen kaum mehr möglich ist. Anvisiert ist also ein Dialog zwischen den Fachrichtungen, wie ihn als Programm die Allgemeine Systemtheorie vertritt. Um diesen Dialog nicht unnötig kompliziert zu machen, verzichtet die vorliegende Arbeit weitgehend auf eine Darstellung des technischen Apparats und stellt vielmehr die Ergebnisse zur Diskussion.

In der vorliegenden Reihe "Interdisziplinäre Systemforschung" hat der Birkhäuser-Verlag eine Plattform geschaffen, die einen derartigen Dialog tragen kann. Der Herausgeber, Prof. S. Klaczko, hat damit den wichtigen Versuch unternommen, ständige Kontakte zwischen den verschiedenen Disziplinen in Gang zu bringen und zu institutionalisieren.

Der Autor konnte sich bei der Fertigstellung der vorliegenden Arbeit auf die Kooperation und Hilfe einer großen Zahl von Kollegen und Freunden stützen; ihnen allen sei hiermit herzlich gedankt. Die Arbeit entstand im Rahmen des Projektes "Vermittlung und Gute Dienste" des Schweizerischen Nationalfonds unter der Leitung von Prof. Dr. Daniel Frei. Seine ständige Unterstützung hat entscheidend dazu beigetragen,

Anmerkungen zu 1. Einleitung

daß diese Arbeit in der vorliegenden Form durchgeführt werden konnte. Als Assistent von Prof. Dr. F.G. Maier hatte der Autor die notwendige Zeit, umfangreiche Programmierungsarbeiten durchzuführen. Für sein Interesse und seine Unterstützung möchte ich Prof. Maier herzlich danken.

1.) und 2.) vergl. Frei 1974b.

3.) Vergl. das Manual von Pugh 1973

4.) Bei der Zwei- und Drei-Staaten-Version des Modells mußte erhebliche Redundanz programmiert werden, da eine Indizierung von Variablen in DYNAMO II noch nicht möglich ist.

5.) Gantzel 1969, S. 110.

6.) Galtung 1972, S. 29.

7.) Eine ausführliche Diskussion der verschiedenen Friedensbegriffe und Formen von zu beseitigender Gewalt findet sich bei Frei 1974 a. Die Frage, ob bei der Lösung von Konflikten im internationalen Rahmen Gewalt anzuwenden sei oder nicht, hat in der Politischen Wissenschaft zwar zu großen Kontroversen geführt, ist aber lediglich akademisch: Wie auch diese Studie zeigt, ist die Zahl der Optionen so gering und die Durchführung so schwierig, daß sich derartige Probleme in der Praxis als wenig relevant erweisen.

8.) So noch Krippendorff 1968, S. 14.

9.) Vergl. die Liste der hier vorgeschlagenen Vermittlungsstrategien in Abb. 7.28. auf S. 149.

10.) Vergl. Popper 1957, S. 213ff.

11.) Vermittlung ist in diesem Falle vor allem Konflikt-Management; doch auch in diesem Punkte hat die Vermittlung zentralen Stellenwert bei der eigentlichen Konfliktlösung. Vergl. hierzu Abschnitt 7.5. auf S. 147.

12.) Naschold 1969, S. 166, erwähnt als eine "mögliche Forschungsstrategie" die "Inkorporierung sozialkybernetischer Elemente" in "traditionelle Theorien".

13.) Vergl. Forrester 1969, S. 109ff.

Anmerkungen zu 1. Einleitung

14.) Vergl. hierzu Frei 1974 b. Der dort vorgeschlagene Weg einer Lösung, nämlich die Integration verschiedener Ansätze in ein übergreifendes Konzept, wurde hier beschritten.

15.) Vergl. Ashby 1961, S. 206f.

16.) Neben der hier vorliegenden Simulations-Studie wurde in Kleingruppen mit spieltheoretischen Ansätzen experimentiert (vergl. Adler/Frei/Guggenbühl/Ruloff 174) und eine historisch-statistische Analyse von Aggregatdaten durchgeführt (vergl. Frei 1975).

Anmerkungen zu 2. Das dynamische Konfliktmodell

1.) Richardson 1960 b, S. 30ff.

2.) Der Begriff des Richardson-Prozesses ist von Boulding eingeführt worden (vergl. Boulding 1962, S. 25). Zu Begriff und Funktion eines Forschungsparadigmas im Erkenntnisprozeß vergl. Kuhn 1970, S. 181 - 191; hier speziell Alker 1971, S. 5.

3.) Vergl. Rapoport 1957.

4.) Zur Ableitung der Stabilitätsbedingungen vergl. Rapoport 1957.

5.) Es handelt sich hierbei um die Streckenabschnitte der Geraden in Abb. 2.2., die dann entstehen, wenn man von den Punkten, die durch die jährlichen Rüstungsausgaben beider Bündnisse gebildet werden, das Lot auf die Gerade fällt.

6.) Alker 1971, S. 26 - 33.

7.) Eine kleine Auswahl von Arbeiten des Psycho-logischen Paradigmas: Abelson/Rosenberg 1958; Abelson 1963; Boulding 1959; Brody/Benham/Milstein 1967; De Sola Pool/Kessler 1972; Deutsch 1956, 1964, 1966; Gamson/Modigliani 1968; Senghaas 1968, 1969; Smoker 1964; Zinnes 1965-66, 1968.

8.) Einige Arbeiten dieses Paradigmas sind Alker 1972; Allison 1969; Boulding 1962; Burns 1959; Howard 1973; Huntington 1958; Rapoport/Chammah 1965; Schelling 1963.

9.) Vergl. Rapoport 1966, S. 90.

10.) Eine Auswahl der innerhalb dieses Paradigmas entstandenen Arbeiten ist Millstein/Mitchell 1968 a und b; North/Brody/ Holsti 1964; Rapoport 1966, 1968; Smoker 1963 a und b, 1966. Hierher gehören ebenfalls die meisten Arbeiten von Galtung, so z.B. Galtung 1964 und 1972.

11.) Deutsch/Senghaas 1970, S. 26; Deutsch 1968, S. 113.

12.) Evidente Fälle großer Polarität sind die Rüstungswettläufe vor dem Ersten Weltkrieg und vor dem Zweiten Weltkrieg, ebenfalls über verschiedene Perioden hinweg der Kalte Krieg und der Vietnamkrieg. Vergl. hierzu die Arbeiten von Richardson 1960 a und b, Wright 1965, Smoker 1963 a und b, Millstein/ Mitchell 1968 a und b.

Anmerkungen zu 2. Das dynamische Konfliktmodell

13.) Dies ergab eine Studie des DON-Projektes: Die Faktorisierung konfliktindizierender Variablen für alle Dyaden von Staaten der Jahre ab 1950 ergab eine jährliche Zunahme der Faktoren. Hierzu Rummel 1970.

14.) Barringer 1972, S. 51 und 144f.
Zur Erklärung der Diagramme von Abb. 2.10. auf S. 20:
Uabhängigkeit Cypern: Phase 1 (Spannungen treten auf); Phase 2 (die EOKA errichtet einen militärischen Planungsstab); Phase 3 (die Unruhen greifen um sich); Eskalation (die Kolonialregierung erklärt den Ausnahmezustand); De-Eskalation (die ENOSIS wird als Ziel aufgegeben); Phase 4 (Londoner Abkommen zur cypriotischen Unabhängigkeit); Konfliktlösung (cypriotische Unabhängigkeit). Das Diagramm wäre noch für den Fall weiterzuführen, daß die Unruhen von 1963/64 und der Krieg von 1974 mit in diesen Kontext hineingenommen wird; falls diese Ereignisse nicht als neuer Konflikt betrachtet werden, wäre eine Konfliktlösung noch nicht erreicht.
Indonesische Unabhängigkeit: Phase 1 (Spannungen treten auf); Phase 2 (beide Seiten demonstrieren ihre Bereitschaft, Gewalt anzuwenden); Phase 3 (bewaffneter Angriff auf niederländische Truppen); De-Eskalation (Ende der bewaffneten Auseinandersetzungen); weitere De-Eskalation (Beginn der am Ende nicht erfolgreichen Verhandlungen); Phase 4 (Waffenstillstand); Phase 3 (niederländische Übergriffe); wiederum De-Eskalation (UNO greift ein); Phase 4 (Abkommen von Renville), Konfliktlösung (indonesische Unabhängigkeit offiziell).
Konflikt Israel - Ägypten 1956: Phase 4 (Waffenstillstand vom Feb. 1949); Phase 2 (Abkommen über Waffenlieferungen zwischen Ägypten und der CSSR); Phase 3 (israelischer Angriff auf Sinai); Eskalation (Bombardierung ägyptischer Flughäfen durch die britische Airforce); weitere Eskalation (Besetzung der Kanalzone durch britische und französische Truppen); Phase 4 (Waffenstillstand durch UNO-Vermittlung). Über die Abfolge der Ereignisse und ihre Klassifizierung kann man auch hier verschiedener Meinung sein; dieses Diagramm wäre ebenfalls bis in die Gegenwart hinein zu verlängern.

15.) Richardson 1960 b, S. 145 - 159.

16.) Richardson 1960 b, S. 22 - 34; Boulding 1962, S. 19ff; Gantzel 1969, S. 112f; Pruitt 1965, S. 424.

Anmerkungen zu 2. Das dynamische Konfliktmodell

17.) Boulding 1962, S. 30ff; eine Zusammenfassung dieser Ansätze findet sich bei Stahel 1973, S. 79ff.

18.) Vergl. Frei 1974 b, S. 9ff. Hier werden 5 Wege aus der "Komplexitätskrise" der Politischen Wissenschaft (Ruloff 1974, S. 70)genannt, von denen die Integration verschiedener Konzepte der gangbarste zu sein scheint.

Anmerkungen zu 3. Modell des außenpolitischen Verhaltens

1.) Hierzu die Literaturangaben in Anm. 7, 8 und 10 von Kapitel 2.

2.) Dies zeigt z.B. die Arbeit von Lambelet 1971.

3.) Das Konzept der Interaktion stammt aus der Kleingruppenforschung und ist vor allem im Rahmen der Ereignisanalyse für die Theorie der internationalen Beziehungen verfügbar gemacht worden. Vergl. Azar/BenDak 1973. Eine Operationalisierung des Konzepts der Interaktion findet sich in dieser Arbeit im Anhang 8.1.1. auf den Seiten 152ff.

4.) Vergl. zu diesem Problem Knorr 1956. Im Anhang 8.1.2. auf den Seiten 164ff findet sich eine Operationalisierung für den Bereich der Staaten des Nahen Ostens.

5.) Vergl. Smoker 1966.

6.) Eine Übersicht findet sich bei Gantzel 1972, S. 149f. Gantzel hatte in Anlehnung an Boulding schon darauf hingewiesen, daß sich ein Distanzkonzept dazu eignet, im Modell Richardsons die Situationsdefinition des außenpolitischen Entscheidungsprozesses abzubilden (vergl. Boulding 1962 und 1967, ebenso Gantzel 1969). Von Deutsch/ Isard 1961 ist der Begriff der Distanz, der aus der Transportkosten-Theorie der Wirtschaftswissenschaft stammt, und der Begriff der sozialen Distanz der Soziologie auf die Theorie der internationalen Beziehungen übertragen worden. Schon Wright 1942 hatte ein Distanzkonzept empirisch erprobt (S. 1240 - 1260 und 1277ff, sowie 1466 - 1492). Weitere empirische Studien mit dem Distanzkonzept sind Hopman 1967, Rummel 1966 b und c sowie 1967 und 1968, ebenfalls Russett 1967.

7.) Zu anderen Distanzen vergl. Gantzel 1972, S. 149f.

8.) Vergl. hierzu Singer 1958.

9.) Die "Vergessens-Hypothese" wurde schon von Richardson 1960 a, S. 197, propagiert; man wollte hiermit die zyklische Periodizität von Kriegen, wie sie empirisch zu beobachten ist, erklären. Wir vertreten in unserem Modell die realistische Hypothese, daß sich zwar mit der Zeit die Auswirkungen von Kriegen im psychischen Bereich verringern, jedoch nur unter der Bedingung, daß die "Erinnerung" nicht laufend wieder aufgefrischt wird, was leider meist der Fall ist. Das Phä-

Anmerkungen zu 3. Modell des außenpolitischen Verhaltens

    nomen des nicht-Vergessens ist im Kontext des internationalen Konfliktes wohl häufiger anzutreffen als das Gegenteil. Vergl. auch Gantzel 1972, S. 163f.

10.) De Sola Pool/Kessler 1972.

11.) Vergl. Senghaas 1968 und 1969, vor allem Deutsch 1966.

12.) Vergl. Gurr 1972, Kapitel 2, vor allem die Diskussion des Konzeptes bei Moser 1974.

13.) Galtung 1964 und 1966. Empirisch erprobt wurde das Rangkonzept von Wallace 1971. Zum Deprivationskonzept vergl. Choucri/North 1969 und Rummel 1968/69.

14.) Zu den Konventionen der Flußdiagramme vergl. Pugh 1973, S.81. Die Konventionen der in dieser Arbeit vorliegenden Flußdiagramme weichen etwas davon ab. Wir wollen hier nicht die Fiktion von Material- und Informationsflüssen weiter aufrechterhalten wie bei Pugh, sondern im Flußdiagramm lediglich versuchen, die Struktur der Differenzengleichungen des Computer-Modells (vergl. Anhang 8.2. auf den Seiten 169ff) zu visualisieren. Die Verbindungslinien mit den Pfeilen an einem Ende geben deshalb nur die Kausalbeziehung und ihre Richtung an. Rechtecke sind Zustandsgrößen. Rechtecke mit Ventilsymbolen sind Veränderungsraten. Rechtecke mit abgerundeten Ecken sind entweder Zwischengrößen oder Parameter. Die Kreise sind Vereinigungen oder Verzweigungen von Kausalbeziehungen, und die "Wolken"-Symbole bilden die weiter nicht betrachtete Umwelt des Modells, ein "unrestricted source and sink" (Pugh 1973, S. 81).

Anmerkungen zu 4. Das politische Subsystem

1.) Frey/Lau 1968 und Gurr 1968.

2.) Gurr hat inzwischen sein früheres Modell (1968) revidiert (vergl. Gurr/Duvall 1973), da es ihm offensichtlich nicht gelungen war, wichtige Phänomene des internen Konflikts in seinem statischen Konzept abzubilden. Vor allem Entwicklungen, die nur durch die Inkorporierung von Rückkopplungsbeziehungen beschrieben werden können - etwa eine mit Zeitverzögerung ansteigende interne Unruhe nach dem Einsatz des koerziven Potentials - werden in dem statischen Modell nicht erfaßt. Das Flußdiagramm auf S. 51 stammt aus Gurr 1968, S. 1121; vergl. auch Gurr 1968 a und Gurr 1972. Eine Zusammenfassung, die besonders auf die Operationalisierungsproblematik eingeht, findet sich bei Moser 1974.

3.) Vergl. S. 37f in Kapitel 3.

4.) Unter relativer Deprivation versteht Gurr 1968, S. 1104, die Diskrepanz zwischen der Werterwartung und den tatsächlichen Lebensbedingungen, die von der Bevölkerung zu erreichen und zu halten sin. Es wird von *relativer* Deprivation gesprochen, da es sich natürlich um Perzeptionsvorgänge handelt. Die Operationalisierung ist recht schwierig. Man wird deshalb das Konzept umformulieren müssen, wie es in dieser Arbeit geschieht.

5.) Unruhen werden definiert als nicht-Regime-gesteuerte Angriffe kollektiver Art auf Personen, Sachwerte und Eigentum innerhalb der Grenzen einer politischen Einheit (Gurr 1968, S. 1107). Neben den Operationalisierungvorschlägen von Gurr findet man eine Übersicht anderer Möglichkeiten bei Moser 1974; es kommen hier vor allem die Vorschläge von Feierabend/Feierabend 1966, Rummel 1965, Russett 1964, Tanter 1965 und Tilly/Rule 1965 infrage.

6.) Das koerzive Potential umfaßt die Stärke der Polizei und der Truppen, die für interne repressive Funktionen abgestellt werden können. Die Stärke dieser Truppen ist natürlich in Relation zur Bevölkerung zu setzen. In unserem Modell bedeutet das koerzive Potential jedoch im Gegensatz zur Definition von Gurr das Ausmaß, in dem ein derartiges Instrument tatsächlich zur Repression eingesetzt wird.

Anmerkungen zu 4. Das politische Subsystem

7.) Mit Institutionalisierung ist der Grad der Organisation im politischen und ökonomischen Bereich gemeint. Institutionalisierung ist der Transmissionsriemen, über den der Einfluß der Bevölkerung auf die Spitze des Staates verläuft, nämlich über die Hierarchie der Institutionen. Hohe Institutionalisierung bedeutet ein hohes Wertberücksichtigungs-Potential des politischen Systems. Entsprechend schneller kann sich Unzufriedenheit in Form von Deprivation auf die Regierungsspitze auswirken.

8.) Diese von Gurr als "faciliation" bezeichnete Variable soll einen Indikator dafür abgeben, in welchem Ausmaß in der Bevölkerung eine strukturelle Disposition besteht, im Falle größerer Deprivation an inneren Unruhen teilzunehmen. Subversive Tätigkeit kann diese Disposition verstörken. Lang andauernde interne Unruhen können ebenfalls eine derartige strukturelle Disposition bewirken, indem der Austrag von Unruhen "gelernt" wird.

9.) Die Legitimität des Regimes mißt das Ausmaß, in dem sich eine Bevölkerung mit der Regierungsspitze identifiziert. Die Operationalisierung ist nicht leicht (vergl. Gurr 1968, S. 1115f). Lang andauernde interne Unruhen und vor allem externe Konflikte können einem Regime derartige Legitimität verschaffen.

10.) Vergl. zur Übersicht Gurr 1968, S. 1108. Es wurden insgesamt 1100 Ereignisse untersucht, darunter Aggregate wie der OAS-Terror, die ein "Ereignis" bilden.

11.) Vergl. Frey/Lau 1968, sowie Alker 1972. Eine Operationalisierung der Regierungsstabilität, die auf die Mobilität in hohen Regierungsposten abzielt und für den Fall der geringsten Stabilität den irregulären Transfer der Regierungsgewalt vorsieht, findet man bei Taylor/Hudson 1972, S. 59ff.

12.) Vergl. Kapitel 3, S. 37ff.

13.) Die Variable "Lebensqualität" setzt sich nicht nur aus Indikatoren des ökonomischen Systems zusammen, sondern berücksichtigt auch die politische Infrastruktur der Umwelt, wie es etwa von Galtung 1972, S. 31, gefordert wird (vergl. auch Koelle 1972).

Anmerkungen zu 5. Ökonomisches Subsystem

1.) Dennoch zeigt die Studie von Lambelet 1971, daß die Höhe der verfügbaren Ressourcen tatsächlich die Rüstungsdynamik entscheidend beeinflußt. Eine enge Beziehung zwischen Verteidigungsausgaben und Sozialprodukt konnte selbst für den Nahen Osten, einem der Hauptabnehmer-Gebiete für Rüstungsgüter, nachgewiesen werden.

2.) Vergl. die Arbeit von Holland/Gillespie 1963.

3.) Vergl. Abb. 5.2. auf S. 68.

4.) Aus Gründen der Einfachheit wurde auf eine kompliziertere Berechnung der Arbeitslosen verzichtet, die zunächst damit beginnen müßte, die Größe der arbeitsfähigen Bevölkerung zu bestimmen.

5.) Vergl. Frey 1973.

Anmerkungen zu 6. Validierung

1.) Dies gilt besonders für mehr geisteswissenschaftlich ausgerichtete methodische Ansätze. Vor allem eine Verfahren der Erkenntnisgewinnung, das als "hermeneutisch-dialektisch" bezeichnet wird und bekannt ist, kann die nachfolgend beschriebene Problematik keinesfalls umgehen; meist wird über sie einfach hinweggegangen, bei anderen empirisch-systematischen Ansätzen dafür aber umso heftiger diskutiert. Vor allem die Konstruktion unsinniger Unterschiede zwischen den Geisteswissenschaften einerseits und den mehr systematischen Wissenschaften andererseits haben bisher dafür gesorgt, daß sich z.B. "hermeneutisch-dialektische" Ansätze in der Politologie und der Geschichtswissenschaft vor der Validierung ihrer Aussagen drücken konnten (vergl. hierzu Ruloff 1973).

2.) Vergl. hierzu Stachowiak 1965, S. 434.

3.) Ähnlich Stachowiak 1965, S. 434.

4.) Vergl. hierzu Hermann 1972.

5.) Rapoport 1957, in Krippendorff 1966, S. 277.

6.) Es ist deshalb nicht verwunderlich, daß sich in diesem Befund die Erfahrung des Praktikers E.P. Holland und des Philosophen K.R. Popper decken (vergl. Holland/Gillespie 1963, S. 209 und Popper 1957, Kapitel 9 und 10).

7.) Vergl. Albert 1968, S. 406 - 434, besonders S. 409.

8.) Ebenso Holland/Gillespie 1963, S. 203ff, besonders S. 206.

9.) Die Schwierigkeiten hierfür liegen vor allem in der Datenbeschaffung. Eng damit zusammen hängt das Problem der Operationalisierung, denn es müßten in einer großen Zahl von Pilotstudien geeignete Indikatoren für das vorhandene und greifbare Material, das sehr lückenhaft ist, gefunden werden. Besonders im Bereich des Nahen Ostens sind die zur Verfügung stehenden "harten" Daten gering und unzuverlässig.

10.) Zur Erstellung seiner Chronologie benutzt das Midlle East Journal vor allem folgende Periodika: New York Times, Mideast Mirror (Beirut), Middle East Economic Digest (London), Daily Report of Foreign Broadcast Information Service (Washington), Arab News and Views (Washington), die Bulletins des Informationsbüros der UNO, die United Nations Newsletters, Middle

Anmerkungen zu 6. Validierung

East Economic Newsletter (Beirut). Zur Überprüfung verwendeten wir vor allem Safran 1967.

11.) SIPRI-Jahrbuch 1968/69 (Stockholm).

12.) Benutzt wurden die laufenden Listen von Waffenlieferungn und Bestellungen der Jahrgänge des Military Balance (IISS, London), ebenfalls die Liste der Waffenlieferungen in den SIPRI-Jahrbüchern 1968/69 und 1972 (Stockholm).

Anmerkungen zu 7. Vermittlung als Konfliktlösung

1.) Vergl. Frei 1975.

2.) Benutzt wurde die Klassifizierung politischer Ziele von Barringer. Die Zahlen beziehen sich auf den Anteil an insgesamt 130 Akteuren der Untersuchung (2 x 65 Konflikte ergibt für je 2 Akteure pro Konflikt 130 Konfliktparteien).

3.) Vergl. Kapitel 3, S. 30ff.

4.) So Boulding 1962, S. 316.

5.) Vergl. Harsanyi 1962.

6.) Nach Sawyer/Guetzkow 1966 besteht die Aufgabe des Vermittlers darin, nicht-pareto-optimale Ergebnisse zu verhüten. Es fragt sich allerdings, ob die Macht als zentrale Variable nicht ebenfalls bei der Aufstellung einer Nutzenfunktion berücksichtig werden müßte.

7.) Legg/Morrison 1971, S. 286, vertreten die Ansicht, daß ein Kompromiß solange unwahrscheinlich ist, wie beide Seiten noch auf einen militärischen Erfolg hoffen können. Diese Feststellung mag für die erste Phase eines Konfliktes zutreffen. Die Simulation zeigt tatsächlich, daß es kaum wahrscheinlich ist, daß die Vermittlungsstrategien bereits in Phase 1 greifen.

8.) So Young 1967, S. 44; ebenfalls Liska 1962, S. 204.

9.) Diese Feststellung von Meyer 1959/60 deckt sich völlig mit den Ergebnissen der Simulation.

10.) In dem "Report" der Konferenz von Talloires (Frankreich) 1969, S.12, wird der Aspekt des Zeitgewinnes hervorgehoben.

11.) Vergl. Stone 1954, S. 61, und Young 1967, S. 36.

12.) Diesen Gedanken, der eine zentrale Annahme der Eskalationstheorie ist, vertritt Burton 1969, S. 20 und S. 124ff.

13.) So Kornhauser/Dubin/Ross 1954, S. 16. Tatsächlich ist es meistens der Fall, daß sich durch die Eskalation das Verhältnis von Kosten und Nutzen beträchtlich zu Ungunsten des Nutzens verändert. Dies setzt allerdings voraus, daß die Eskalation keine neuerliche "Realität" schafft, wie z.B. ein außerordentlich hohes "committment" der Entscheidungsträger. Die Eskalation ist ein Zustand labilen Gleichge-

Anmerkungen zu 7. Vermittlung als Konfliktlösung

wichts; die stabilisierenden Kräfte, die in der Eskalationstheorie hervorgehoben werden, können auch in unserer Simulation nachgewiesen werden. Allerdings bleibt das System nur dann in seinem prekären Gleichgewicht, wenn eine Reihe von Randbedingungen ebenfalls stabil gehalten werden können.

14.) Wie Young 1968, S. 337, bemerkt, läßt sich die Perzeption von Kosten und Nutzen in Krisenzeiten gut manipulieren. Dies mag vor allem daran liegen, daß für die Entscheidungsträger die Zeit besonders knapp ist; Analysen können also nicht gründlich durchgeführt werden und der Rat von Experten, etwa von dem Vermittler, wiegt umso schwerer.

15.) So Kerr 1954/55.

16.) Vergl. Frei 1969, S. 82f.

17.) Die Simulation zeigt, daß ansteigende Konfliktintensität die Vermittlungsbemühungen "kompensiert". So auch das Ergebnis von Young 1968, S. 146.

18.) Vergl. Boulding 1962, S. 316; Stagner/Rosen 1965, S. 113; Stevens 1963, S. 128.

19.) So auch Cot 1968, S. 18.

20.) Die Patt-Situation als Vorbedingung des Vermittlungserfolges nennen auch Liska 1962, S. 204, und Modelski 1964.

21.) So auch Jackson 1952, S. 123.

22.) Nach Legg/Morrison 1971, S. 285, läßt sich vor allem dann ein Kompromiß finden, wenn beide Parteien die Kosten und Risiken gering halten wollen. Diese Bedingung ist offensichtlich nach einem intensiven Konflikt erfüllt, wenn die bisherigen Kosten bereits ein gewisses Maß überschritten haben. In dieser Situation haben die Parteien die Risiken klar vor Augen, mit denen im Falle eines Scheiterns der Vermittlung gerechnet werden muß (vergl. Jackson 1952, S. 137f).

23.) Denselben Hinweis geben Stagner/Rosen 1965, S. 113 und ein Bericht des David Davis Memorial Institute (London) zum Vermittlungsproblem (1966, S. 74).

Anmerkungen zu 7. Vermittlung als Konfliktlösung

24.) Ebenfall so Burton 1969, S. 20, und Jackson 1952, S. 123.

25.) Vergl. Cot 1968, S. 18, und Lall 1966, S. 133ff.

26.) Vergl. Herz 1974, S. 13.

27.) Vergl. Eisenstadt 1959.

Anmerkungen zu 8.1. Anhang Operationalisierung

1.) Vergl. Corson 1970.

2.) Versuchspersonen in der Zahl und der Qualität, wie sie Corson zur Verfügung hatte, standen für diese Arbeit nicht zur Verfügung.

3.) In den folgenden Skalen von Abb. 8.3. sind die Ereignisse- die von Corson direkt übernommen wurden, durch vollständige Großschrift gekennzeichnet; die "verallgemeinerten" Ereignisse wurden in Normalschrift aufgeführt.

Abelson, R.P./Rosenberg, M.J. 1958, Symbolic Psycho-Logic:
A Model of Attitude Cognition. in: Behavioral
Science (Vol. 3, S. 1 - 13).

Abelson, R. P. 1963, A Derivation of Richardson's Equation.
in: Journal of Conflict Resolution (Vol. 7,
No. 1, S. 13 - 15).

Adler, D./Frei,D./Guggenbühl,R./Ruloff,D. 1974, Parteilich-
keitsperzeption und Wirkung eines Vermittlers
in Kleingruppen. Eine Pilotstudie.(= Kleine
Studien zur Politischen Wissenschaft Nr. 36,
Forschungsstelle für Politische Wissenschaft
der Universität Zürich)

Albert, H. 1968, Theorie und Prognose. in: Topitsch(Hrg) 1968,
(S. 126 - 143).

Alker, H.R. 1971, Research Paradigms and Mathematical Politics.
Papier zur IPSA-Tagung (Mannheim, 5 - 10 Juli).

Alker, H.R. 1972, Die Umwelt des Entscheidungsträgers in der
INS. in: Kern/Rönsch(Hrg) 1972 (S. 92 - 118).

Allison, J. 1969, Conceptual Models and the Cuban Missile Crises.
in: American Political Science Review (Vol. 53,
No. 3, S. 689 - 718).

Ashby, W. R. 1961,An Introduction to Cybernetics. (London).

Azar, E.E./Ben Dak, J.D. (Hrg) 1973, International Interactions:
Theory and Practice of Events Data. (New York -
London).

Barringer, R. E. 1972, War: Patterns of Conflict. (Cambridge/
Mass.).

Boulding, K.E. 1959, National Images and International Systems.
in: Journal of Conflict Resolution (Vol. 3,
S. 120 - 131).

Boulding, K.E. 1962, Conflict and Defense. A General Theory.
(New York).

Boulding, K.E. 1967, Die Parameter der Politik. in: Atomzeit-
alter (Heft 7/8, S. 47 - 61).

Brody, R.A./Benham, A.H./Milstein, J.S. 1967, Hostile Inter-

national Communication, Arms Production, and
Perception of Threat: A Simulation Study. in:
Papers, Peace Research Society (International)
(VII, S. 15 - 40).

Burns, A.L. 1959, A Graphical Approach to Some Problems of the
Arms Race. in: Journal of Conflict Resolution
(Vol. 3, No. 4, S. 325 - 342).

Burton, J.W. 1969, Conflict and Communication. The Use of
Controlled Communication in International Relations. (New York).

Choucri, N./North, R.C. 1969, Pressure, Competition, Tension,
Threat: Towards a Theory of International Conflict.
Papier für das Annual Meeting der American Po-
litical Science Association (New York, 2 - 6
Sept.).

Corson, W.H. 1970, Conflict and Cooperation in East-West
Relations: Measurement and Explanation. Papier,
American Political Science Association
(Los Angeles).

Cot, J.P. 1968, La conciliation internationale. (Paris)

David Davies Memorial Institute of International Studies 1966,
Report of a Study Group on the Peaceful Settlement of International Disputes. (London).

De Sola Pool, I./Kessler, A. 1972, Der Kaiser, der Zar und der
Computer: Informationsverarbeitung während einer
Krise. in: Kern/Rönsch(Hrg) 1972 (S. 149 -
168).

Deutsch, K.W. 1956, Shifts in the Balance of International
Communication Flows. in: Public Opinion
Quarterly (XX, S. 143 - 160).

Deutsch, K.W./Isard, W. 1961, A Note on a Generalized Concept
of Effective Distance. in: Behavioral Science
(VI, S. 308 - 311).

Deutsch, K.W. 1964, Transaction Flows as Indicators of Political
Cohesion. in: Jacob/Toscano(Hrg) 1964 (S. 179 -
208).

Deutsch, K.W. 1966, The Nerves of Government. Models of Political Communication and Control. (New York - London).

Deutsch, K.W. 1968, The Analysis of International Relations. (Engelwood Cliffs).

Deutsch, K.W./Senghaas, D. 1970, Die Schritte zum Krieg. Beilage zur Wochenzeitschrift "Das Parlament" (B 47/70 vom 21. Nov.).

Eisenstadt, S.N. 1959, Primitive Political Systems. in: American Anthropologist (LXI, S. 200 - 220).

Falk, R.A./Mendlovitz, S.H. (Hrg) 1966, The Strategy of World Order. 4 Bde. (New York).

Feierabend, I.K./Feierabend, R.L. 1966, Aggressive Behavior within Polities 1948 - 1962. A Cross-national Study. in: Journal of Conflict Resolution (X, S. 249 - 271).

Forrester, J.W.1969, Urban Dynamics. (Cambridge/Mass.).

Frei, D. 1969, Dimensionen neutraler Politik. Ein Beitrag zur Theorie internationaler Beziehungen. (Genf).

Frei, D. 1974a, Friedensforschung im Spannungsfeld der Friedensbegriffe. Ein Diskussionbeitrag. in: Beiträge zur Konfliktforschung (IV/2, S. 5 - 14).

Frei, D. 1974b, Zu einigen wissenschaftstheoretischen Aspekten der Erforschung weltpolitischer Zusammenhänge. (=Kleine Studien zur Politischen Wissenschaft Nr. 34, Forschungsstelle für Politische Wissenschaft der Universität Zürich)

Frei, D. 1975, Erfolgsbedingungen für Vermittlungsaktionen in internationalen Konflikten. (=Kleine Studien zur Politischen Wissenschaft Nr. 40/41, Forschungsstelle für Politische Wissenschaft der Universität Zürich

Frey, B.S./Lau,L.J. 1968,Towards a Mathematical Model of Government Behavior. in: Zeitschrift für Nationalökonomie (28, S. 355 - 386).

Frey, B.S.1973, Politico-Economic Cycles: A Simulation. Manuskript. (Universität Konstanz, Fachbereich Wirtschaftswissenschaften).

Galtung, J.1964, A Structural Theory of Aggression. in:
Journal of Peace Research (I, S. 95 - 119).

Galtung, J.1966, Small Goups Theory and the Theory of International Relations. Lecture at the 75th.
Anniversary of the University of Chicago
(1 - 4 Juni, Chicago).

Galtung, J.1972, Eine strukturelle Theorie des Imperialismus.
in: Senghaas(Hrg) 1972 (S. 29 - 120).

Gamson, W.A./Modigliani,A. 1968, Some Aspects of the Soviet-Western Conflict. in: Papers, Peace Research
Society (International), (Vol. 19, S. 9 - 24).

Gantzel, K.J. 1969, Rüstungswettläufe und politische Entscheidungsbedingungen. Ein Forschungsansatz und einige Hypothesen. in: Sonderheft 1 der Politischen
Vierteljahresschrift (S. 110 - 137).

Gantzel, K.J. 1972, System und Akteur. Beiträge zur Vergleichenden Kriegsursachenforschung. (Düsseldorf).

Gantzel, K.J./Kress,G./Rittberger, V. (Hrg) 1972, Konflikt -
Eskalation - Krise. Sozialwissenschaftliche
Studien zum Ausbruch des Ersten Weltkriegs.
(Düsseldorf).

Gurr, T. 1968, A Causal Model of Civil Strife: A Comparative
Analysis Using New Indices. in: American
Political Science Review (62, S. 1104 - 1124).

Gurr, T. 1968a,Psychological Factors in Civil Violence. in:
World Politics (20).

Gurr, T. 1972, Rebellion. Eine Motivanalyse von Aufruhr, Konspiration und innerem Krieg. (Düsseldorf - Wien).

Gurr, T./Duvall, R. 1973, Civil Conflict in the 1960s. A
Reciprocal Theoretical System with Parameter
Estimates. in: Comparative Political Studies
(Vol. 6, No. 2, S. 135 - 169).

Harsanyi, J.C. 1962, On the Rationality Postulates Underlying
the Theory of Cooperative Games. in: Journal
of Conflict Resolution (Vol. V, No. 2, S. 179 - 196).

Hermann, C.F. 1972, Das Problem der Validierung komplexer,
dynamischer Modelle internationaler Beziehungen.
in: Kern/Rönsch(Hrg) 1972 (S. 239 - 260).

Herz, J.H. 1974, Staatenwelt und Weltpolitik. Aufsätze zur internationalen Politik im Nuklearzeitalter.
(Hamburg).

Holland, E.P./Gillespie, R.W. 1963, Experiments on a Simulated
Underdeveloped Economy: Development Plans and
Balance-of-Payment Policies. (Cambridge/Mass.).

Hopman, T. 1967, International Conflict and Cohesion in the
Communist System. in: International Studies
Quarterly (XI, S. 212 - 236).

Howard, N. 1973, Paradoxes of Rationality: Theory of Metagames
and Political Behavior. (Cambridge/Mass.).

Huntington,S.P. 1958, Arms Races: Prerequisites and Results.
in: Public Policy (Vol. 8, S. 41 - 86).

Jackson, E. 1952, Meeting-of-Minds. A Way to Peace through
Mediation. (New York).

Jacob, P.E./Toscano, J.V.(Hrg) 1964, The Integration of Political
Communities. (Philadelphia).

Kelman, H.C.(Hrg) 1965, International Behavior and Social -
Psychological Analysis. (New York - Chicago -
San Francisco - Toronto - London).

Kern, L./Rönsch, H.D. (Hrg) 1972, Simulation Internationaler
Prozesse. Sonderheft 3 der Politischen Vierteljahresschrift (Opladen).

Kerr, C. 1954/55, Industrial Conflict and Its Mediation. in:
American Journal of Sociology (LX, S. 230 -
245).

Knorr, K. 1956, The War Potentials of Nations. (Princeton).

Koelle, H.H. 1972, Ein Zielfindungsexperiment über die Qualität
des Lebens. in: Analyse und Prognose (Heft 24,
S. 20).

Kornhauser, A.W./Dubin, R./Ross, A.(Hrg) 1954, Industrial
Conflict. (New York).

Krippendorff, E. (Hrg) 1966, Political Science. Amerikanische Beiträge zur Politikwissenschaft. (Tübingen).

Krippendorff, E. (Hrg) 1968, Friedensforschung. (Köln - Berlin).

Kuhn T. 1970, The Structure of Scientific Revolution. in: Encyclopedia of Unified Science (Vol. II, No. 2, Chicago).

Lall, A. 1966, Modern International Negotiation. Principles and Practice. (New York).

Lambelet, J.C. 1971, A Dynamic Model of the Arms Race in the Middle East 1953 - 1965. in: General Systems (Vol. XVI, S. 145 - 167).

Legg, K.R./Morrison, J.F. 1971, Politics and the International System: An Introduction. (New York).

Liska, G.1962, Nations in Alliance. (Baltimore).

Meyer, A.S. 1959/60, The Function of Mediation in Collective Bargaining. in: Industrial and Labor Relations Review (13, S. 159 - 165).

Millstein, J.S./Mitchell, W.C. 1968a, Dynamics of the Vietnam Conflict: A Quantitative Analysis and Predictive Computer Simulation. in: Papers, Peace Research Society (International), (Vol. 10).

Millstein, J.S./Mitchell, W.C. 1968b, Computer Simulation of International Processes: The Vietnam War and the Pre-World War I Naval Race. in: Papers, Peace Research Society (International), (XII, Cambridge Conference).

Modelski, G. 1964, International Settlement of Internal War. in: Rosenau, J.N. 1964, International Aspects of Civil Strife. (Princeton).

Moser, B. 1974, Bürgerkrieg und bürgerkriegsähnliche Auseinandersetzungn: Zur Operationalisierung von Determinanten interner Unruhen. (Manuskript, Forschungsstelle für Politische Wissenschaft der Universität Zürich).

Naschold, F. 1969, Systemsteuerung. (Stuttgart - Berlin - Köln).

North, R.C./Brody, R.A./Holsti, O.R. 1964, Some Empirical
Data on the Conflict Spiral. in: Papers,
Peace Research Society (International),
(I, S. 1 . 14).

Popper, K.R. 1951, Der Zauber Platons. (Bern).

Pruitt, D.J. 1965, Definition of the Situation as a Determinant
of International Action. in: Kelman (Hrg) 1965
(S. 393 - 432).

Pugh, A.L. 1973, DYNAMO II User's Manual. (Cambridge/Mass.).

Rapoport, A. 1957, Lewis F. Richardson's Mathematical Theory
of War. in: Journal of Conflict Resolution
(Vol. 1, No. 3, S. 249 - 299), ebenfalls in:
Krippendorff (Hrg) 1966 (S. 271 - 282).

Rapoport, A./Chammah, A.M. 1965, Prisoner's Dilemma. A Study
in Conflict and Cooperation. (Ann Arbor).

Rapoport, A. 1966, Systemic and Strategic Conflict. in: Falk/
Mendlovitz(Hrg) 1966, Bd.1 (S. 251 - 283).

Rapoport, A. 1968, Tolstoi und Clausewitz. in: Krippendorff (Hrg)
1968 (S. 87 - 105).

Report of a Conference on Some Aspects of Mediation 1969,
(Talloires, Frankreich).

Richardson, L.F. 1960a, Statistics of Deadly Quarrels. (Pittsburgh).

Richardson, L.F. 1960b, Arms and Insecurity. (Pittsburgh).

Richardson, L.F. 1972, Der Rüstungswettlauf zum Ersten Weltkrieg. in: Gantzel/Kress/Rittberger (Hrg) 1972
(S. 168 - 207).

Ruloff, D. 1973, Politologie und Geschichtswissenschaft (=
Kleine Studien zur Politischen Wissenschaft,Nr. 20,
Forschungsstelle für Politische Wissenschaft
der Universität Zürich).

Ruloff, D. 1974, Digitale Simulation Internationaler Prozesse:
Eskalation, De-Eskalation und Rüstungswettlauf.
in: Schweizerisches Jahrbuch für Politische
Wissenschaft (Bd. 14, S. 69 - 83).

Rummel, R. J. 1965, A Field Theory of Social Action with
Application to Conflicts within Nations.
in: General Systems Yearbook (X).

Rummel, R.J. 1966a, The Dimensionality of Nations Project.
in: Merritt, R.L./Rokkan, S. (Hrg) 1966,
Comparing Nations. The Use of Quantitative
Data in Cross-National Reserach. (New Haven -
London, S. 109 - 129).

Rummel, R.J. 1966b, A Social Field Theory of Foreign Conflict
Behavior. in: Papers, Peace Research Society
(International), (IV, S. 131 - 150).

Rummel, R.J. 1967, Some Attributes and Behavioral Patterns of
Nations. in: Journal of Peace Research (IV,
S. 196 - 206).

Rummel, R.J. 1968, The Relationship Between National Attributes
and Foreign Conflict Behavior. in: Singer, J.D.
(Hrg) 1968, Quantitative International Politics.
(New York - London, S. 187 - 214)

Rummel, R.J. 1968/69, Some Empirical Findings on Nations and
Their Behavior. in: World Politics (XXI, S.
226 - 241)

Rummel, R.J. 1970, Quarterly Technical Report, DON-Projekt
(No. 8, Jan. 1st. - March 31st).

Russett, B.M. 1964, The Relation of the Land Tenure to Politics.
in: World Politics (16, S. 442 - 454).

Russett, B.M. 1967, International Regions and the International
System. A Study in Political Ecology. (Chicago).

Safran, N. 1969, From War to War. The Arab-Israeli Confronta-
tion 1948 - 1967. (New York).

Sawyer, J./ Guetzkow, H. 1965, Bargaining and Negotiation in
International Relations. in: Kelman (Hrg) 1965
(S. 464 - 520).

Schelling, T. 1963, War Without Pain and Other Models. in:
World Politics (Vol 15, S. 465 - 487).

Senghaas, D. 1968, Zur Pathologie organisierter Friedlosigkeit.
in: Krippendorff (Hrg) 1968 (S. 128 - 144).

Senghaas, D. 1969, Abschreckung und Frieden. Studien zur Kritik
organisierter Friedlosigkeit. (Frankfurt).

Senghaas, D. (Hrg) 1972, Imperialismus und strukturelle Gewalt.
(Frankfurt).

Singer, J.D. 1958, Threat Perception and the Armament-Tension
Dilemma. in: Journal of Conflict Resolution
(II, S. 90 - 105).

Smoker, P. 1963a, A Mathematical Study of the Present Arms
Race. in: General Systems Yearbook (Vol. 8,
S. 51 - 59).

Smoker, P. 1963b, A Pilot Study fo the Present Arms Race.
in: General Systems Yearbook (Vol.8, S. 61 -
76).

Smoker, P. 1964, Fear in the Arms Race: A mathematical Study.
in: Journal of Peace Research (Vol. 1, S. 55
- 64).

Smoker, P. 1966, The Arms Race: A Wave Model. in: Papers,
Peace Research Society (International)
(Vol.4, S. 151 - 192)

Stachowiak, H. 1965, Gedanken zu einer allgemeinen Theorie
der Modelle. in: Studium Generale (18, Heft 7,
S. 432 - 463).

Stagner, R./ Rosen, H. 1965, Psychology of Labor - Management
Relations.

Stahel, A.A. 1973, Die Anwendung der numerischen Mathematik und
der Simulationsthechnik bei der Darstellung des
Ablaufs einer internationalen Krise. (Frauenfeld).

Stone, J. 1959, Legal Controls of International Conflicts.
(New York).

Tanter, R. 1965, Dimensions of Conflict Behavior Within Nations
1955 - 1960. Turmoil and Internal War. in: Papers,
Peace Research Society (International), (III,
S. 159 - 183).

Taylor, C.L./Hudson, M.C. 1972, World Handbook of Political and
Social Indicators. (New Haven - London, 2. Aufl.).

Tilly, C./Rule,J. 1965, Measuring Political Upheaval.
(Research Monograph Nr. 19, Princeton University).

Topitsch, E.(Hrg) 1968, Logik der Sozialwissenschaften.
(Köln - Berlin).

Wallace, M. W. 1971, Power, Status, and International War. in: Journal of Peace Research (VIII, S. 248 - 267).

Wright, Q. 1942, Study of War. (Chicago - London , Neuaufl. 1965).

Wright, Q. 1965, The Escalation of International Conflicts. in: Journal of Conflict Resolution (Vol. 9, No. 4, S. 434 - 449).

Young, O.R. 1967, The Intermediaries. (Princeton).

Young, O.R. 1968, The Politics of Force. Bargaining during International Crisis. (Princeton).

Zinnes, D. 1965/66, A Comparison of Hostile Behavior of Decision-Makers in Simulate and Historical Data. in: World Politics (XVIII, S. 474 - 502).

Zinnes, D. 1968, The Expression and Perception of Hostility in Pre-War Crisis: 1914. in: Singer, J.D. (Hrg) 1968, Quantitative International Politics (New York - London).

Interdisciplinary Systems Research
Birkhäuser Verlag, Basel und Stuttgart

Just plublished:
Bisher erschienen:

ISR 1
René Hirsig
Menschliches Konformitätsverhalten – am Computer simuliert
Ein dynamisches Prozessmodell
1974, 165 Seiten, 43 Abbildungen, 3 Tabellen.
ISBN 3-7643-0712-9

ISR 2
Werner Hugger
Weltmodelle auf dem Prüfstand
Anspruch und Leistung der Weltmodelle von J.W. Forrester und D. Meadows
1974, 178 Seiten, 51 Figuren, 2 Faltblätter.
ISBN 3-7643-0749-8

ISR 3
Claus Schönebeck
Der Beitrag komplexer Stadtsimulationsmodelle (vom Forrester-Typ) zur Analyse und Prognose großstädtischer Systeme
1975, 129 Seiten. ISBN 3-7643-0750-1

ISR 4
Christof W. Burckhardt (Editor)
Industrial Robots – Robots industriels – Industrieroboter
Tagungsberichte der Journées de Microtechnique
1975, 224 Seiten. ISBN 3-7643-0765-X

ISR 5
Kuno Egle
Entscheidungstheorie
Eine strukturtheoretische Darstellung
1975, 240 Seiten. ISBN 3-7643-0776-5

ISR 6
Dieter Ruloff
Konfliktlösung durch Vermittlung: Computersimulation zwischenstaatlicher Konflikte
1975, 228 Seiten. ISBN 3-7643-0777-3

ISR 7
Salomon Klaczko
Systemanalyse der Selbstreflexion
Eine inhaltliche Vorstudie zu einer Computersimulation mit einem Computerprogramm von Karl-Heinz Simon
1975, 358 Seiten. ISBN 3-7643-0778-1

ISR 8
John Craig Comfort
An Efficient Flexible Computer Program to Answer Human Questions
1975, 145 pages. ISBN 3-7643-0779-X

ISR 9
Richard Rickenbacher
Lernen und Motivation als relevanzgesteuerte Datenverarbeitung
Ein Computer-Simulationsmodell elementarer kognitiv-affektiver Prozesse
1975, 247 Seiten. ISBN 3-7643-0787-0

In preparation:
In Vorbereitung:

Wolfgang Rauschenberg:
Computereinsatz bei der Planung von betrieblichen Layouts
Kritische Analyse gegebener Algorithmen und Entwurf eines neuen dreidimensionalen Verfahrens

Helmut Maier:
Computersimulation mit dem Dialogverfahren SIMA
Konzeption, Dokumentation, Möglichkeiten und Grenze des Einsatzes in der wirtschafts- und sozialwissenscha lichen Forschung, Planung und Planungspraxis mit zwei Anwendungsbeispielen

Rüdiger Färber:
Gewerkschaftliche Streikstrategien in der BRD
Unter spezifischer Berücksichtigung der Tarifauseinandersetzung in der Hessischen Chemie-Industrie im Sommer 1971. Eine systematische Studie

S. Klaczko:
Vorlesungen über künstliche Intelligenz

Reinhold Siegel:
Zur Anwendbarkeit von System Dynamics in der Laghaltung

Charles Dunning:
Graph Theory and Games

Manfred Wettler:
Computersimulation des Verstehens von Sprache
Ein Reader über neue Forschungen auf dem Gebiet der Computational Semantics

F. Pohlers:
Computersimulation eines nationalen Bildungssystem am Beispiel der BRD von 1950 bis 2000

Salomon Klaczko (Hrsg.):
Kybernetik und Psychologie
Tagungsberichte eines Symposiums der Schweizerische Vereinigung für Kybernetik und Systemwissenschaften der Universität Zürich, Oktober 1974

Ulrich Moser:
Formale Modelle und Computersimulation in der Psychologie
Ein Reader mit Artikeln diverser Autoren zum affektiv-k nitiven Verhalten des Menschen

Rolf Kappel:
Überprüfung prozesspolitischer Strategien an einem Simulationsmodell
Kybernetische Ansätze zur Steuerung von Volkswirtschat ten

G. Matthew Bonham and Michael J. Shapiro:
Thought and Action in Foreign Policy
Proceedings of the London Conference on Cognitive Process Models of Foreign Policy, March 1974

Dagmar Schlemme:
Vergleich verschiedener Unternehmerstrategien in de Personalförderung
Ein dynamisches Simulationsmodell von Leistungsmotiv tion am Arbeitsplatz

C.V. Negoita and D.A. Ralescu:
Applications of Fuzzy Sets to Systems Analysis

Jean Vuillemin:
Syntaxe, Sémantique et Axiomatique d'un Language Programmation simple

Alexander van der Bellen:
Formale Ansätze zur allgemeinen und kollektiven Präferenztheorie
Pfad-Unabhängigkeit und andere Kriterien für Auswahlfunktionen, unter besonderer Berücksichtigung kollektiv Entscheidungsregeln